U0676801

此书由大连大学文学院资助出版

编委会

语言服务书系·修辞研究

修辞研究

（第十二辑）

吴礼权　张祖立　主编

暨南大学出版社
JINAN UNIVERSITY PRESS

中国·广州

图书在版编目（CIP）数据

修辞研究. 第十二辑 / 吴礼权，张祖立主编.

广州 ： 暨南大学出版社，2024. 12. --（语言服务书系）.

ISBN 978-7-5668-4086-8

Ⅰ. H05

中国国家版本馆 CIP 数据核字第 2024DS4461 号

修辞研究 （第十二辑）
XIUCI YANJIU（DI-SHIER JI）
主　编：吴礼权　张祖立

···

出 版 人：阳　翼
统　　筹：杜小陆
责任编辑：黄志波
责任校对：许碧雅　何江琳
责任印制：周一丹　郑玉婷

出版发行：暨南大学出版社（511434）
电　　话：总编室（8620）31105261
　　　　　营销部（8620）37331682　37331689
传　　真：（8620）31105289（办公室）　37331684（营销部）
网　　址：http：//www. jnupress. com
排　　版：广州良弓广告有限公司
印　　刷：广州方迪数字印刷有限公司
开　　本：787mm×1092mm　1/16
印　　张：14. 25
字　　数：270 千
版　　次：2024 年 12 月第 1 版
印　　次：2024 年 12 月第 1 次
定　　价：59. 80 元

（暨大版图书如有印装质量问题，请与出版社总编室联系调换）

目　录

修辞心理研究

修辞伦理研究

修辞现象研究

修辞与逻辑研究

广告修辞研究

汉字汉语研究

当今辞书对"行"作"道路"讲的注音问题

孙玉文①

（北京大学中文系　北京　100871；武汉大学文学院　武汉　430072）

摘　要：本文论证"行"作"道路"讲的本义在中古音义匹配中是读"户庚切"，不能读"胡郎切"；"户庚切"是后来读 xíng 的来历，"胡郎切"是后来读 háng 的来历。作"道路"讲的"行"读成 háng 属矫枉过正，是近代才开始的。"道路"义的"行"读 háng，这个读音已经习非成是了，不必改读为 xíng。但是编纂辞书时，"行"的这个用法不能置于"胡郎切"一读下面，必须置于"户庚切"一读下面。本文提出辞书编纂时既反映"行"中古读"户庚切"又反映它今读 háng 的处理办法。

关键词："行"字；音义匹配；辞书；注音

当今大型古汉语辞书（以下简称"当今辞书"）一般都注中古音、现代普通话读音，有的还注上古韵部，甚至上古声母。这是正确的辞书编纂方向。汉语的多音多义字，其音义匹配从中古至现代，会发生变化。注中古音、现代普通话读音，有时会有矛盾。原因之一，就是音义误配而习非成是，跟中古不属于系统的对应。辞书既然注中古音，那么就应该是中古的音义匹配；既然注现代普通话读音，那么就应该是现代的音义匹配。当二者发生矛盾时，不能掩盖矛盾，随意让中古的音义匹配、屈从现代普通话读音，导致不合中古音义匹配的事实。"行"即其中一例。

一

据当今辞书，作"道路"讲的"行"都置于 háng 这个音项下面。例如《辞源》（第三版）及《王力古汉语字典》《汉语大字典》《汉语大词典》无一不将作"道路"讲的"行"置于 háng 音项下。

当今辞书碰到古代多音多义字时，对于哪个音跟哪个义相配，有很多不准确的地方，出现了不少张冠李戴的情况。既然积非成是，我们就没有必要一一改回到古代的音义匹配当中去。当今辞书编纂的一个重要任务，

---

①　作者简介：孙玉文，北京大学文学博士，北京大学中文系教授、博士生导师，武汉大学文学院兼职教授、博士生导师。

就是为人们阅读古书服务，辞书的音义匹配弄错了，非但不能帮助人们很好地阅读古书，反而会造成误导。我们阅读古书遇到多音多义字时，不妨多参考一下《康熙字典》。《康熙字典》在音义匹配方面也有个别失误，但一般比当今辞书准确。

当今辞书对"行"字的处理就是这样，它们不约而同地将"道路"义放到"胡郎切"，即今音为 háng 的音项下，这就使得使用当今辞书的读者对"行"的音义匹配产生误解。作"道路"讲的"行"读作 háng 是很晚的事，《康熙字典》还是将此义放到"户庚切"（折合成今音是 xíng）一读下："又《增韵》：'路也。'《礼·月令》孟冬'其祀行'，注：'行，在庙门外之西，为轭（bá）壤，高二寸，广五寸，轮四尺，设主轭上。'"按：《礼》即《礼记》，"注"指郑玄注。郑玄注中的"高"，《十三经注疏》本作"厚"，"五寸"作"五尺"，当依《十三经注疏》本。"轭"指古人遇大事要使用道路时，先要告祭路神，祭后用车轮碾过祭牲，表示路上畅通无阻。《说文·车部》："轭，出，将有事于道，必先告其神，立坛四通，树茅以依神，为轭。既祭轭，轹于牲而行，为范轭。""其祀行"指祭祀的对象是路神，"行"正是"道路"义。

<h2 style="text-align:center">二</h2>

《康熙字典》将"道路"义置于"户庚切"下，是非常正确的。《诗经·小雅·鹿鸣》："人之好我，示我周行。"对于其中的"周行"，毛传、郑笺解释不同。毛传："周，至。行，道也。"这是将"周行"理解为至道，即至美之道，"行"指道理，是抽象的道路。郑笺："周行，周之列位也。"《释文》："周行，毛如字，道也。郑胡郎反，列位也。"所谓"如字"，指读"行"最常见的读音，即"户庚切"。陆德明的这个注释非常清楚地表明，"行"的这两读意义不同，读"户庚切"时，意义是"道也"，是"道路"义的引申义；读"胡郎切"时，意义是"列位也"，即行列。

唐宋以前，"行"作"道路"讲从来没有"胡郎切"的读音，而是读"户庚切"。由于这个读音非常常见，因此唐宋时人很少注音。如果注音，往往说"如字"。下面再举"行"作"道路"讲时，唐宋以前读"如字"即"户庚切"，或注直音的一些确证。

（1）《诗经·邶风·北风》："惠而好我，携手同行。"按：此处"同行"不能理解为一同前往，它是一个动宾结构，"行"作"同"的宾语，跟今天的"同行"是两回事。毛传："行，道也。"郑笺补充："性仁爱而又好我者，与我相携持，同道而去。"《释文》给"行"注音"音衡"，跟"户庚切"同音，可见不读"胡郎切"。

（2）《诗经·郑风·东门之墠》："东门之栗，有践家室。"毛传："栗，行上栗也。"行上栗，指路上的栗树，所以孔颖达《正义》引毛传："毛以为东门之外有栗树生于路上，无人守护，其欲取之则为易。"《释文》给毛传的"行"注音"如字"，即读"户庚切"，不读"胡郎切"。

（3）《诗经·周颂·天作》："彼徂矣，岐有夷之行。"这是说百姓前往岐山，前往岐山的道路很平坦。郑笺："行，道也。"《释文》给郑笺的"行"注音"如字"，即读"户庚切"，不读"胡郎切"。

（4）《左传·襄公九年》："杞人、郳人从赵武、魏绛斩行栗。"杜预注："行栗，表道树。"《释文》给"行"注音"如字"，即读"户庚切"，不读"胡郎切"。

以上可谓"行"作"道路"讲时读"户庚切"（xíng）的铁证。更多的是不注音，也能证明"行"作"道路"讲时读"户庚切"。例如：

（1）《诗经·召南·行露》："厌浥行露，岂不夙夜？谓行多露。"毛传："行，道也。"郑笺："厌浥然湿，道中始有露。"《释文》未注音，是读"如字"。

（2）《诗经·豳风·七月》："女执懿筐，遵彼微行，爰求柔桑。"毛传："微行，墙下径也。"《释文》未注音，是读"如字"。

（3）《诗经·小雅·小弁》："行有死人，尚或墐之。"郑笺："行，道也。"《释文》未注音，是读"如字"。

（4）《诗经·大雅·行苇》："敦彼行苇，牛羊勿践履。"毛传："行，道也。"郑笺："敦敦然道傍之苇。"《释文》未注音，是读"如字"。

（5）《左传·隐公三年》："潢污行潦之水。"杜预注："行，道也。"《释文》未注音，是读"如字"。

这个"行"跟作"行走"讲的"行"同音。"行"的本义是道路。由此可知，"行"由"道路"义引申出"行走"义，读音没有改变，属于词义构词。

三

中古读"户庚切"和"胡郎切"的"行"，在先秦主要元音和韵尾相同，都是 ang，只是介音不同。先秦还有主元音和韵尾读 ang，而介音为其他元音的韵母，"户庚切"的上古音可以构拟为 * ang，"胡郎切"的上古音可以构拟为 * eang。从汉代开始，原来读 ang 的主要元音逐步变远，

"户庚切"的那个"行"变到耕部,有一些介音也逐步消失了。

宋代人读先秦诗歌感觉不押韵,于是开始给"叶音",有时候他们说是古音,其实还是叶音。他们是用汉字注音的,而且是基于他们所处时代的字音来注音。当时主要元音和韵尾读 ang 的字,只有 ang 和 iang 两个韵母。既然要将作"道路"讲、读"户庚切"的"行"的主要元音和韵尾读作 ang,那么只能在 ang 和 iang 两个韵母之间选择一个;既然"行列"的"行"读"胡郎切",于是他们选择了"胡郎切"作为"道路"义的叶音。在吴棫的《韵补》中,十阳的"行"字注的是"寒刚切",例子有二:一是《左传》载《夏书》的韵语,二是曹植《夏桀赞》中的"行","行"都是本该读"户庚切"的"行"。吴棫的意思是说,"行列"的"行"本来读"胡郎切",用不着注叶音。《诗经·豳风·七月》"遵彼微行",王质《诗总闻》注"行"为"户郎切"。朱熹《诗集传》大量地给读"户庚切"的"行"注叶音。

到了明代,陈第《毛诗古音考》明确地批评叶音,表明他探讨的是古音。他研究了"行"字,给"行"注的古音是"音杭"。入清,顾炎武《唐韵正》从之,云:"今人以行止之行音户耕反,行列之行音户郎反。不知行本音户庚反,庚音冈,户庚即户郎也。"江永《古韵标准》"行"下即注古音为"户郎切",他说:"古皆此音,后世始入庚韵。"戴震《毛诗补传》给"行"注古音"户郎切"。孔广森《诗声类》"行"下说:"凡从行之字,古并读若行列之行。"江有诰《音学十书》给"行"注音"音杭"。

这些注音影响到今人。"行"的"道路"义可能在战国时期逐步在口语中消失了,因此跟它配合的音,在口语中就不可能保留下来。有的读书人读先秦古书,受"行"的这个叶音或古音影响,就将这个本来应该读"户庚切"的"行"误读作"胡郎切"。有的辞书编者没有细查,没有严格区分叶音和中古反切,于是以为作"道路"讲的"行"应该读"胡郎切",后来的辞书编者纷纷仿效,习非成是。

四

既然"行"作"道路"讲本来读"户庚切",这是中古以前音义匹配的事实,那么当今辞书将此义放到"胡郎切"下面,就不符合中古以前"行"字音义匹配的事实,属张冠李戴,必须加以改进,将"道路"义置于"户庚切"下面。严格地说,将"行"的"道路"义置于"胡郎切"下面是一种常识性错误;放在 háng 下面,是今天的规范读音。这是可以肯定的。

理论上，这个意义的"行"今天是读 háng，还是读 xíng，可能有两种处理办法：一是改读为 xíng，二是继续沿袭这种矫枉过正的误读，读为 háng。

前面的这种改读，倒是符合古今音的对应关系。但符号的音义匹配关系在一个共时的系统中必须处于一个相对稳定的状态之中。既然现在大多数辞书都读为 xíng，现在却要改读为 háng，势必两种读法都会各行其道，引起规范的混乱。因为我们不能保证将 háng 改读为 xíng 的辞书问世以后，海内外的读书人都只查阅这种改定后的辞书，不再使用原来的辞书。如果既有人使用原来的辞书，又有人使用修改后的辞书，那么"行"的两种不同的注音必然各行其道，所以我们可以接受这种习非成是的读音，不必轻易改动辞书的这个注音。

但是我们要让读书人知道，"行"作"道路"讲原来是读"户庚切"，这个音折合成今音还是读 xíng，而不是读 háng，否则我们就看不懂古人给"道路"义的"行"所作的注音（包括叶音），也就是不能读懂古书，这是有违当今辞书编写的目的的。就词汇史的研究来说，如果将"行"的"道路"义置于"胡郎切"这一音项下，那就会使人产生误会。第一，从"道路"义发展出"行走"义属于变韵构词。事实上，从"道路"义发展出"行走"义，读音没有改变，属于词义构词。第二，从"道路"义发展出"行列"义，读音没有改变，属于词义构词。事实上，从"道路"义发展出"行列"义，上古介音发生了变化，属于变韵构词。至于将来是否有人将"道路"义的"行"改读为 xíng，这是未来的事情，现在不必下结论。总之，"行"作"道路"讲是不能置于"胡郎切"的反切下面的。

我们必须知道，像将"行"这种本该读 xíng 而读成 háng 的矫枉过正的读音是少见的。我们不必改读为 xíng，但不能忽视这种音义匹配的变化。既然现有辞书制定的注音条例管不住这种矫枉过正的读音，那么我们就必须对这种现象"特事特办"，不能借口不合辞书编纂的既定条例而不管不顾，以致对"行"在古代的音义匹配的处理方面犯知识性错误。辞书编纂既要注重实用性，也要注重科学性，实用性要建立在科学性的基础之上。

辞书可以采取如下办法（仅就 háng 这一现代读音来说）：

行　1. háng　户庚切，平，庚韵，匣。阳部。
　　（下列"道路"义及"道理"等引申义）
　　2. háng　胡郎切，平，唐韵，匣。阳部。
　　（下列"行列"义及其引申义）

辞书编纂是极为细致的工作。我们在编纂的过程中会遇到各种疑难问题，"行"的读音处理只是其中的一个特殊案例，但我们必须认真面对它。

参考文献

［1］汉语大字典编辑委员会.汉语大字典：第一卷至第八卷［M］.武汉：湖北辞书出版社；成都：四川辞书出版社，1986—1990.

［2］汉语大字典编辑委员会，汉语大词典编纂处.汉语大词典：全三册［M］.缩印本.上海：上海辞书出版社，1997.

［3］郭锡良.汉字古音手册［M］.增订本.北京：商务印书馆，2010.

［4］何九盈，王宁，董琨.辞源［M］.3版.北京：商务印书馆，2015.

［5］孙玉文.汉语变调构词研究［M］.北京：北京大学出版社，2000.

［6］孙玉文.汉语变调构词考辨：全两册［M］.北京：商务印书馆，2015.

［7］孙玉文.关于岑参中"参"的读音答友人［M］//刘钊.简牍学与出土文献研究：第一辑.北京：商务印书馆，2022.

［8］王力.王力古汉语字典［M］.北京：中华书局，2000.

［9］张玉书，陈廷敬，等.康熙字典［M］.清康熙五十五年内府刻本影印本.太原：书海出版社，2003.

［10］宗福邦，陈世铙，萧海波.故训汇纂［M］.北京：商务印书馆，2003.

［11］宗福邦，陈世铙，于亭.古音汇纂［M］.北京：商务印书馆，2019.

Phonetic Glossing Issues of "*Xing*"（行）as "Road" in Modern Lexicography

Sun Yuwen

(*Department of Chinese*, *Peking University*, *Beijing*, 100871; *Department of Chinese*, *Wuhan University*, *Wuhan*, 430072)

Abstract: This study establishes that the original meaning of "road" for "*xing*"（行）in Middle Chinese phonology corresponds to the pronunciation "*hugeng qie*"（户庚切）, not "*hulang qie*"（胡郎切）. The historical phonology shows that "*hugeng qie*"（户庚切）developed regularly into Modern Mandarin "*xing*"（行）, whereas "*hulang qie*"（胡朗切）evolved into "*hang*"（行）. The semantic association of "road" meaning "*hang*"（行）originated from hypercorrection during the early modern period and has become entrenched in modern usage. While modern lexicography should retain "*hang*"（行）as the established pronunciation for practical purposes, the "road" meaning of "*xing*"（行）must be categorized under the "*hugeng qie*"（户庚切）in dictionaries to reflect its Middle Chinese phonetic-semantic correspondence. The paper proposes a dual approach for lexicographic entries: acknowledging the historical "*hugeng qie*" (户庚切) origin while noting the conventionalized modern sound "*hang*" （行）.

Key words: "*xing*" （行）, phonetic-semantic correspondence, lexicography, phonetic glossing

外国留学生汉语国际教育硕士学位论文标点符号偏误研究

郭伏良　　何亚龙①

（河北大学国际交流与教育学院　保定　071002）

摘　要：标点符号是汉语书面语的重要组成部分，对语言的表达和理解有着不可或缺的作用。每一个标点符号都有其独特的用法与功能，正确使用标点符号不仅有助于促进语言的规范化，还有助于提高表达效果，具有一定的修辞功能。然而，外国留学生在标点符号使用上存在着大量的偏误，对语言的表达和理解产生了较大的影响，因此，本文以18篇外籍汉语国际教育硕士学位论文为例，对其标点符号使用情况进行了较为深入的调查。本文将标点符号偏误表现具体分为五种类型，分别是误代、误加、遗漏、错位和写错，并对五种偏误类型的产生原因、改进建议进行具体分析，以期强化留学生对标点符号的掌握，提高留学生书面语写作水平，希望能够为标点符号教学提供一定的借鉴和帮助。

关键词：对外汉语；留学生；标点符号；偏误分析

标点符号对现代汉语书面语的表达和理解起着重要作用，标点符号是辅助文字记录语言的符号，是书面语的有机组成部分，用来表示语句的停顿、语气以及标示某些成分（主要是词语）的特定性质和作用。与书面语相比，口语可以利用动作、语气、神态等辅助手段帮助表达说话人的意思，而书面语需要标点符号的辅助才能达成生动准确的表述，可见标点符号的作用是十分重要的。实际上，汉字和标点符号是相辅相成的，二者相互组合，共同向读者传递语句蕴含的意思，除却客观内容，还包括态度、语气、心情等因素的体现。

20世纪以来，汉语标点符号的运用和研究取得了长足发展，尤其是2011年新国家标准《标点符号用法》的颁布，为标点符号使用与相关研究提供了重要指导和遵循。在标点符号与对外汉语教学方面的研究也有相当成果。胡建刚（2002）指出，标点符号教学未受到应有重视，也无相应的教学大纲和标准，对外汉语教材涉及的相关知识较少，要改善标点符号的偏误，须将标点符号融入各个教学层面。亓文香（2012）强调标点符号的

---

①　作者简介：郭伏良，河北大学国际交流与教育学院教授、博士生导师，马来西亚彭亨大学孔子学院首任中方院长，主要研究方向为汉语词汇学、修辞学、国际中文教育。何亚龙，河北大学国际交流与教育学院2021届硕士研究生，现为马来西亚精英大学在读博士生。

重要性，认为亟须提高标点符号在对外汉语教学中的地位。游素华（2012）以留学生的考试作文为语料，按照国别对母语为日语、俄语、英语、越南语和韩语的留学生产生的标点符号偏误进行了统计分析，指出不同母语背景留学生的标点符号偏误表现。李明霞（2019）从书写形式、格式和功能三方面调查了留学生标点符号偏误情况，指出留学生产生偏误的原因与母语、目的语、标点符号本身、教师、教材和学习者均有关联。除此之外，还有文章针对中高级留学生标点符号教学进行了教学设计。李云（2015）研究了留学生汉语水平与标点符号偏误率的相关性，发现两者存在一定的负相关关系，这进一步说明了对外汉语标点符号教学存在的问题。总而言之，以往对标点符号的研究主要集中于偏误的举例与定性分析，关于高级汉语水平留学生的标点符号运用情况，以及如何改善标点符号教学等问题还有待进一步深化研究。此外，还要促使标点符号从"用得对"向"用得好"的方向发展，进一步提高外国留学生书面语的表达能力。

一、标点符号偏误统计

本文从 PU、BFSU、XU、HNU、LNU、HU[①] 6 所学校的外籍汉语国际教育硕士学位论文中各选了 3 篇篇幅相近且为新标准《标点符号用法》施行后发表的学位论文作为语料来源，共计 18 篇论文，分别为：《韩国大学生汉语离合词习得情况考察》（PU_1）、《韩中初级汉语教材对比研究：基于韩国学习者对中国汉语教材改编看法的视角》（PU_2）、《试论日本大学汉语口语教学的现状与问题：附加课堂教学建议及教案》（PU_3）、《哈萨克斯坦汉语师资问题浅析》（$BFSU_1$）、《加拿大魁北克法语母语者母语语调对汉语声调准确度的负迁移作用》（$BFSU_2$）、《母语为俄语的留学生初级汉语声调偏误及教学对策：以实验研究为依据》（$BFSU_3$）、《韩国大邱加图立大学中文系汉语教学情况调查》（XU_1）、《马来西亚汉语学习者汉语表强调语气句式"是……的"句的习得情况研究》（XU_2）、《柬埔寨大学生汉语学习动机调查研究：以亚欧大学中文系本科生为例》（XU_3）、《对马达加斯加学习者汉语语音教学研究》（HNU_1）、《针对尼日利亚大学生的初级阶段汉字教学调查研究：以纳姆迪·阿齐克韦大学孔子学院为例》（HNU_2）、《乌克兰汉语阅读课常用测试方法作用研究》（HNU_3）、《对外汉语中级综合教材对比分析：以〈文化中文〉与〈桥梁〉为例》（LNU_1）、《蒙古学生习得汉语动量词偏误分析及教学对策》（LNU_2）、《俄

---

① PU：北京大学。BFSU：北京外国语大学。XU：厦门大学。HNU：河北师范大学。LNU：辽宁师范大学。HU：河北大学。

罗斯学生习得汉语多音字问题研究》（LNU_3）、《塔吉克国立语言学院学生甲级汉字习得偏误研究》（HU_1）、《汉语教材〈çin dili（汉语课本）〉分析与使用研究：以阿塞拜疆孔子学院教材为例》（HU_2）、《尼日利亚本土汉字教材分析与研究：以〈轻松学汉字〉为例》（HU_3）。通过人工统计，以上 18 篇论文中的标点符号语料共 45 807 例，所有标点符号的使用量和使用率（保留小数点后两位）按照从高到低的顺序排列如表 1 所示：

表 1　标点符号使用量及使用率

	PU	BFSU	XU	HNU	LNU	HU	使用量	使用率
逗号	3 750	2 290	4 135	2 703	1 802	3 429	18 109	39.53%
句号	2 151	1 131	1 408	1 313	967	1 056	8 026	17.52%
顿号	1 080	662	988	756	1 439	534	5 459	11.92%
括号	739	228	893	1 299	450	251	3 860	8.43%
引号	915	168	1 182	246	736	180	3 427	7.48%
冒号	508	218	387	459	392	264	2 228	4.86%
书名号	523	84	48	72	440	274	1 441	3.15%
分号	255	141	168	110	127	68	869	1.90%
连接号	12	132	391	115	66	120	836	1.83%
问号	69	130	189	149	57	88	682	1.49%
分隔号	54	36	126	96	155	8	475	1.04%
叹号	34	32	19	46	13	3	147	0.32%
省略号	31	7	46	23	5	10	122	0.27%
破折号	9	38	6	4	22	32	111	0.24%
间隔号	0	0	0	1	0	14	15	0.03%
着重号	0	0	0	0	0	0	0	0
专名号	0	0	0	0	0	0	0	0
总计	10 130	5 297	9 986	7 392	6 671	6 331	45 807	100%

注：使用率＝该标点符号使用量/所有标点符号使用量×100%（精确到小数点后两位）。

由表 1 可知，18 篇硕士学位论文中共使用标点符号约 4.58 万例，平均每 13 个字就会用到一个标点符号。留学生对标点符号的使用可以归纳为以下三个特点：首先，使用类型比较丰富，除了着重号和专名号，其余15种标点符号均有涉及；其次，标点符号之间的使用率差距较大，逗号使用18 109次，使用率达39.53%，而间隔号仅使用15次，占比0.03%；再次，留学生标点符号使用的种类较为集中，点号的使用率远远高于标号的使用率，仅逗号和句号两种点号的使用率就高达57.05%。

（一）标点符号偏误数量

据统计，所选6所学校的外籍汉语国际教育硕士学位论文均出现较多的标点符号偏误，但在偏误数量和偏误率上存在着一定的差异。表2整理了留学生硕士学位论文中出现偏误的标点符号，并按照偏误率从高到低的顺序进行了排列。

表2　各高校标点符号偏误数量及偏误率

	PU	BFSU	XU	HNU	LNU	HU	偏误数量	偏误率
逗号	187	176	189	258	247	238	1 295	52.32%
顿号	91	82	63	62	84	79	461	18.63%
句号	51	74	83	64	71	87	430	17.37%
分号	36	21	18	42	39	35	191	7.72%
引号	5	7	0	23	0	12	47	1.90%
冒号	15	0	0	1	3	7	26	1.05%
括号	0	0	0	4	5	3	12	0.48%
问号	0	5	0	0	2	0	7	0.28%
连接号	0	0	0	0	0	3	3	0.12%
省略号	0	3	0	0	0	0	3	0.12%
总计	385	368	353	454	451	464	2 475	100%

注：偏误率＝该标点符号偏误数量/总标点符号偏误数量×100%（精确到小数点后两位）。

18篇外籍汉语国际教育硕士学位论文中，点号的偏误数量是2 410，占比97.37%；标号的偏误数量是65，占比2.63%。其偏误面也比较广，主要涉及10种标点符号，个别标点符号的偏误比较严重，尤其是逗号，偏误率高达52.32%。除此之外，通过对比发现，PU、BFSU和XU的标点符号偏误数量相对于HNU、LNU和HU来说较低，不过仅差263例，可以说外籍汉语国际硕士标点符号的偏误情况较为严峻。同时，点号的偏误种类和数量远多于标号，包括逗号、顿号、句号、分号、冒号和问号；标号有4种涉及偏误，包括引号、括号、连接号和省略号。

（二）标点符号偏误类型

根据外籍汉语国际硕士学位论文标点符号的偏误情况，我们将其分成以下5种偏误类型：误代、误加、遗漏、错位和写错。误代是指在句中本该用甲标点符号却用了乙标点符号；误加是指不需要用标点符号之处使用了某一标点符号；遗漏是指在句中或句间需要使用标点符号的地方没有使用；错位是指标点符号的使用位置不正确；写错属于形式上的偏误，是指把标点符号的形式写错。

表3　标点符号偏误类型统计

	误代	误代率	误加	误加率	遗漏	遗漏率	错位	错位率	写错	写错率
逗号	755	58.30%	432	33.36%	108	8.34%	0	0	0	0
顿号	189	41.00%	263	57.05%	9	1.95%	0	0	0	0
句号	304	71.03%	41	9.58%	6	1.40%	36	8.41%	41	9.58%
分号	183	95.81%	0	0	8	4.19%	0	0	0	0
引号	38	77.55%	2	4.08%	0	0	0	0	9	18.37%
冒号	12	46.15%	14	53.85%	0	0	0	0	0	0
括号	0	0	12	100%	0	0	0	0	0	0
问号	5	71.43%	0	0	2	28.57%	0	0	0	0
连接号	3	100%	0	0	0	0	0	0	0	0
省略号	0	0	3	100%	0	0	0	0	0	0
总计	1 489	60.16%	767	30.99%	133	5.37%	36	1.45%	50	2.02%

注：误代率＝误代数量/该标点偏误数量×100%（精确到小数点后两位）；

误加率＝误加数量/该标点偏误数量×100%（精确到小数点后两位）；

遗漏率＝遗漏数量/该标点偏误数量×100%（精确到小数点后两位）；

错位率＝错位数量/该标点偏误数量×100%（精确到小数点后两位）；

写错率＝写错数量/该标点偏误数量×100%（精确到小数点后两位）。

由表3可知，不同标点符号的偏误率差异较大，其中，误代的偏误率最高（60.16%），误加的偏误率次高（30.99%），遗漏、写错和错位的偏误率较低，均在6%以下。

二、标点符号偏误分析

（一）误代

1. 句号
第一，逗号误代句号。

（1）在教学方法方面，学生反映中国的公派教师多会采取任务型教学法，"任务型教学"作为一种教学法，具有结构性，它由教学目标、信息输入、活动方式、师生角色、教学环境等要素组成。（BFSU$_1$：21）

例（1）前半部分说明"中国的公派教师"会选择"任务型教学法"，后半部分对"任务型教学法"作了进一步解释，两部分各自有完整结构和意义，所以两者之间宜使用句号分开。

第二，分号误代句号。

（2）这些规则揭示了汉语说话者运用和控制声调的心理加工过程，具有很强的语感特性，因此声调学习必须更多地采取内隐式学习方法；（BFSU$_3$：30）

分号一般用于复句句间结构层次的划分，例（2）虽然是一个复句，但已经陈述完毕，所以应将分号改为句号。

第三，冒号误代句号。

（3）其实这不仅仅是非汉语专业学生的现象，不少担任汉语专业课的教师也指出了这个问题：（PU$_3$：22）

冒号具有提示或总结的作用，冒号后应该有其管辖的内容，例（3）是一个完整的陈述句，所以句末应该用句号。

2. 逗号
第一，句号误代逗号。

（4）为此，本文针对韩国大学生汉语离合词的习得情况做了相关研究。希望能对汉语离合词教学提供一些参考。（PU$_1$：2）

句号表示终结，即句意已完整表达，因此在句末使用，而例（4）本应是一个目的复句，句内不能使用句末点号，使用句号就造成了句意和句调的断裂，应改用逗号表示短暂停顿，将两个分句有效连接。

第二，冒号误代逗号。

（5）法语音节的音高基本平稳，但全句语调起伏丰富：有升、降、曲折调，而且句中语调的逐渐上升和下降非常明显。（BFSU$_2$：10）

冒号在提示下文时，之前一般会有提示词（如"说""例如""证明"等），例（5）冒号之前没有提示性词语，也没有提示下文的意思，所以用冒号不妥，应改用逗号表示一般性停顿，并衔接前后。

第三，分号误代逗号。

（6）从整体来看，这种标注方式下的汉字与拼音一一对应，内容清晰，一目了然；学习难度小。（HU$_2$：17）

例（6）中，"内容清晰""一目了然""学习难度小"是对前文的进一步说明且具有一定的递增性，并不是并列陈述，也不是多重复句的分层，所以用分号不合适，应改用逗号表示一般性停顿。

第四，顿号误代逗号。

（7）根据研究者的数据分析结果，柬埔寨亚欧大学生汉语学习的主要动机是内部动机，融合型动机次之、然后是工具型动机，最后是外部动机。（XU$_3$：39）

顿号通常只表示并列的词或词组之间的停顿，例（7）是对不同的"动机"进行排序，具有一定的层次性，不属于并列，而是分句，所以不应使用顿号，可改用逗号。

3. 分号

第一，句号误代分号。

（8）利者，理解力强，语法观念强。弊者，模仿力差，记忆力差，反应不快。（PU$_3$：3）

例（8）是结构相对整齐的并列复句，根据《标点符号用法》

（2011），分句间要用分号隔开。外国留学生由于未从整体上认清分句间关系，故误用了句号。

第二，逗号误代分号。

（9）《博雅Ⅰ》30课中有286个练习题，最少8个，最多10个，每课练习题平均9.4个，《博雅Ⅱ》25课中有218个练习题，最少7个，最多11个，每课练习题平均8.7个。（PU$_2$：29）

例（9）是一个多重复句，在多重复句的第一层并列分句之间只能用分号，不能用逗号，用逗号会使语言层次不清，难以理解，所以《博雅Ⅱ》之前应该用分号。

第三，顿号误代分号。

（10）相对来说，教材里没有出现的"A＋的＋B"第18题【8种】30%，"A＋个＋B"形式的第19题，在韩国放送通信大学问卷调查的答对率只占了40%，是四所大学的答题情况中最差的，"A＋可能补语＋其他形式＋B"的第3题【2种】也只占了40%、再次是"A＋复合趋向补语＋B"形式的第2题，做对的学生占46%。（PU$_1$：48）

例（10）是一个复句，各分句间存在着并列关系，需要用分号隔开以使语义层次清晰明确，但例句中却使用了顿号，容易造成语义混乱，所以在各分句间要用分号隔开，不应使用顿号。

4. 顿号

第一，逗号误代顿号。

（11）反之，中国人到俄语国家公共场所会发现，比如在商店，医院，饭店等这些地方都比较安静，不像在中国。（BFSU$_3$：31）

顿号和逗号都可表示停顿，在例（11）中，"商店""医院""饭店"属于词语的并列，应使用顿号表示短暂的停顿，逗号一般只有在并列项是阿拉伯数字或者英文字母的情况下才使用。

第二，分号误代顿号。

（12）此外还有：证书动机（Certificate Motivation）；出国动机（Abroad Motivation）；成绩动机（Achievement Motivation）等不一而足。（XU$_3$：4）

例（12）是对几种"动机"进行列举，各项之间属于并列关系且停顿较短，所以使用顿号最为恰当。而分号只有在总分结构中分条阐述的并列项之间才使用，所以这里不能使用分号。

第三，分隔号误代顿号。

（13）《地道》共包括生词、课文、语言点、Sentence Builder、练习部分以及特别栏（图片生词/文化栏/中国街头巷尾）等。（PU$_2$：8）

例（13）括号中的内容是对前面"特别栏"的补充说明，陈列了"特别栏"的组成成分，而分隔号虽然也有表示"和"的用法，但它只是分隔组成一对的两项，所以用分隔号并不合适，应该用顿号隔开。

5. 冒号

第一，句号误代冒号。

（14）同时，指出了日本大学汉语教育中的六个问题。（1）大学环境的问题：重研究轻教育、重文学文化轻语言；（2）汉语师资问题：专任汉语师资少、专任中国教师少、汉语专业师资少、教师的教学意识不强；（3）学生问题：人数问题、动机问题、学习特点不同；（4）教学目标：教学目标不明确、无统一的教学大纲；（5）教材：教材五花八门、多是初级教材、中国人编写的教材不适合日本学生使用；（6）上课形式：班级人数、上课时数、上课内容。（PU$_3$：5）

例（14）"指出了日本大学汉语教育中的六个问题"，后面是对"六个问题"的展开阐述，属于总分结构，其主要作用是引出下文，具有较强的提示性，所以此处用冒号较为恰当。

第二，逗号误代冒号。

（15）在教学方法上的建议是，（1）从交际功能出发，以常用性决定离合词的出词顺序，同时考虑离析方式的出现频率。（2）由离合词离析方式的多少决定该离合词的教学方式。（3）学生容易出现偏误的离析方式应作为教学重点。（4）采取循序渐进的循环往复式教学法。（5）采用实用语法教学的手段进行离合词教学。（PU$_1$：10）

例（15）"在教学方法上的建议是"具有明显的提示意，结合后面的并列项可以看出是总分结构。另外，冒号比逗号表示的停顿长，所以应该用冒号而非逗号。

第三，分号误代冒号。

（16）第三段开始更多地介绍关于个人的生活，例如；我的学校、朋友、学习习惯和学习汉语的目的。（HU₃：25）

例（16）中的"例如"具有提示下文进行列举的含义，所以应该用冒号。

6．问号

（17）95%的学生认识"回、次"，而且掌握得比其他动量词好，只有50%的学生认识"番、顿、阵、趟、遍、通、场"，为什么学生掌握这些动量词的频率存在不同呢，因为蒙古语有"удаа"来表示"次、下、回、顿、阵、趟、遍、通、番、场"的意思，其中完全对应的是"次、回"这个词。（LNU₂：29）

例（17）是一个设问句，设问句第一个分句后面要使用问号来表示疑问语气。

7．引号

（18）据白纯（2003：124－127），"自主音段音系学理论把不同的区别性特征（distinctive features）放在不同的音层上，各个音层则由连接线（association lines）依据"合格条件"组合起来"。（BFSU₂：6）

引号的正确使用规则为：只用一组引号时，用双引号；用两组引号时，外层用双引号，里层用单引号；需要用三组引号时，最里层用双引号，中间层用单引号，最外层用双引号。

8．连接号

（19）在偏误分析顺序方面，各类学者的观点差别不大，基本是按照"笔画——部件——整字"的顺序进行分析。（HU₁：4）

连接号误代具体表现为破折号误代连接号。破折号的主要作用是补充说明，连接号主要是用于连接句中相关的成分，共有三种形式，其中短横线只起到一般的连接作用，而一字线和浪纹线在一定情况下还可以表示时间、地点、范围等的动态变化。例（19）引号中的内容生动展示了汉字的构字顺序，体现了由部分到整体的变化而不是相互补充说明，所以应该用连接号。

（二）误加

1. 句号

（20）在上文中我们已经提到了。汉字本身的特殊性和复杂性。（HU$_1$：20）

例（20）是一个主谓宾完整、衔接紧凑的句子，而留学生在中间添加了句号，将主谓语和宾语分开了，变成了两个"半截话"，句意不明，破坏了句子的完整性。

2. 逗号

（21）华人在马来西亚有权利接受母语教育，在日常生活中也可以使用汉语来作交流，而汉语，更是马来西亚华文教育的媒介语。（XU$_2$：1）

在一个句子中，如果主语过长，通读起来比较困难，则可以在主语后面添加逗号，这样有助于对句子的理解；如果主语非常简单，则没有添加逗号的必要。例（21）中的"汉语"一词作为主语，简洁短暂，所以不需要再加逗号。

3. 顿号

第一，引号间误加。

（22）在没有任何提示、只提供韩语翻译的情况下，"被"、"让"、"叫"的被动表达也使其内容变得相对复杂。（PU$_2$：22）

第二，书名号间误加。

（23）因此，笔者选用的《发展汉语》、《博雅汉语》、《汉语教程》、《汉语口语教程》四套教材都为综合通用型教材。（LNU$_3$：12）

一般情况下，如果句中的并列项使用了引号，那么引号之间就不能再添加顿号了，因为引号本身就已经很醒目了，书名号也是如此。但如果后面附加了其他成分就需要添加顿号，否则很容易造成语义混乱。

4. 冒号

（24）具体如下：教材编排的完善，如：改进解释方式。（PU₂：10）

通常来讲，句中不能套用冒号，否则很容易使层次不明，所以例（24）中的第二个冒号可以去掉。在列举或者陈述条文时，如果必须套用，也应该另起一段来显示各个层次。

5. 括号

（25）部件的难度也同时增加，例如：（瓜，穴，寸，饣），组字方式的学习也越来越深入了。（HU₃：21）

由上文分析可知，括号里的内容属于一般的解释说明且并非正文部分，在不影响句意理解时可以忽略。但例（25）括号中的内容是对前文的举例论证，属于正文，所以在此不应该使用括号。另外，去掉括号后列举项之间的逗号要改为顿号。

（三）遗漏

1. 句号

（26）而单看练习部分，练习题形式有：注音、翻译、填空、分析偏旁、写汉字及写包含汉字的词语等形式（HU₃：41）

当一句话说完且能清楚表达意思时，句末要用句号、问号或叹号表示完结，例（26）句法成分齐全，句意完整，已陈述完毕，但遗漏了句号。

2. 顿号

（27）我们认为：只是采取拼音分写的方式，如："帮忙"（bāng máng）和（bāngmáng）"见面"（jiàn miàn）和（jiànmiàn）不能达到明显区分的效果，只有用两条斜线隔开（bāng//máng）才能凸显出离合词与其他动词的不同。（PU₁：56）

在词语并列时，应该用顿号隔开以进行区分，例（27）中"'帮忙'

(bāng máng) 和 (bāngmáng)" 与 "'见面' (jiàn miàn) 和 (jiànmiàn)"
虽然使用了引号和括号，但其中还包含其他成分，如果不用顿号隔开，则
容易产生混乱，影响语言的流畅度和对句意的理解。

3. 逗号

(28) 韩国外国语大学的学生 40 个人当中答得最好的题是第 11 题有
36 名学生答对。（PU₁: 23）

一句话中当主语过长时，需使用逗号进行停顿，以划分句子层次，使
句意明了，所以例（28）应在 "有 36 名学生答对" 前加逗号。

4. 问号

(29) 反问句：你真的觉得是这样吗/Tu penses craiment que c'est
comme ca?（BFSU₂: 31）

问号可以使疑问语气更加明显，但是一些留学生有时会遗漏问号，使
句意不够完整。例（29）中，"你真的觉得是这样吗" 后应该添加问号。

（四）错位

(30) 她说："我和当时许多女同志一样，毫不犹豫地把事业放在至高
无上的地位"。（LNU₁: 17）

在统计的语料中，只有句号出现了错位偏误，主要表现是：在段尾引
用语句时，留学生将所引用话语的句号放到引号之外。根据规定，如果引
语完整、独立，句末点号要放在引号之内。

（五）写错

1. 句号

(31) 魁北克是加拿大面积最大的省，也是加拿大最大的法语区，人
口为八百多万人，其中以法语为母语的居民接近六百万人. （BFSU₂: 1）

写错属于形式上的偏误，是指把标点符号的形式写错，主要表现为将
"。" 写成 "."，这是由于混淆了汉语和英语标点符号的写法。

2. 引号

（32）例如：给学生讲"坐"字时，教师将"坐"字解释为两"人"坐在一片'土'上，并通过展示教材中的图画来解释声旁、形旁的功能，整个汉字的意义。（HU$_3$：47）

在统计的语料中，标号写错主要体现在引号上，具体表现是：将前引号写成后引号，以及将双引号写成单引号。

三、标点符号偏误原因及教学建议

标点符号是汉语书面语的重要组成部分，但在对外汉语教学中尚未对标点符号给予足够的重视。首先，对外汉语教师的教学重点主要在语音、词汇、语法方面，对标点符号的关注不够，在课堂上对标点符号的讲解也不充分。同时，对外汉语教师在书写板书时对待标点符号也不够严谨，时常出现不用、错用、乱用的现象，对留学生造成误导。另外，在课后纠错过程中，对外汉语教师重点关注的通常是文字内容，很少关注留学生的标点符号使用情况，对于留学生产生的标点符号偏误未能及时纠正，从而使留学生形成错误使用的习惯。

其次，当留学生在使用标点符号遇到困难时，通常会利用母语知识解决障碍，从而造成母语负迁移，特别是当两种语言具有非常相似之处时，母语就很容易对目的语产生影响，而这种影响有时候是消极的。以句号为例，英语中句号是"．"，而汉语中句号却是"。"，因此，母语为英语的留学生在书写汉语标点符号时就很容易出错。据统计，在 HSK 动态作文语料库"按标点统计"中输入"。"，留学生产生的偏误数量有 10 161 例，其中"错误"用例高达 7 776 例。同时，也有一些留学生在学习汉语过程中产生泛化现象，也可称之为目的语知识过度概括，这一现象在标点符号当中同样存在。比如"说"作为一个提示词，后面经常加冒号，用以提示下文或总结上文，但很多留学生只要看到"说"之类的词就会在后面用冒号，将其当成一种固定搭配在书写中运用，产生滥用现象。"马上就要考试了，"王老师说，"请大家做好准备。"其中"说"后面用的是逗号。据 HSK 动态作文语料库统计，冒号"错误"用例有 754 例，这在很大程度上是由于目的语知识泛化。

最后，教材也是留学生产生标点符号偏误的一个原因。教材是留学生获取汉语知识的重要途径，在第二语言学习过程中有着举足轻重的地位，但目前将标点符号视为教学重点的对外汉语教材很少，教学重点大部分集中在语音、词汇、语法方面。即使有的对外汉语教材包含标点符号的内容，也没有较多篇幅，大多只是以列表形式在附录中呈现，如《现代汉语语法教程》《发展汉语·中级写作Ⅰ》等。因此，对外汉语教材中关于标点符号的知识和练习相对匮乏，留学生很难掌握扎实的标点符号知识并进行充分的练习，造成使用标点符号的能力较弱。

教师、学生和教材是教学体系的三要素，标点符号教学要贯穿汉语教学的各个方面。通过以上分析可知，高级汉语水平的留学生在标点符号使用方面仍然存在着很大的问题，所以标点符号教学需要各方面的改进和努力。第一，对外汉语教师要积极巩固标点符号相关知识，规范自身使用，给予留学生正确的引导和详细的讲解，使留学生奠定扎实的标点符号知识基础，同时还要加强操练和纠错，使留学生在用中学，在学中练，提高留学生正确使用标点符号的水平。第二，在汉语学习过程中引导留学生采取合理的学习策略，使用灵活多样的教学方法，按照由易到难、循序渐进的顺序，使留学生逐渐积累汉语标点符号知识，同时加强语言对比，多加操练，完整掌握汉语标点符号用法。第三，教材是标点符号教学的关键，所以对外汉语教材有必要将系统的标点符号知识和练习纳入其中。标点符号与语音、词汇、语法同样重要，标点符号教学不仅应与课文相结合，为留学生提供最佳示例，还要渗透于每一课、每一个单元的练习中去，充分做到讲练结合，在课程测试中也应出现标点符号的内容。同时，标点符号在教材中不应只存在于某一教学阶段，而是应该贯穿整个教学过程，这样不仅能够强化留学生对标点符号的掌握，还能够不断提升留学生对标点符号与词汇、语法、语境的配合使用能力，力求融会贯通，所以标点符号教学在教材中不应是昙花一现，而要具有长期性。

通过对18篇外籍汉语国际教育硕士学位论文标点符号偏误的分析，可知高级汉语水平留学生的标点符号偏误具有以下特点：一是偏误范围较广，涉及10种标点符号；二是点号的偏误率远高于标号的偏误率。五种偏误类型的偏误率高低如下：误代＞误加＞遗漏＞写错＞错位。之所以会呈现出这种情况，主要是因为留学生对汉语标点符号的认知不够，从而很难提高语言的表达水平。总而言之，标点符号在对外汉语教学中的地位是不可忽视的，它以独特的形态和功能在书面语中发挥着不可替代的作用，使汉语更具表现力。加强对外汉语标点符号教学，不仅可以促进留学生对汉语的了解，还可以增强书面语的规范性，有助于留学生对汉语语言的理解和表达能力的提高。

参考文献

1. 胡建刚．初级留学生标点符号的使用特征和偏误分析［D］．广州：暨南大学，2002.

2. 焦秋英．标准中标点符号用法［J］．中国质量与标准导报，2019（10）.

3. 教育部语言文字信息管理司．标点符号用法解读［M］．北京：语文出版社，2012.

4. 李明霞．中高级留学生标点符号使用偏误分析及教学设计：以青岛大学国际教育学院留学生为例［D］．青岛：青岛大学，2019.

5. 李云．来华留学生汉语标点符号使用情况及教学对策：以重庆大学留学生写作语料为例［D］．重庆：重庆大学，2015.

6. 林穗芳．标点符号学习与应用［M］．北京：人民出版社，2000.

7. 卢宗峰．浅谈标点符号的表义功能［J］．黔东南民族师专学报，2002（1）.

8. 骆小所，曹晓宏．论标点符号变异使用的美学功能［J］．云南师范大学学报（哲学社会科学版），1999（3）.

9. 吕叔湘，朱德熙．语法修辞讲话［M］．北京：商务印书馆，2013.

10. 亓文香．对外汉语教学中的标点符号教学刍议［J］．国际汉语学报，2012（2）.

11. 石彦霞，杜晓梅．汉语标点符号系统与语言功能［J］．语文建设，2013（2）.

12. 苏培成．标点符号实用手册［M］．增订本．北京：外语教学与研究出版社，2010.

13. 苏培实．标点符号用法讲话［M］．北京：原子能出版社，1990.

14. 孙志波．标点符号之误用辨析：读张虹老师《常见标点符号误用例析》有感［J］．科技与出版，2008（9）.

15. 向莉．标点符号的修辞作用探析［J］．四川教育学院学报，2004（7）.

16. 徐世荣．标点符号讲话［M］．北京：大众书店，1952.

17. 游素华．标点符号在对外汉语教学中的应用研究［D］．哈尔滨：黑龙江大学，2012.

18. 袁晖，管锡华，岳方遂．汉语标点符号流变史［M］．武汉：湖北教育出版社，2002.

19. 曾丽娟．面向汉语国际教育的标点符号研究述评［J］．海外华文教育，2017（7）.

20. 中华人民共和国国家质量监督检验检疫总局，中国国家标准化管理委员会．标点符号用法：GB/T 15834－2011［S］．北京：中国标准出版社，2012.

A Study on Punctuation Errors in the Master's Theses of International Students Majoring in Teaching Chinese to Speakers of Other Languages

Guo Fuliang   He Yalong

(*College of International Exchange and Education, Hebei University, Baoding, 071002*)

Abstract: Punctuation marks are an important part of written Chinese and play an indispensable role in the expression and understanding of language. Each punctuation mark has its unique usage and function. The correct use of punctuation marks not only helps to promote the standardization of language but also contributes to improving the expressive effect and has certain rhetorical functions. However, international students have a large number of errors in the use of punctuation marks, which has a significant impact on the expression and understanding of language. Therefore, taking 18 master's theses of international students majoring in teaching Chinese to speakers of other languages as examples, this paper conducts an in-depth investigation into their usage of punctuation marks. This paper specifically classifies the manifestations of punctuation mark errors into five types, namely substitution errors, addition errors, omission errors, dislocation errors, and writing errors. It also conducts a detailed analysis the causes and improvement suggestions of these five types of errors, with the aim of strengthening international students' mastery of punctuation marks and improving their writing level in written language. It is hoped that this paper can provide some reference and assistance for the teaching of punctuation marks.

Key words: teaching Chinese as a foreign language, international students, punctuation marks, error analysis

诗歌修辞研究

论新田园诗写什么和怎么写

罗积勇①

（武汉晴川学院　武汉　430204）

摘　要：本文对古代各派田园诗人作了分析，发现他们有一个共同点：向往农村的闲适性和可预期性。今日农村仍具有这种性质，居住于城市中的各阶层人士希望借助农村这两个特性来舒缓自己承受的生活与工作压力。因此，新田园诗要写出"新"，但不能因此抛弃仍有现代价值的"旧"，要写小场景，要写真感情，作品要展现想象力。总之，不能舍弃田园诗的精神价值。

关键词：新田园诗；乡村；闲适；可预期性

艺术起源于"似与不似之间"。原始先民穿戴动物皮毛跳出的舞蹈，既有模仿动物的相似成分，又有表现自己意愿的不同成分。② 大而言之，一切文学艺术都是客观再现和人类移情的结合体，只不过不同的体裁有不同的比例规约而已。

传统田园诗是古代士大夫创造的诗歌体裁，它写的是客观的田园，更是自己的精神家园，明显处在"似与不似"之间，从来都是有所寄托的，并因此而获得传诵。今天我们继承传统与表现新田园并没有人们想象的那么抵牾和矛盾，学界片面地批评古代田园诗人美化农村，又一味地强调今天的新田园诗要完全写实，实际上是只知其一，不知其二，忽视了田园诗跟新乐府诗和新叙事诗在文体功能上的差异。本文基于"守正创新"，讨论新田园诗写什么和怎么写。

一

古人为什么要写田园诗呢？下面我们选取几位颇具代表性的田园诗人来加以分析。

陶渊明身处东晋末期南朝宋初期，曾做过几年小官，后因厌烦官场辞

---

①　作者简介：罗积勇，武汉晴川学院传媒艺术学院副院长，武汉大学文学院退休教授，研究方向为汉语修辞学、中国古典文献学。

②　参列维 – 布留尔. 原始思维［M］. 丁由，译. 北京：商务印书馆，1981：221.

官回家，从此隐居。陶渊明的曾祖父陶侃是东晋的开国元勋，以军功显著而著称，官至大司马，都督八州军事，荆、江二州刺史，并被封为长沙郡公。陶渊明的祖父陶茂和父亲陶逸也都曾担任太守。可谓世受晋恩，他很难适应新朝，篡晋的刘宋朝廷也不可能信任他。所以，他以世家身份而身处胥吏，要屈身于一些地方小官员，这是他做不到的，所以他要寻求精神家园。

试以其《癸卯岁始春怀古田舍诗二首》之二分析，"平畴交远风，良苗亦怀新。虽未量岁功，即事多所欣"，"日入相与归，壶浆劳近邻"，这些与农民的生活和感受相似。至于"耕种有时息，行者无问津"，前者似，后者不似，因为陶渊明就是讨厌老有人问津打扰才选择乡居务农的，由此也可看出他与真正的农民并不完全一样。

其《归园田居诗五首》之三"种豆南山下"四句所写，像极了老农，而"道狭草木长，夕露沾我衣。衣沾不足惜，但使愿无违"四句所写，从表面上看只是表达老农的平常愿望，但实际上有深意，表达的是庄稼人和回归者的共情。这个共情，简单地说，就是对"可预期性"的追求。农村农业，离大自然最近，春夏秋冬可依次预期；亲情和邻里之情，也基本上可以预期；经过自己的努力，"种瓜得瓜，种豆得豆"，在大多数情况下可以预期。总之，在陶渊明看来，乡村生活不像官场、职场和城市生活那样充满着不确定性和漂泊感。

孟浩然的田园诗有自己的特色，也有自己的苦衷。《过故人庄》看起来是纯写田园，但是请注意尾联中的"重阳""菊花"意象，这两个意象在其诗作中不止一次出现，如"重阳"在《秋登万山寄张五》尾联也出现过，这说明他特别需要朋友，他害怕"不才明主弃，多病故人疏"（《岁暮归南山》）。王维更像隐士，不过他是禅隐，需要跟观察对象保持距离，所以，虽然其田园诗中有画，有禅意，但他常为不能真正融入农村农民而苦恼，"野老与人争席罢，海鸥何事更相疑"（《积雨辋川庄作》）的诗句可以证明。

苏轼是最能与农民打成一片的，他曾用五首《浣溪沙》组合起来写他眼中的农村，"老幼扶携收麦社，乌鸢翔舞赛神村。道逢醉叟卧黄昏"，"麻叶层层苘叶光，谁家煮茧一村香。隔篱娇语络丝娘"，"簌簌衣巾落枣花，村南村北响缫车。牛衣古柳卖黄瓜"，这些都是真真切切的乡村生活。在最后一首中，苏轼感叹"日暖桑麻光似泼，风来蒿艾气如薰。使君元是此中人"，说自己原是此中人，就是说他想要回归淳朴、亲近自然、白首忘机。苏轼终其一生，都是一个想回家而回不去的人。这类意蕴也是此前田园诗中都有的，是与真正的田园主人有异的一个点。可喜的是，除了这个点之外，苏轼还加了两个点，这就是"与民同乐"和"替民谋事"。《新城道中二首》之一："东风知我欲山行，吹断檐间积雨声。岭上晴云披絮帽，树头初日挂铜钲。野桃含笑竹篱短，溪柳自摇沙水清。西崦人家应最乐，煮芹烧笋饷春耕。"这是"与民同乐"。

"替民谋事"，如苏轼《游博罗香积寺》：

> 二年流落蛙鱼乡，朝来喜见麦吐芒。
> 东风摇波舞净绿，初日泫露酣娇黄。
> 汪汪春泥已没膝，剡剡秋谷初分秧。
> 谁言万里出无友，见此二美喜欲狂。
> 三山屏拥僧舍小，一溪雷转松阴凉。
> 要令水力供白磨，与相地脉增堤防。
> 霏霏落雪看收面，隐隐叠鼓闻舂糠。
> 散流一啜云子白，炊裂十字琼肌香。
> 岂惟牢九荐古味，要使真一流天浆。
> 诗成捧腹便绝倒，书生说食真膏肓。

该诗有序引曰："寺去县七里，三山犬牙，夹道皆美田，麦禾甚茂。寺下溪水可作碓磨，若筑塘百步闸而落之，可转两轮举四杵也。以属县令林抃，使督成之。"可见，这首诗除了描写田园美景和对丰收的期盼之外，还体现了作者"替民谋事"的情怀。

辛弃疾在闲适词中善于撷取生活中的小场景以表现闲适的情调，而这些闲适词基本上都是写乡村田园的，如《清平乐·柳边飞鞚》《鹧鸪天·春入平原荠菜花》《清平乐·连云松竹》《清平乐·茅檐低小》《鹊桥仙·松冈避暑》《西江月·明月别枝惊鹊》《鹧鸪天·陌上柔桑破嫩芽》《鹧鸪天·鸡鸭成群晚未收》《玉楼春·三三两两谁家女》等。在《鹧鸪天·陌上柔桑破嫩芽》中，他不但撷取了"平冈细草鸣黄犊，斜日寒林点暮鸦"的悠闲惬意场景，而且直接道破田园诗的创作缘由："城中桃李愁风雨，春在溪头荠菜花。"

范成大是著名的田园诗人，他坚持在田园诗中反映农村农民的真实生活，从"似"的方面说，是更加似，如其《夏日田园杂兴》："下田戽水出江流，高垄翻江逆上沟。地势不齐人力尽，丁男长在踏车头。""昼出耘田夜绩麻，村庄儿女各当家。童孙未解供耕织，也傍桑阴学种瓜。"这些诗都非常逼真地展现了农村生活，其细节和瞬间是在书斋里想象不出来的。而从"不似"方面说，仍然可以看到作者对农村简单淳朴、贴近自然的生活方式的欣赏和向往，如《春日田园杂兴》："柳花深巷午鸡声，桑叶尖新绿未成。坐睡觉来无一事，满窗晴日看蚕生。"这与传统写闲适别无二致。《夏日田园杂兴》："梅子金黄杏子肥，麦花雪白菜花稀。日长篱落无人过，惟有蜻蜓蛱蝶飞。"从这首诗中可推知村民都到田地里忙活去了，但诗人没写他们在地里是怎么忙的，而是写无人菜园里的闲适可人。《秋日田园杂兴》："新筑场泥镜面平，家家打稻趁霜晴。笑歌声里轻雷动，一夜连枷响到明。"这中间有农民通宵打场的辛苦，但是更有大家在一起的有说有笑，这与"人世难逢开口笑"的其他场域里的情形是截然不同的。尽管范成大的《四时田园杂兴》组诗中也有直接反映农民愁苦的，如《秋日田园杂兴》："垂成穑事苦艰难，忌雨嫌风更怯寒。笺诉天公休掠剩，半偿私债半输官。"但这只是组诗的一部分。这个组诗总的取向还是咏唱田园的"可预期性"，附带对破坏这种"可预期性"表示不满。范成大也有纯粹的新乐府诗，那些诗才是完完全全的悯农诗。

与范成大同时的杨万里，也能描写乡村田园的真实场景，但他主要是从一个旁观者、欣赏者的角度来写的，将其《观社》诗与范成大的同类题材进行比较即可得知。① 不过，杨万里也善于撷取乡村生活的小场景以表现闲适情调，写出了"篱落疏疏一径深，树头花落未成阴。儿童急走追黄蝶，飞入菜花无处寻"（《宿新市徐公店二首》之一）等传世名篇。

由此可见，古代田园诗一开始就重视精神价值的撷取，并没有完全定在写实的目标上，即使是范成大引进了更多的写实内容，他仍未放弃闲适的、生活化的精神追求。

二

今天为什么还要写田园诗呢？

首先，新田园仍然具有"闲适性"和"可预期性"，并且随着生态环境的持续改善和农业生产技术的不断进步，这种"闲适性""可预期性"会增强。

席勒《论素朴的诗和感伤的诗（1794—1796 年）》："自然特别优待素朴诗人，允许他总是作为一个不可分割的统一体来活动，在任何时刻都是一个独立的和完全的整体，并且按照人性的全部含义在现实中表现人性。"② 应该

---

① 唐欣欣."观稼诗人"与"农民诗人"的比较：杨万里与范成大田园诗之比较 [J]. 赤峰学院学报（汉文哲学社会科学版），2013（9）：174.

② 席勒. 论素朴的诗和感伤的诗（1794—1796 年）[M] //席勒. 席勒美学文集. 张玉能，编译. 北京：人民出版社，2011：339.

说，新旧田园都是一种自然，因此都有体现"人性最高的价值"的特性。

"超世俗的世俗性"支撑起田园诗的精神高度和美学力度。田园是人的"精神原乡"。田园生活的简单、真诚、和谐能遏制炽烈的欲念，使精神得以休息和"解放"，让心灵空阔并敞开，"虚室有余闲"，从而更好地感受人生之美。

陶渊明《与子俨等疏》："见树木交荫，时鸟变声，亦复欢然有喜。常言五六月中，北窗下卧，遇凉风暂至，自谓是羲皇上人。"这些乡村的快乐，今天我们仍然能够感受到。

其次，随着"可预期性"的增强和绝对贫困的普遍消除，乡亲父老更加自信，其获得感更强。可以说，在大部分农村，田园牧歌式的生活正逐渐现实化，尽管它与古人田园诗歌中想象的不可能完全一样。就是说，传统的"不似"会向"似"转化。举南广勋【双调·折桂令】《聊》为例：

> 坐门前两个亲家，一对白头，两朵菊花。丽日和风，槐荫柳絮，鸡狗鹅鸭。咬耳朵眉飞目眨，拍巴掌大笑哈哈。谷子芝麻，媳妇娃娃，旧事新闻，啥乐聊啥。

在今天发展得比较好的乡镇，老年人大多安享晚年，无忧无虑，所以较之古代，南先生这里描绘的是真真切切的"似"。湖北诗人肖少平《恩施鱼木寨留住》："脚步轻敲四面山，泥岩峭壁露斑斑。花无利欲开自在，鸟有情根知往还。崖岭炊烟修竹懒，柴门石凳老人闲。忽闻天外歌如牧，宛在瑶台玉宇间。"这写的是山村旅游，也完完全全是真实可信的。

最后，游子和市民对故乡和过往的回望，对慢生活的向往和需求，只会增强，不会减弱，当今诗人有责任通过诗歌将这种向往和需求引向田园，以此助力乡村振兴，弘扬传统文化。

都市的快节奏和强竞争，是经济发展的必然趋势。但由此给各阶层人士带来的压力，是需要缓解和释放的，古人就说过："文武之道，一张一弛。"问题是，我们能不能通过新田园诗展现新农村是放松身心、重拾活力的好去处。

一份关于田园乡愁景观载体元素的网络问卷与现场问卷调查表明，针对问卷问题"最能勾起您乡愁的乡村要素"，在"非物态元素"方面，人们对于乡愁的感知主要集中在自然田园景观与趣味活动体验层面，而对于乡村文化类景观要素的感知度相对较低。大家对"插秧""捕鱼""过年""舞龙"等农事活动与节日活动的兴趣度较高。

近年来，乡村旅游、住民宿成为一种时尚，有些企业家、文人墨客、艺术家甚至在乡村定居，从而为乡村发展带来必要的人气、资金和流量。乡村旅游产业也在不断升级。北京部分乡村旅游从业者表示，以农民为主体，在社会资本的广泛参与下，乡村旅游已从零星走向集群，从农家乐、渔家乐发展为农业嘉年华、农业主题公园，已成为融合第一、二、三产业与生产、生活、生态的大产业。

因此，新田园诗如果守正创新，可写的东西非常多。

新田园诗可以有更深更广的开拓，可以写或代写农民、游子恋乡者、参观采风者，更可以写返乡创业者、绘画写生者、乡村旅游者、置业度假者，写出他们眼中的田园，写出他们的向往，以体现这个"新"字。

可以写丰收的喜悦，如高巨海《西江月·喜丰收》："雁叫霜天红叶，蛙鸣玉露青缨。薯肥菽重果梨馨，又是丰年盛景。　车载一川喜悦，机收两岭欢声。手提肩挑步轻灵，月上囤尖棚顶。"

可以写农村的新变化，如王新开《光伏发电脱贫》："巧用金乌织热能，迎阳遍地布玻屏。浓情速递无穷照，点亮乡村致富灯。"

可以写劳动者的好心情和好情趣，如陈惟林《女鸭倌》："汗融湖水注辛勤，一杆长篙领鸭群。挑起朝霞撑落日，拨开风雨戳穿云。"一杆长篙可以挑朝霞撑落日，可以拨雨穿云，语言生动形象，豪情万丈。范东学《农家趣事》："偕妻镇上作闲游，我置新衣她烫头。讵料归来黄犬吠，汪汪不识老风流。"语言诙谐生动。

可以写农村有车一族，如孙宇璋《山村晚景》："飞鸟回林夕照收，炊烟四起小山幽。火娃载客归来晚，车入库房人上楼。"

还可以写扶贫干部，如覃庆华《江城子·精准扶贫有感》："而今处处见扶贫，解铃人，入乡村。不怨劬劳，久驻奉晨昏。野地山溪留步履，谋善策，访周邻。"熊振英《江城子·扶贫主任》："球鞋草帽布衣裳，顶骄阳，冒寒凉，精准扶贫，足迹遍村乡。一诺千金真本色，心意实，不官腔。"

三

新田园诗应该怎么写？

首先，还是要像古代田园诗那样，善于写小场景，以小见大，如高巨海《醉梅花·大棚菜》："芹韭葱茄蒜豆瓜，扶秧拉蔓剪枝丫。棚中热气熏幺妹，帘外寒风卷雪花。　洋技术，土专家。上门女婿喊声妈。老爹惬意烟圈大，笑说收成不会差。"其下阕特别有乡村情调。老爹吐出的大烟圈，真切地透露出他的满意和自得的神情。再如高巨海《鹊踏枝·观机播》："水碧山青蝴蝶舞，烟柳桃花，布谷催春雨。雨霁风柔霞日煦，粮川十里机声遽。　　泥浪乍翻香几许，良种微肥，已卧绵田处。旷野人稠萦笑语，童丫举过肩头去。"这首词写了这么多，其实给人留下最深印象的还是最后那一句，写的也是小场景。

小场景能见出地理、风俗，给人很深的印象，如龚仲达《返乡》："银花宿雨倍芬芳，渠水清清乳鸭黄。几处鸣鸡中饭熟，一家炖肉满村香。钩沉书海鬓如雪，人老桃园月似霜。萱草盈阶双泪下，晨昏谁与话炎凉。"读后印象深刻的肯定是"一家炖肉满村香"。

再看刘贵连《鹧鸪天·禾场上》：

点亮红霞日渐升，禾场铺麦闹腾腾。几家大嫂帮新妇，一片欢情引怨声。　　悭吝鬼，丑男人，昨天短信好烦心：寄钱不问花销事，催我农行去转存。

下阕全录新妇的埋怨之语，其实不难看出，新妇还有一层意思是夸自己的男人会挣钱。这些都是小场景，都能以小见大，反映新农村的变化。

比如，大家都喜欢写农家乐的热闹场面，其实这个也可以采用侧面描写，如余国民【小石调·天上谣】《访豸秀庄》：

方在画中游，又到田间走，都说好个幽。那边厢、鱼戏银钩，这边厢、人问茶楼。栽花种柳，养禽驯兽，就业增收。你把太平夸，他道青山秀。

其中"那边厢、鱼戏银钩，这边厢、人问茶楼"这个对子特别有意思。"人问茶楼"没有直接写农家乐之类，但可以推知。

其次，新田园诗还是不要写得太实在（实实在在的描写应留给"新乐府诗"或"新叙事诗"），要展现想象力。

从事农村工作的文化人，他们既能像农民那样观察，在诗作中写出"似"的一面，又能以文化人的身份去发现，写出"不似"的、虚幻美丽的一面，如湖北诗人王小燕《小满，李家冲村忽现彩虹》："梦里水云乡，温馨美夕阳。风轻霞更丽，雨霁虹尤长。有此天孙锦，谁期羽霓裳。劳身思欲往，暮色转苍黄。"乡村里这种转瞬即逝的"夕阳晚霞"美景被作者敏锐地捕捉到了，传神地表现出来了。

蒋昌典《农家即景》写新农村建设成效："归来旧燕有新愁，不见茅檐见彩楼。三匝绕梁终辨认，锄筐仍挂粉墙头。"燕归来、绕三匝是熟语常典，而全诗意蕴新颖，结句细节描写典型性强，真实可信。

郭定乾是当代以田园诗著称的农民诗人，其《提灌站》云："百尺高冈卧铁龙，吞琼喷玉响隆咚。凭君大展回天力，一洗家山万古穷。""铁龙"是抽水机，作者把它拟人化，很有想象力，将作者自己的情感和希望投射到"铁龙"身上。

曾海雁《农家》："满园翠竹托朝阳，素练今铺到屋旁。篱落肥鸡怜雀瘦，龙头流水问溪长。客前乐把空调启，网里歌同思念装。壁上媪翁堆笑靥，婚纱美照补时光。"该首七律的颔联所使用的手法与郭定乾《提灌站》相同。

写农村人物，同样要展开想象，如王崇庆《喝火令·观插秧机插秧》：

飒爽英姿女，农家创业人。笑窝红透雨靴新。田野驾机驰骋，风动紫头巾。　　点翠飞花急，穿梭走线匀。胜她仙子织绫纹。绿了千畦，绿了水中云。绿了杏花村寨，绣满万家春。

也许有人说，现在有无人驾驶的插秧机了。可以肯定的是，如果要让这种新插秧机进入田园诗，同样要展开想象。

最后，新田园诗要写真情感，写乡恋、乡愁者尤其应该如此。

游子恋乡者自古至今都是田园诗创作的主角之一。蔡世平《南园词二百首》中至少有 15 首是写故乡的，有的是回忆少时的生活场景和淳朴风俗，有的是惦记乡村父老和乡村老屋，也有的是写返乡时的所遇所思。他的这些篇什写得非常动情、非常感人，在《水调歌头·童话》中，他总结说："老了方明白，土是养心肥。"故乡是游子出发的地方，回首故乡，不但能使奔波劳累的心灵得到抚慰，而且可以使人返璞归真，遂其初心。

写故乡的，不免会写出乡愁、写出惆怅，这中间寄寓着作者深深的依恋，往往是很美、很动人的，如段维《老家山塘》："记忆似沉璧，探之何所依。流分春燕尾，鱼戏月蛾眉。老树久欹岸，枯藤犹绕枝。水衣争泛绿，应是故人稀。"倒伏的老树上枯藤仍然缠绕，象征一种刻骨铭心的乡恋情怀。整首诗采用移情投射的写法，读后使人难以忘怀。

大多数作者是借助物是人非或物人俱非来写乡愁的，但现实是，农村要发展，农民要致富，往往不可能保持作者故乡的原貌（只有在人气旺的景点才有些许可能）。在这种情况下，写乡愁的作者也只是借此寄托怀念过往、不忘初心的情感而已。从积极方面来说，这种怀旧式的乡愁可以直接导向家国情怀。中央电视台大力展现中华大地上的考古成果，其思路正与此相似。当然，新田园诗也不能都是怀旧诗歌的惆怅，要百花齐放。

在段维的诗作中，有时试图调和上述新村貌和故村貌这两者的矛盾，如其《节前回老家看土砖房拆建初成步宋彩霞〈元旦诗〉韵有寄》：

> 节临元日旋风行，故里山川暮霭横。
> 几绺泉声从未老，一潭月色竟如婴。
> 虽无祖屋供瞻仰，却有明窗鉴迭更。
> 八秩父亲何有幸，脱贫报表日完成。

其中颔联很有哲理，耐人嚼味。

总之，新田园诗要反映物质层面，接地气，也要反映精神层面，带仙气；要基于现实，以农村的风土人情为依据，但绝不能仅囿于此，更不能因此要求去掉想象，去掉它安顿灵魂、寄托乡愁的功能。古代田园诗如此，今天的新田园诗自然不能例外。诚然，今天的田园已非古代田园，今天的乡村生活也不同于古代的乡村生活，但乡村的空间仍比城市辽阔，乡村生活的节奏仍比外边世界的节奏来得舒缓，乡村仍然是离自然和人类心灵最近的地方。城里人、有钱人和文化人拥抱田园、涌向田园，不是因为它变得跟城市一模一样了，恰恰相反，是因为它的不一样，或想象中的不一样。

参考文献

1. 段维. 突破瓶颈：当代诗词创作的理论思辨与进阶技法［M］. 武汉：长江文艺出版社，2022.
2. 列维－布留尔. 原始思维［M］. 丁由，译. 北京：商务印书馆，1981.
3. 席勒. 席勒美学文集［M］. 张玉能，编译. 北京：人民出版社，2011.

On What and How New Pastoral Poetry Should Be Written

Luo Jiyong

(*Wuhan Qingchuan College*，*Wuhan*，430204)

Abstract：This article analyzes various schools of ancient pastoral poets and finds that they share a common point：a longing for the leisurely lifestyle and predictability of rural areas. Today's countryside still possesses these qualities, and people from all walks of life living in cities hope to alleviate their life and work pressures by leveraging these two characteristics of rural life. Therefore, new pastoral poetry should embody "newness", but should not abandon the "old" that still holds modern value. It should depict small scenes, express genuine emotions, and showcase imagination. In short, the spiritual value of pastoral poetry should not be forsaken.

Key words: new pastoral poetry, countryside, leisurely, predictability

修辞幻象：唐诗所构筑的海洋世界*

段曹林①

（海南师范大学文学院　海口　571158）

摘　要：唐诗所营造的海洋世界吸纳了想象世界或现实世界的众多"海洋"景象、生物、人物、生活等，相较以往的涉海文学书写，内容更丰盈，样貌更奇特。时代精神的贯注与融通，原型意象的采撷与生发，修辞资源的发掘与利用，合力造就了唐诗海洋世界的修辞幻象。修辞视角的引入有助于深入探究唐诗海洋世界的特质、生成和演化，推进中国海洋文学和海洋文化的研究。

关键词：唐诗海洋世界；修辞幻象；时代精神；原型意象；修辞资源

"修辞幻象"是借自西方戏剧主义修辞批评理论的一个重要概念，鲍曼的界定是"能够将一群人带入一个象征性现实的综合戏剧"②，谭学纯等将其重新表述为"语言制造的幻觉"③。修辞幻象具有两个基本特征：指向语言重构的世界而非真实的世界；通过语言在人们心理层面重建一种"象征性的现实"。修辞幻象概念以及修辞幻象分析法的提出，原本是为了引入对社会现实的一种新的修辞批评视角，本文借用这一概念，试图对唐诗所营造的"海洋世界"加以描述和解读。在我们看来，唐诗带给读者的"海洋世界"也是一种修辞幻象，是诗人作为修辞主体，将认知和情感投射到"海洋"及其内容物、关联物上，赋予它们主观想象和修辞意义的产物。

一、唐代诗人笔下和眼中的"海洋世界"

据我们通过北京大学语料库在线版对《全唐诗》的检索，唐诗中尚无"海""洋"连用的情形，甚至也未出现现代海洋意义的"洋"。在唐代诗

---

* 本文是国家社会科学基金一般项目"新世纪以来的汉语修辞革新研究"（项目编号：21BYY165）的阶段性成果。

① 作者简介：段曹林，海南师范大学文学院教授、博士生导师，主要从事汉语修辞语用研究。

② 鲍曼．想象与修辞幻象：社会现实的修辞批评［M］．王顺珠，译//宁，等．当代西方修辞学：批评模式与方法．常昌富，等译．京：中国社会科学出版社，1998：81．

③ 谭学纯，朱玲．广义修辞学［M］．合肥：安徽教育出版社，2001：183．

人笔下的"海"，包括今天用作地理概念的海和洋，有时也指称类似于海的广大地域，如湖泊、沙漠。

选取关键词进行频次检索发现，《全唐诗》中"海"共出现 4 149 次，"四海"出现 271 次。从对海的直接指称看，"东海"出现 129 次，"南海"出现 98 次，"西海"出现 30 次，"北海"出现 55 次。从反映对海的认知角度看，"沧海"出现 284 次，"碧海"出现 74 次，"海阔"出现 26 次。从反映典型海上物事的角度看，"蓬莱"出现 218 次，"桑田"出现 73 次，"浮海""乘桴""海槎"分别出现 11 次、15 次、17 次（合计 43 次），"巨鳌"出现 24 次，"海鸥"出现 21 次，"海上鸥"出现 8 次，"海潮"出现 35 次，"海涯"出现 25 次。从反映主体行为的角度看，"望海"出现 21 次，"观海"出现 6 次，"渡海"出现 14 次。考虑到多义、重收、遗漏等因素，检索数据只能大致反映相关信息，但不妨碍我们透过这些关键词语勾勒唐诗所构筑的"海洋"世界的基本面貌。

综观唐代诗人对海的书写，对于海的认知和感悟，既有一定的客观现实基础，又有较多的想象成分和主观代入。张说的《入海二首》，有对海的深广、景象的实写，有对仙人世界的假想，也有就此而生的情思，在某种程度上可以作为其中的代表：

乘桴入南海，海旷不可临。茫茫失方面，混混如凝阴。云山相出没，天地互浮沈。万里无涯际，云何测广深。潮波自盈缩，安得会虚心。

海上三神山，逍遥集众仙。灵心岂不同，变化无常全。龙伯如人类，一钓两鳌连。金台此沦没，玉真时播迁。问子劳何事，江上泣经年。鬸中生红草，所美非美然。

唐诗中的涉"海"文字大致可分为两类：一是主要以海及海上物事作为描述或吟咏对象；二是引入海及海上物事助力诗歌其他主题思想的表达。两类涉海内容都不同程度地反映了唐人对海洋的认知，因而共同构成了唐人心目中和视野下的海洋世界：海、实有的海上物事（日、月、浪、潮、岛、动植物等自然景观；渔民、商人、船、采珠、制盐等人文景观）、虚设的海上物事（集体想象和个人体认下人为造就的海上景观）。

（一）唐诗中的全景"海"

写海的全景、以海为表现主题的诗，在唐诗中所见不多。其中对海的描述，往往带有显而易见的想象成分和主观色彩。

习坎疏丹壑，朝宗合紫微。三山巨鳌涌，万里大鹏飞。楼写春云色，珠含明月辉。会因添雾露，方逐众川归。（李峤《海》）

凭高登远览，直下见溟渤。云垂大鹏翻，波动巨鳌没。（李白《天台晓望》）

楼有章亭号，涛来自古今。势连沧海阔，色比白云深。怒雪驱寒气，狂雷散大音。浪高风更起，波急石难沈。（姚合《杭州观潮》）

此山镇京口，迥出沧海湄。跻览何所见，茫茫潮汐驰。云生蓬莱岛，日出扶桑枝。万里混一色，焉能分两仪。愿言策烟驾，缥缈寻安期。挥手谢人境，吾将从此辞。（吴筠《登北固山望海》）

扶桑枝边红皎皎，天鸡一声四溟晓。偶看仙女上青天，鸾鹤无多采云少。（施肩吾《海边远望》）

海上聊一望，船帆天际飞。狂蛮莫挂甲，圣主正垂衣。风恶巨鱼出，山昏群獠归。无人知此意，吟到月腾辉。（贯休《南海晚望》）

漾舟雪浪映花颜，徐福携将竟不还。同作危时避秦客，此行何似武陵滩。（汪遵《东海》）

这类诗虽是对海进行实写，却依然将这类神话传说中的海上物象作为"标配"，如三山、巨鳌、大鹏、楼、珠、蓬莱、扶桑、天鸡、鸾鹤、仙女、巨鱼，或者引入狂蛮挂甲、徐福携将之类曾经发生过的场景，以表征海的形象，从而寄托诗情画意，可谓"以虚为实"。

圣代务平典，辅轩推上才。迢遥溟海际，旷望沧波开。四牡未遑息，三山安在哉。巨鳌不可钓，高浪何崔嵬。湛湛朝百谷，茫茫连九垓。把流纳广大，观异增迟回。日出见鱼目，月圆知蚌胎。迹非想像到，心以精灵猜。远色带孤屿，虚声涵殷雷。风行越裳贡，水遏天吴灾。揽辔隼将击，忘机鸥复来。缘情韵骚雅，独立遗尘埃。吏道竟殊用，翰林仍忝陪。长鸣谢知己，所愧非龙媒。（高适《和贺兰判官望北海作》）

海静天高景气殊，鲸睛失彩蚌潜珠。不知今夜越台上，望见瀛洲方丈无。（李群玉《中秋寄南海梁侍御》）

积水不可极，安知沧海东。九州何处远，万里若乘空。向国惟看日，归帆但信风。鳌身映天黑，鱼眼射波红。乡树扶桑外，主人孤岛中。别离方异域，音信若为通。（王维《送秘书晁监还日本国》）

校尉羽书飞瀚海，单于猎火照狼山。（高适《燕歌行》）

瀚海阑干百丈冰，愁云惨淡万里凝。（岑参《白雪歌送武判官归京》）

洛阳新月动秋砧，瀚海沙场天半阴。（刘方平《寄严八判官》）

战处黑云霾翰海，愁中明月度阳关。(钱起《送张将军征西》)
萧条清万里，瀚海寂无波。(李白《塞上曲》)
龙翻瀚海波涛壮，鹤出金笼燕雀惊。(韦庄《寄薛先辈》)

"北海"非海，却可见四牡、高浪、鱼目、蚌胎，有巨鳌、孤屿；南海、东海源自想象，不但有瀛洲方丈，有扶桑、孤岛，更可见"鲸睛失彩蚌潜珠""鳌身映天黑，鱼眼射波红"。瀚（翰）海见于唐诗30次，多为虚指，有时指大湖，更多代指北地。这类写法可谓"以实写虚"。

(二) 唐诗中的海上景观

唐诗写海上的特色景物，绝大部分都是有所寄托的吟咏之作。其中主要为自然景观，如海水、海鸥、海蟹、海涯（角）、海树等。

我欲东召龙伯翁，上天揭取北斗柄。蓬莱顶上斡海水，水尽到底看海空。(杜牧《池州送孟迟先辈》)

写海水。拿传说中的海神、海岛做文章，抒写大胆的想象和满怀的豪情。也有人由海水深不可测联想到人心："君不见山高海深人不测"（贯休《行路难五首》之五）、"大海波涛浅，小人方寸深。海枯终见底，人死不知心"（杜荀鹤《感遇》）。还有人由海深、潮有信联想到爱情："借问江湖与海水，何似君情与妾心。相恨不如潮有信，相思始觉海非深"（白居易《杂曲歌辞·浪淘沙》）、"人道海水深，不抵相思半。海水尚有涯，相思渺无畔"（李冶《相思怨》），传递了热恋中人的深切感受。

易俗去猛虎，化人似驯鸥。(岑参《送颜平原》)
万里飞来为客鸟，曾蒙丹凤借枝柯。(顾况《海鸥咏》)
只被浮名系，宁无愧海鸥。(周贺《秋宿洞庭》)

写海鸥。通常将其拟作驯化者、客居者、精神自由者的代表，赋予其亲和、洞见、旷达、飘逸、超脱名利等优秀品质。

未游沧海早知名，有骨还从肉上生。莫道无心畏雷电，海龙王处也横行。(皮日休《咏蟹》)

写海蟹。借对蟹的歌咏赞颂，寄托诗人蔑视权威、白眼豪雄的心曲。

几经人事变，又见海涛翻。徒起如山浪，何曾洗至冤。（高骈《海翻》）

写风暴潮，唐人也称之为"沓潮""踏潮""海翻""漫天"等。海涛虽汹涌，但难以洗至冤。

带霜南去雁，夜好宿汀沙。惊起向何处，高飞极海涯。（杜牧《闻雁》）

北想连沙漠，南思极海涯。（喻坦之《长安雪后》）

写海涯、海角（天涯）。用来代表遥不可及的极致空间距离，映衬惊恐之极、思情之远。

海雨洗尘埃，月从空碧来。水光笼草树，练影挂楼台。皓曜迷鲸目，晶荧失蚌胎。宵分凭槛望，应合见蓬莱。（李群玉《中秋越台看月》）

皎皎秋中月，团团海上生。影开金镜满，轮抱玉壶清。渐出三山岊，将凌一汉横。素娥尝药去，乌鹊绕枝惊。照水光偏白，浮云色最明。此时尧砌下，蘡薁自将荣。（李华《海上生明月》）

写海月。写月出过程和景象，既有眼见的实写，也有想象的描摹。

浙江悠悠海西绿，惊涛日夜两翻覆。钱塘郭里看潮人，直至白头看不足。（徐凝《观浙江涛》）

巨浸东隅极，山吞大野平。因知吴相恨，不尽海涛声。黑气腾蛟窟，秋云入战城。（贯休《秋过钱塘江》）

写海潮。钱塘江潮在唐诗中表现较多，多借助夸张等手法描写其壮观。

历历缘荒岸，溟溟入远天。每同沙草发，长共水云连。摇落潮风早，离披海雨偏。故伤游子意，多在客舟前。（皇甫冉《赋得海边树》）

写海树。以"海边树"为题写对象，依托眼见的"实景"，书写游子的伤怀。借景抒情，借海以浇心中块垒，这是最常见的一类虚实相生。

唐诗中的特色人文景观主要有海人、海岛、海船及海上生产、生活等。

海人无家海里住，采珠役象为岁赋。恶波横天山塞路，未央宫中常满库。(王建《海人谣》)

写海客、海人、采珠人。用比喻和对照修辞，形象而鲜明地表达对海人艰难生活的同情，对统治者横征暴敛的讽刺。

海上去应远，蛮家云岛孤。竹船来桂浦，山市卖鱼须。入国自献宝，逢人多赠珠。却归春洞口，斩象祭天吴。(张籍《送海南客归旧岛》)

写海南客。拟想其带有传奇色彩的海上生活。

腥臊海边多鬼市，岛夷居住无乡里。黑皮少年学采珠，手把生犀照咸水。(施肩吾《岛夷行》)

写海岛。唐诗中唯一一首写台湾的，如实表现了岛上的环境和岛民的生活。

乡路绕蒹葭，萦纡出海涯。人衣披蜃气，马迹印盐花。草没题诗石，潮摧坐钓槎。还归旧窗里，凝思向余霞。(章孝标《归海上旧居》)

写海上生活。记录海上居住的见闻和行止。

渤海三千里，泥沙几万重。似舟飘不定，如梗泛何从。　(骆宾王《浮槎》)

写海船。自比海上漂浮的小舟，表达心无所托、行迹不定的象征意蕴。

擘波下去忘此身，迢迢谓海无灵神。(鲍溶《采珠行》)
海波无底珠沈海，采珠之人判死采。万人判死一得珠，斛量买婢人何在。(元稹《采珠行》)

写采珠。表现采珠的艰难危险，采珠人处境如判死刑。
除了珍珠采集，海水制盐、季风航海、海外贸易等海洋活动在唐诗中也有所反映。

如"煮盐沧海曲"（高适《涟上题樊氏水亭》）、"盐田煮海村"（贾岛《寄沧州李尚书》）、"海戍通盐灶"（殷尧藩《送客游吴》）、"民多酚海煎"（许棠《送李员外知扬子州留务》）等诗句，都跟海水制盐有关。

反映季风航海的，如"海上虚舟自信风"（唐求《赠楚公》）、"海行信风帆"（孟浩然《宿天台桐柏观》）、"帆去每因风"（贾岛《送人南游》）、"问省归南服，悬帆任北风"（许棠《送从弟归泉州》）。

记录海上贸易的，如"牙樯迎海舶"（白居易《送客春游岭南二十韵》）、"舶来多卖假珠玑"（元稹《送岭南崔侍御》）等。

二、涉海原型意象的采撷与生发

"许多仙怪神灵与历史上的求仙佳话虽都已是明日黄花，但其似乎已同大海洋意象结下了不解之缘，使得中国文学中的海大多数情况下成了一个非自然性的仙话载体，既有仙声神氛又有人间政治性、伦理性的烟火气。"[1] 唐诗中关于海洋的书写，最具代表性的是那些与神话传说直接或间接相关联的典型海洋物象，这些原型意象为诗人们所采撷和生发，被赋予了更多更新的象征意蕴和文化色彩。

（一）海和四海

"海"，《说文》释义："天池也。以纳百川者。"《释名》进一步指出其特点："主承秽浊水，黑如晦也。"

更多源于间接经验的关于海的认知，存在于想象中的海的形象，丝毫不影响唐诗中留下对于海的丰富的感悟、思考和用情。诸如"愧无江海量"（李白《咏山樽二首》之二）、"巨海纳百川"（李白《金门答苏秀才》）、"百川有余水，大海无满波"（孟郊《寄崔纯亮》），赞叹大海拥有包容无限的虚怀和海量。"为水不入海，安得浮天波"（孟郊《上张徐州》）、"为鱼须处海，为木须在岳"（贯休《上杜使君》）、"大海从鱼跃，长空任鸟飞"（玄览《题竹》），则肯定集体、环境对于个体发展与发挥的重要性。"曾经沧海难为水，除却巫山不是云"（元稹《离思五首》之四）、"长风破浪会有时，直挂云帆济沧海"（李白《行路难三首》之一），则是借海抒怀，强有力地表现对爱情的坚贞和对理想的坚定。"天海相连无尽处"（裴夷直《忆家》）、"挂帆愁海路"（孟浩然《永嘉别张子容》）、

---

[1] 王立. 海意象与中西方民族文化精神略论 [J]. 大连理工大学学报（社会科学版），2000（4）：62.

"地穷沧海阔"（武元衡《送寇侍御司马之明州》）、"海阔天长音信稀"（宋之问《至端州驿见杜五审言沈三佺期阎五朝隐王二无竞题壁慨然成咏》）、"鱼海路常难"（杜甫《秦州杂诗二十首》之十九）、"海阔诚难度"（元稹《会真诗三十韵》）、"海苍苍兮路茫茫"（元稹《有酒十章》之八）、"海阔天翻迷处所"（李商隐《燕台四首·春》）等，更是将人生的漫长艰辛、对亲友的思念记挂、仕途的坎坷未知，寄情于海，类比于海。

"四海"大致有两层含义：一指陆地，《尔雅·释地》："九夷、八狄、七戎、六蛮，谓之四海。"二指海洋，《尚书·益稷》："予决九川，距四海。"孔传："距，至也。决九州名川，通之至海。"唐诗中常见"四海"，两种意指都有，而多用"四海清""四海为家""四海无波""四海同"等意象，喻指天下太平、国家统一。

三川北虏乱如麻，四海南奔似永嘉。（李白《永王东巡歌十一首》之二）

劳歌大风曲，威加四海清。（李世民《咏风》）

天地皆得一，澹然四海清。［李白《古风五十九首》（之三十四）］

今逢四海为家日，故垒萧萧芦荻秋。（刘禹锡《西塞山怀古》）

佳时莫起兴亡恨，游乐应逢四海清。（白居易《和柳公权登齐云楼》）

四海无波八表臣，恭闻今岁礼真身。（贯休《闻迎真身》）

圆魄上寒空，皆言四海同。安知千里外，不有雨兼风？［李峤《中秋月二首》（之二）］

经由想象和曲解，四面之"海"的指向占了上风，认为中国四面被海环绕，按方位分别为东海、南海、西海和北海。分别举一例：

天上客星回，知君渡东海。（张说《送梁知微渡海东》）

乘桴入南海，海旷不可临。茫茫失方面，混混如凝阴。（张说《入海二首》之一）

孤凤向西海，飞鸿辞北溟。（李白《闻李太尉大举秦兵百万出征东南懦夫请缨冀申一割之用半道病还留别金陵崔侍御十九韵》）

文章已变南山雾，羽翼应抟北海风。（许浑《酬河中杜侍御重寄》）

（二）乘桴、浮于海、海槎、乘槎

《论语·公冶长》"道不行，乘桴浮于海"，影响到唐代士子对隐居的向往和表现。诗中有用"乘桴"的，如张九龄《与王六履震广州津亭晓望》："乘桴自有适，非欲破长风。"其他如"浮名何足道，海上堪乘桴"（岑参《酬成少尹骆谷行见呈》）、"吾当海上去，且学乘桴翁"（岑参《东归发犍为至泥溪舟中作》）、"已无济川分，甘作乘桴人"（独孤及《庚子岁避地至玉山酬韩司马所赠》）、"不奈此时贫且病，乘桴直欲伴师游"（皮日休《重送》）。也有用"浮于海"的，如"仲尼既云殁，余亦浮于海"（孟浩然《岁暮海上作》）、"余力浮于海，端忧问彼苍"（杜甫《遣闷》）、"子欲居九夷，乘桴浮于海"（顾况《曲龙山歌》）、"意欲出明堂，便登浮海舟"（元结《闵荒诗》）、"绝迹思浮海，修书懒寄秦"（吴融《荆州寓居书怀》）、"远水浮仙棹，寒星伴使车"（李冶《寄校书七兄》）。

"海槎"最早见于晋人的志怪小说中，张华《博物志》卷十有乘槎到达仙境的故事："近世有人居海渚者，年年八月有浮槎去来，不失期，人有奇志，立飞阁于查上，多赍粮，乘槎而去。"王嘉《拾遗记》卷一也有关于"查"（槎）绕四海的记录："查常分绕四海，十二年一周天，周而复始，名曰贯月查，亦谓挂星查，羽人栖息其上。群仙含露以漱，日月之光则如暝矣。"

神奇的传说足以令后人心生向往，不少唐朝诗人在作品中借这一典故，寄托乘海槎、结仙缘的愿望。如"今日还同犯牛斗，乘槎共逐海潮归"（李峤《奉和初春幸太平公主南庄应制》）、"石似支机罢，槎疑犯宿来"（卢照邻《七夕泛舟二首》之二）、"明河可望不可亲，愿得乘槎一问津"（宋之问《明河篇》）、"春去闻山鸟，秋来见海槎"（孟浩然《题梧州陈司马山斋》）、"何事沧波上，漂漂逐海槎"（刘长卿《赠元容州》）、"若见君平须借问，仙槎一去几时来"（李适《侍宴安乐公主新宅应制》）、"倘遇乘槎客，永言星汉游"（储光羲《夜到洛口入黄河》）、"将作乘槎去不还，便寻云海住三山"（李涉《逢旧二首》之二）、"海客乘槎上紫氛，星娥罢织一相闻"（李商隐《海客》）、"坛高已降三清鹤，海近应通八月槎"（罗隐《寄西华黄炼师》）等。

（三）蓬莱、方丈、瀛洲

蓬莱、方丈、瀛洲在战国时期即被方士赋予神话色彩，后作为海外仙山的泛化代指，随着民族心理的积淀而流传下来，成为一种集体无意识。《史记·秦始皇本纪》："海中有三神山，名曰蓬莱、方丈、瀛洲，仙人居之。"张守节《史记正义》："其传在渤海中，去人不远。盖曾有至者，诸仙人及不死之药皆在焉。其物禽兽尽白，而黄金白银为宫阙。未至，望之如云；及至，三神山反居水下，临之，患且至，风辄引船而去，终莫能至云。"

民间传说、《史记》、《海内十洲记》等对以蓬莱、方丈、瀛洲为核心的仙境及传闻异说的描绘，令人神往，发人深省，成为唐诗中被广泛化用的典故。

"别有仙居对三市，金阙银宫相向起"（骆宾王《代女道士王灵妃赠道士李荣》）、"尔向西秦我东越，暂向瀛洲访金阙"（李白《鲁郡尧祠送窦明府薄华还西京》）、"亦似蓬莱巅，金银台叠矗"（吴融《绵竹山四十韵》）等，表现了仙境般的煊赫豪奢；"蓬莱无路海无边，方士舟中相枕死"（张籍《求仙行》）、"为说蓬瀛路，云涛几处连"（杨凭《长安春夜宿开元观》）、"知到蓬莱难再访，问何方法得长生"（唐求《赠王山人》）等，表现了仙境的神秘难寻。

以蓬莱为代表的同指词语作为互文性修辞幻象，广受青睐，高频使用。查北京大学语料库《全唐诗》，本意特指或关联"神山"的，"瀛洲"出现 50 次，"方丈"仅出现 8 次，"蓬莱"明显更多见（"蓬莱"出现 216 次，"蓬壶"出现 45 次，均指蓬莱宫、蓬莱岛、蓬莱山等）。而实际使用时，其意多非专指一山，而是借代三山或仙山、神山，或直用"仙山""神山"。乃至如李商隐《谒山》的"山"，也成了代称。

仙鹤闲从净碧飞，巨鳌头戴蓬莱出。（僧鸾《赠李粲秀才》）
蓬莱隔海虽难到，直上三清却不遥。（徐钓者《自吟》）
蓬莱有梯不可蹑，向海回头泪盈睫。（李端《杂歌呈郑锡司空文明》）
安期先生不可见，蓬莱目极沧海长。（李涉《孟河阳从事杨潜》）
海客谈瀛洲，烟涛微茫信难求。越人语天姥，云霓明灭或可睹。（李白《梦游天姥吟留别》）
海上仙山属使君，石桥琪树古来闻。（皎然《送邢台州济》）
忽闻海上有仙山，山在虚无缥缈间。（白居易《长恨歌》）

蓬莱意象的内涵也不断丰富，有表现渺不可知的虚无，如白居易《海漫漫》："蓬莱今古但闻名，烟水茫茫无觅处。海漫漫，风浩浩，眼穿不见蓬莱岛。不见蓬莱不敢归，童男丱女舟中老。"以形象劝诫世人休再妄言成仙。也有暗示海况的恶劣，如李白《哭晁卿衡》："日本晁卿辞帝都，征帆一片绕蓬壶。"

（四）沧海桑田、精卫填海

沧海、桑田的传说源自晋代葛洪《神仙传·王远》："麻姑自说：'接侍以来，已见东海三为桑田。向到蓬莱，水又浅于往昔，会时略半也，岂将复还为陵陆乎？'方平笑曰：'圣人皆言，海中行复扬尘也。'"

唐诗中"沧海"出现 284 次，主要用作海或东海的代称，多为虚写。桑田出现 73 次，语义单纯，几乎都是对沧海变桑田典故的化用。

> 长风破浪会有时，直挂云帆济沧海。（李白《行路难三首》之一）
> 月出峨眉照沧海，与人万里长相随。（李白《峨眉山月歌送蜀僧晏入中京》）
> 沧海月明珠有泪，蓝田日暖玉生烟。（李商隐《锦瑟》）
> 欲就麻姑买沧海，一杯春露冷如冰。（李商隐《谒山》）
> 冠冕凄凉几迁改，眼看桑田变成海。（戎昱《赠别张驸马》）
> 暮去朝来无定期，桑田长被此声移。（吴融《潮》）

精卫填海的传说出自《山海经·北山经》，"精卫""填海"在唐诗中出现 20 余次。"精卫谁教尔填海，海边石子青磊磊"（王建《精卫词》）、"精卫一微物，犹恐填海平"（聂夷中《客有追叹后时者作诗勉之》）、"愿持精卫衔石心，穷取河源塞泉脉"（王睿《公无渡河》）、"浮生不住叶随风，填海移山总是空"（王建《题禅师房》）、"恨极同填海，情长抵导江"（吴融《戏》）等，都是由这一传说敷衍而成的。这一典故在后世广为流传，应该与唐诗的生发不无关系。

（五）鲸（鲸鲵）、（巨）鳌、海（上）鸥

《史记·秦始皇本纪》有秦始皇射杀巨鱼的记录，这种神奇和自信正切合抒写唐人英勇豪迈的情怀。唐诗中，鲸（长鲸、鲸鲵、海鲸、大鲸）出现 200 余次，鳌（巨鳌）出现 150 余次，大都接在"骑""逐""静""纵""讨""斩""碎斩""斫""剪""戮""灭""诛""烹""射"等动词之后，足见对这些海中庞然大物的驾驭、征服和仇恨，诸如"斩鲸澄碧海，卷雾扫扶桑"（李世民《宴中山》）、"誓当剪鲸鲵，永以竭驽骀"（高适《酬裴员外以诗代书》）、"誓欲斩鲸鲵，澄清洛阳水"（李白《赠张相镐二首》之二）、"弯弧穿伏石，挥戈斩大鲸"（陈子良《赞德上越国公杨素》）、"何不跨蓬莱，斩长鲸"（韦应物《寇季膺古刀歌》）、"斩鲸安溟波，截鳌作天柱"（独孤及《季冬自嵩山赴洛道中作》）、"必当展长画，逆波斩鲸鳌"（姚合《送任畹评事赴沂海》）、"刺手拔鲸牙，举瓢酌天浆"（韩愈《调张籍》）、"晴时笑语闻空虚，斗乘巨浪骑鲸鱼"（李贺《神仙曲》）、"唯看波海动，天外斩长鲸"（李绅《到宣武三十韵》）等。

《列子·黄帝篇》记录了海鸥的故事：有人与海鸥相处融洽，互不猜疑。但是，他父亲要求他捕捉海鸥，他的心态发生了变化，海鸥也因此飞得远远的。人与动物之间的这种亲密无间、海鸥对真诚的敏感得到了唐人的共鸣，唐诗中"海鸥"和"海上鸥"出现约 30 次，大都与"知心""徒思""归心""归从""还同"等搭配，诗人借用该典故表达对人鸥情谊的向往之意。

> 野老与人争席罢，海鸥何事更相疑？（王维《积雨辋川庄作》）
> 闻道金门堪避世，何须身与海鸥同。（张南史《江北春望赠皇甫补阙》）
> 爱君随海鸥，倚棹宿沙月。（皎然《答黎士曹黎生前适越后之楚》）
> 奋翼笼中鸟，归心海上鸥。（张九龄《登乐游原春望书怀》）
> 不及能鸣雁，徒思海上鸥。（陈子昂《宿襄河驿浦》）

三、涉海话语修辞资源的发掘与利用

唐诗海洋世界的构筑，同时也是对现成修辞资源进行发掘与利用的结晶。其中包括海洋世界所蕴藏的内容资源和形式资源，前者主要是基于海上事物而自然萌生的话题、思想和感情，后者主要是体裁形式的遗产。

修辞内容资源方面的发掘和利用，表现在引入或依托与海洋相关的物事，或借景抒情，或托物言志，或形象说理，或生发议论。

白居易《浪淘沙》通过对浪淘沙的描摹来表现爱情的周而复始、旷古永恒，借用与海相关的一系列比喻来刻画男女相思之深和相见之难。

> 一泊沙来一泊去，一重浪灭一重生。
> 相搅相淘无歇日，会交山海一时平。
> 白浪茫茫与海连，平沙浩浩四无边。
> 暮去朝来淘不住，遂令东海变桑田。
> 青草湖中万里程，黄梅雨里一人行。
> 愁见滩头夜泊处，风翻暗浪打船声。
> 借问江湖与海水，何似君情与妾心。
> 相恨不如潮有信，相思始觉海非深。
> 海底飞尘终有日，山头化石岂无时。
> 谁道小郎抛小妇，船头一去没回期。
> 随波逐浪到天涯，迁客生还有几家。
> 却到帝乡重富贵，请君莫忘浪淘沙。

李白《登高丘而望远》则以夸张的笔法描绘连传说中的美好仙境都被毁灭殆尽，与人世的变迁相映衬，极力凸显穷兵黩武带来的恶果。

> 登高丘，望远海。六鳌骨已霜，三山流安在？扶桑半摧折，白日沈光彩。银台金阙如梦中，秦皇汉武空相待。精卫费木石，鼋鼍无所凭。君不见骊山茂陵尽灰灭，牧羊之子来攀登。盗贼劫宝玉，精灵竟何能。穷兵黩武今如此，鼎湖飞龙安可乘？

齐己《善哉行》借大鹏升仙的描写，行形象说理，劝导终生无欲一身轻，超脱凡尘。

> 大鹏刷翮谢溟渤，青云万层高突出。
> 下视秋涛空渺弥，旧处鱼龙皆细物。
> 人生在世何容易，眼浊心昏信生死。
> 愿除嗜欲待身轻，携手同寻列仙事。

柳宗元《唐铙歌鼓吹曲·奔鲸沛》通篇以海设喻，将仙界和人间打通，展开叙事，人事得以神化，形象鲜明，表意生动，并且收获了突出的人神相映的互文效应。

> 奔鲸沛，荡海垠。吐霓翳日，腥浮云。帝怒下顾，哀垫昏。
> 授以神柄，推元臣。手援天矛，截修鳞。披攘蒙霮，开海门。
> 地平水静，浮天根。羲和显耀，乘清氛。赫炎溥畅，融大钧。

修辞形式的发掘利用，可以从唐诗对各类描述海洋物事的现成话语成分中选取提炼，用作构成各种修辞手法的素材，由此得到突出的说明。

张若虚《春江花月夜》描绘的对象是春江花月夜，抒写的是游子思妇的离情别绪，表现的是对宇宙人生的感悟哲思。"海"出现了两次，即"春江潮水连海平，海上明月共潮生""斜月沈沈藏海雾，碣石潇湘无限路"，江海连通，海天一色，丰富、拓展了诗歌幽美邈远、惝恍迷离的意境。与之相类，李白《江上吟》描写的是江中泛舟，"仙人有待乘黄鹤，海客无心随白鸥"中引入"海客""白鸥"，与"仙人""黄鹤"相对，均用神话典故寄寓胸襟，造就了巧妙而工整的对仗。

云霞出海曙，梅柳渡江春。（杜审言《和晋陵陆丞早春游望》）

海日生残夜，江春入旧年。（王湾《次北固山下》）

海色晴看雨，江声夜听潮。（祖咏《江南旅情》）

海尽边阴静，江寒朔吹生。（丁仙芝《渡扬子江》）

吴山迟海月，楚火照江流。（储光羲《寒夜江口泊舟》）

海明先见日，江白迥闻风。（张祜《题松汀驿》）

以上各例写的虽是江景，但"海""江"对举，让拟想中的海曙、海日、海色、海月等海景与眼前的江景交织，有虚有实，亦幻亦真，这是唐诗惯用的一种映衬写景法。

海上风物兼具熟识化和陌生化双重属性，因而常见于唐诗各类话语的修辞建构中，尤其是用作修辞格的素材。

用于起兴的，如：

海上生明月，天涯共此时。（张九龄《望月怀远》）

春江潮水连海平，海上明月共潮生。（张若虚《春江花月夜》）

用作借代的，如：

无论海角与天涯，大抵心安即是家。（白居易《种桃杏》）

用作比喻的，如：

吾衰同泛梗，利涉想蟠桃。倚赖天涯钓，犹能掣巨鳌。（杜甫《临邑舍弟书至苦雨黄河泛溢堤防之患簿领所忧因寄此诗用宽其意》）

波翻夜作电，鲸吼昼为雷。门外人蔘径，到时花几开。（林宽《送人归日东》）

用作对照的，如：

兵气回飞鸟，威声没巨鳌。（杜甫《喜闻官军已临贼境二十韵》）

海水不满眼，观涛难称心。即知蓬莱石，却是巨鳌簪。（李白《送纪秀才游越》）

用作衬托的，如：

鲸波腾水府，蜃气壮仙宫。（徐凝《送日本使还》）
夜泊避蛟窟，朝炊求岛泉。悠悠到乡国，远望海西天。（张籍《送新罗使》）

用作夸张的，如：

日映孤舟出，沙连绝岛明。黱空翻大鸟，飞雪洒长鲸。（马戴《送册东夷王使》）
手中电曳倚天剑，直斩长鲸海水开。（李白《司马将军歌》）

用作夸张、对照、衬托等辞格的，如：

何处归且远，送君东悠悠。沧溟千万里，日夜一孤舟。旷望绝国所，微茫天际愁。（刘眘虚《海上诗送薛文学归海东》）

用作示现、衬托等辞格的，如：

我思仙人乃在碧海之东隅，海寒多天风，白波连山倒蓬壶。长鲸喷涌不可涉，抚心茫茫泪如珠。西来青鸟东飞去，愿寄一书谢麻姑。（李白《有所思》）
传闻海水上，乃有蓬莱山。玉树生绿叶，灵仙每登攀。一食驻玄发，再食留红颜。吾欲从此去，去之无时还。（李白《杂诗》）
碧海广无际，三山高不极。金台罗中天，羽客恣游息。霞液朝可饮，虹芝晚堪食。啸歌自忘心，腾举宁假翼。保寿同三光，安能纪千亿。[吴筠《游仙二十四首》（之七）]

诗人在传说的基础上驰骋想象，放纵情感，将自身融入诗情画意的海外仙山和仙人生活之中。
用作用典、对照、设问等辞格的，如：

仲尼既云殁，余亦浮于海。昏见斗柄回，方知岁星改。虚舟任所适，垂钓非有待。为问乘槎人，沧洲复谁在。（孟浩然《岁暮海上作》）
沧海疾风起，洪波骇恬鳞。已无济川分，甘作乘槎人。挥手谢秣陵，

举帆指瓯闽。安和风尘表，偶与琼瑶亲。（独孤及《庚子岁避地至玉山酬韩司马所赠》）

用作连续对比、象征的，如：

海水非不广，邓林岂无枝。风波一荡薄，鱼鸟不可依。海水饶大波，邓林多惊风。岂无鱼与鸟，巨细各不同。海有吞舟鲸，邓有垂天鹏。苟非鳞羽大，荡薄不可能。我鳞不盈寸，我羽不盈尺。一木有余阴，一泉有余泽。我将辞海水，濯鳞清冷池。我将辞邓林，刷羽蒙笼枝。海水非爱广，邓林非爱枝。风波亦常事，鳞鱼自不宜。我鳞日已大，我羽日已修。风波无所苦，还作鲸鹏游。（韩愈《海水》）

在诗人眼里，只有足够强大的鱼鸟，如吞舟鲸、垂天鹏，才可以适应海水和邓林的生活，自认还够不上大鱼、大鸟，因此要暂离海、邓而去，但自己不畏风波，终将像鲸鹏一样作逍遥游。

正因为众多海洋物象的修辞资源属性，唐诗对物象及其特征的表现往往只是手段，寄情抒怀、言志明理才是其被引入和书写的目的。

辞无主组隐无才，门向潮头过处开。几度黄昏逢罔象，有时红旭见蓬莱。碛连荒戍频频火，天绝纤云往往雷。昨夜秋风已摇落，那堪更上望乡台。（吴融《海上秋怀》）

四明三千里，朝起赤城霞。日出红光散，分辉照雪崖。一餐咽琼液，五内发金沙。举手何所待，青龙白虎车。（李白《早望海霞边》）

匡济难道合，去留随兴率。偶为谢客事，不顾平子田。魏阙贡翘楚，此身长弃捐。箕裘空在念，咄咄谁推贤。无用即明代，养疴仍壮年。日夕望佳期，帝乡路几千。秋风晨夜起，零落愁芳荃。（钱起《海畔秋思》）

离客穷海阴，萧辰归思结。一随浮云滞，几怨黄鹄别。妙年即沈疴，生事多所阙。剑中负明义，枕上惜玄发。之子良史才，华簪偶时哲。相思千里道，愁望飞鸟绝。岁暮冰雪寒，淮湖不可越。百年去心虑，孤影守薄劣。独余慕侣情，金石无休歇。（钱起《海上卧病寄王临》）

乌盈兔缺天涯迥，鹤背松梢拂槛低。湖镜坐隅看匣满，海涛生处辨云齐。夕岚明灭江帆小，烟树苍茫客思迷。萧索感心俱是梦，九天应共草萋萋。（李绅《新楼诗二十首》之三）

总体而言，唐诗的"海洋"书写既延续了先秦以来的神话、传说、寓言、诗文、辞赋等记录的涉海集体无意识，又或多或少、或直接或间接地融入了诗人们新的想象和创造，并经由修辞话语对主体经验的审美化编码，实现了对类型化、个性化海洋修辞幻象的生成和演化。唐诗中的海洋修辞幻象，是对历代文化层累下的涉海原型意象的采撷与生发，是对蕴藏丰厚的涉海修辞资源的发掘与利用，更是为时代精神所熔铸而创生的、继往开来的、具有唐代文化特色的海洋世界。从修辞视角对此作深入探究，有助于更完整地考察唐诗海洋世界的特质、生成和演化，推进中国海洋文学和海洋文化的研究。

参考文献

1. 段曹林. 唐诗修辞史研究 ［M］. 重庆：重庆大学出版社，2023.

2. 刘学锴. 唐诗选注评鉴：上下卷 ［M］. 郑州：中州古籍出版社，2013.

3. 鲍曼. 想象与修辞幻象：社会现实的修辞批评 ［M］. 王顺珠，译//宁，等. 当代西方修辞学：批评模式与方法. 常昌富，等译. 北京：中国社会科学出版社，1998.

4. 中华书局编辑部. 全唐诗 ［M］. 增订本. 北京：中华书局，1999.

5. 尚光一. 唐诗中的海洋意象与唐人的海洋意识 ［D］. 青岛：中国海洋大学，2008.

6. 谭学纯，朱玲. 广义修辞学 ［M］. 合肥：安徽教育出版社，2001.

7. 王赛时. 唐朝人的海洋意识与海洋活动 ［M］//杜文玉. 唐史论丛：第八辑. 西安：三秦出版社，2006.

8. 俞平伯，等. 唐诗鉴赏辞典 ［M］. 纪念版. 上海：上海辞书出版社，2013.

9. 宗廷虎，陈光磊. 中国辞格审美史 ［M］. 长春：吉林教育出版社，2019.

Rhetoric Illusion: The Ocean World Built by Tang Poetry

Duan Caolin

(*School of Liberal Arts*, *Hainan Normal University*, *Haikou*, 571158)

Abstract: The ocean world created by Tang poetry absorbs many "ocean" scenes, creatures, characters and life that imagine the world or the real world. Compared with the previous marine literature writing, the content is more abundant and the appearance is more peculiar. The concentration and integration of the spirit of the times, the collection and generation of archetypal images, and the exploration and utilization of rhetorical resources jointly create the rhetorical illusion of the ocean world of Tang poetry. The introduction of rhetorical perspective is helpful for to deeply explore the characteristics, generation and evolution of the marine world of Tang poetry, and to promote the research of Chinese marine literature and marine culture.

Key words: the ocean world of Tang poetry, rhetorical illusion, the spirit of the times, archetypal image, rhetorical resources

小说修辞研究

语境颠覆中的"奇葩"叙事

——《奇葩奇葩处处哀》修辞策略

祝敏青①

（福建师范大学协和学院　福州　350116）

摘　要：《奇葩奇葩处处哀》是王蒙反映当代社会生活某一侧面的力作，它以语境颠覆状态展现了其叙事策略，具体体现在以下四个方面：对正常叙事、简约叙事颠覆的繁复叙事凸显"奇葩"形象之奇；对不同事物关联产生的物类颠覆变形镜像蕴含着深刻的反讽意味；以语符能指与所指颠覆制造陌生化效果；以荒诞背离现实的虚实交错叙事展现深刻的叙事意图。语境颠覆是体现文本内容和形式的突出叙事修辞策略。

关键词：《奇葩奇葩处处哀》；语境颠覆；修辞策略

　　王蒙《奇葩奇葩处处哀》以丧偶老人沈卓然与四个拟再婚对象相处为情节主线，呈现了不同类型的"奇葩"形象。行云流水、自如流畅的叙事语言中蕴含着王蒙一如既往的语言功力。文本叙事策略是基于语境颠覆状态的，它颠覆了语境适应常态，以背离构建语境关系。"修辞性语境差指在同一交际界域，语境因素间呈现颠覆状态，却具有审美价值的修辞现象。"② 颠覆状态下的叙事语境中蕴含着作者的叙事策略、叙事功力。

一、繁复叙事凸显"奇葩"形象之奇

　　繁复叙事是对正常叙事、简约叙事的颠覆。语句大肆铺陈构成行云流水的语言气势是王蒙语言风格的体现，它展现了叙事者流畅的思绪意识流，也呈现了言语多彩多姿的气势与魅力。文本以大量排比、穷举等语言的繁复形式描写简单的叙事对象，以繁复叙事与叙事对象的颠覆突出对象的特点，赋予读者强烈深刻的叙事感受。

　　文本描述了四个奇葩与沈卓然的交际，加上沈卓然已逝的前妻淑珍、初中英语老师那蔚阗，共有六位女性。小说以大量繁复叙事体现各位女性

　　① 作者简介：祝敏青，福建师范大学协和学院、文学院二级教授，博士生导师，研究方向为汉语修辞学。

　　② 祝敏青，林钰婷．当代小说修辞性语境差阐释［M］．北京：商务印书馆，2017：9.

的特点，展现她们介入沈卓然生活带来的各种变化。

第一个奇葩是护士长连亦怜："连亦怜的到来改变了他家的气味，她立即添置了药用酒精与碘伏，酒精棉与碘伏棉，龙胆紫、红汞水、伤湿止痛膏药，创可贴与薰衣草精……听诊器、血压仪、一些急救药品也摆放在方便的地方。""连亦怜为他策划与执行了所有的保健项目，早晨，按摩与冲澡，喝凉开水八百克，牛奶、鸡蛋、肉松与香蕉、黑面包，降压降血脂药品。散步，太极拳。午餐后半个小时补钙……晚餐后的牛奶与长效白义耳阿司匹林。"文本以穷举的方式列举各种急救药，运动及饮食等保健项目，突出体现了来者的职业特点，以致沈卓然"叹息万物的沧桑多变，也感觉到了随时贴身的医疗保证"。这种体贴入微带给沈卓然的感受又以各种身份的交织组合和内心感受的繁复叙事体现："她是美女、大厨、菲佣、老婆、保健员、护士、天使的完美集合。""有了亦怜，不再自苦，不再恐惧，不再一味恨憾，不用再咀嚼寂寞的凄凉，不必再质疑活下去的理由。男人的理由是女人。"这些都渲染了沈卓然对连亦怜产生的好感及依赖，并为二人最后因连亦怜的商业性摊牌导致分手作了反向铺垫。

第二个奇葩是聂娟娟教授，"唯一的此次与聂教授的共用午餐实际上不怎么用午餐"，聂教授"说是她从来不吃鱼，她从来不吃牛肉，吃了鱼与牛肉就会得肠胃炎。说是她的吃饭很讲究，不吃韭菜，不吃胡萝卜，不吃香菜与芹菜，不吃红皮洋种鸡蛋，不吃大葱，不吃荞面，不吃花椒，不吃凤爪与鸭掌鸭舌……说得沈卓然又敬又乱又疑惧"。初次见面的午餐以"不吃"领起，历数了聂教授饮食方面的怪异，制造了"学历很高，运气很糟，生活很孤独"的奇葩印象。二人的交往后来主要通过电话，"神经质，不无卖弄，万事通，出色的记忆力，阴阳八卦，中外匪夷，文理贯通，古今攸同"，以褒贬混杂的评价体现了老沈与之交往"一种完全崭新的体验"。"这是无爱的爱情，这是行将消失的晚霞余晖。这是仍旧的'落日照大旗，马鸣风萧萧'。这是蒙头盖脸、天花乱坠、相激相荡、出神入化、谈笑风生、内容空洞、色即是空、空即是色的爱情，或绝对非爱情。"排比句式的叠加将二人谈兴甚高却非爱情的奇特交往展现出来。老沈喜欢起聂娟娟也是以排比式否定呈现的："没有柔情，没有肌肤的亲昵……没有服务，没有温存，没有接触粘连，没有偾张与分泌。没有生活细节，没有炊艺、枕席、画眉、搔痒痒、捏肩揉颈，没有脸面、五官、嘴唇与躯体，更没有舌头。"小说否定男女双方基于爱情性质交往的种种表征，突出了"无爱的爱情"的奇异。

第三个奇葩是省直机关理论教员吕媛，一个"雄伟的女性"。"她的豪爽、痛快、义气、认同乃至轻信，溢于言表"，她主动住进老沈家后的情景体现了她的豪爽、痛快："老沈的家从此变成了吕媛的家，吕的声音更洪亮，吕的主意更多样，吕购买各种过去老沈从来没有问津过的小食品小商品，从不商量，也不跟沈卓然要钱，或等着老沈掏钱，她自己有着大把大把的票子。日本带把茶壶、眼镜架，印度象鼻佛像，马来西亚胡椒糖，中国广西长寿乡香猪腊肉，把老沈闹得眼花缭乱，欲罢不能，欲停无术，了不起啊，她是真不把自己当外人呀。"繁复历数吕媛的行为、所购的物品，突出体现了她"二"与"糙"的特点。老沈由于对吕媛的冷淡被指患有抑郁症和性冷淡，老沈没有反驳，而是加以肯定，表示"下周他准备星夜起床，排队去挂专家号，他准备购买高丽参、虫草、枸杞、鹿茸、鹿鞭、蛤蚧、鹿血、干桂圆、肉苁蓉……"历数治病的各种药材，与其说写老沈，不如说反衬出吕媛的奇葩。

第四个奇葩是"少女型、新潮型、'七零后'型又是洞庭湖型"的乐水珊，她以"比奇葩更奇葩的启动方式取得了很大的成功"。她带来的完全不同的生活习惯也是以繁复叙事呈现的："铺天盖地的零食休闲食，各种各样的半制成品，速冻饺子、包子、馄饨、元宵、汤圆、肉夹馍、咸鱼夹烧饼、三明治、比萨、馒首、火烧、速食面条、米线、河粉、肠粉，还有各种的豆、各种的球、各种的片、各种的脯、各种的脆、各种的颜色、各种的味。老沈的家一下子就欢势起来了。"各种食物的铺陈列举将老沈家"杂货店加电话间加小吃店加文化站加卡拉欧开歌厅包间的混合气息"呈现出来。小乐"真正生命活跃了起来"是在每晚老沈睡了之后的十点半，用手机以各种语言谈生意。作者形容她拿着手机时的表情是"嗔怒、喜笑、逗趣、欣然、嗲娇、摇头、翻眼、吐舌、错齿、噘嘴、挥手、转身、鬼脸，像在演戏，像在考电影学院的表演班，像在走舞步，给老沈家带来了无数新一代的生活、动感、气息"，各种表情动作的繁复陈列加上以"像"领起的排比形容，以"无数新一代的生活、动感、气息"体现了这一奇葩的特色。这些排比或穷举构成的繁复叙事，以名词、动词、短语、句子构成的复叠渲染叙事对象，展现了奇葩独具特色之奇。正如王蒙所说："所谓的奇葩，多少带有遗憾、痛心或打着问号的命运色彩。"正因为如此，文本对奇葩的描述，并非以犀利的鞭挞嘲讽，而是以善意的调侃展现"命运的高高低低、坑坑洼洼、苦苦甜甜"，揭示背景各异的女性们各自的欲望与苦衷。

繁复叙事中常夹杂着反复、对比等手法，使叙事更加多样纷呈。如对老沈与淑珍年轻时代的讴歌："那是一个没有麻烦只有畅想的时代，那是一个没有怀疑只有相信的时代，那是一个没有背叛只有忠诚的时代，那是一个在自己这里只有爱情、在敌人那边只有仇恨的时代。""那是一个没有……只有……的时代"的迭现，组成了句式相同的排比，增添了对时代亦即淑珍的追忆怀念之情。老沈给淑珍的情书也是以反复兼排比呈现的："一封封像花束一样芬芳，像夜莺的歌曲一样动听，像天空一样爽朗，像清泉一样纯净，像星光一样闪烁，像海潮一样汹涌的情书，给淑珍带来太多的扰乱了。""像……一样"组成的排比，以美好的喻体呈现了情书的优美动人。老沈在淑珍去世后反省自己的饕餮："他太喜欢参加公款宴请，从东坡肘子到牛排，从白斩鸡到炸乳鸽，从全家福到佛跳墙，从清蒸石斑鱼到葱烧海参，后来又从澳大利亚龙虾到泰国燕窝、鲍鱼、鱼翅、阳澄湖大闸蟹，他吃得太多太多，吃出不止一样毛病来了。""从……到……"的反复构成了排比句，呈现了公款宴请饕餮大餐的奢侈。那老师在文本中的亮相是在与时代的对比中呈现的："在一个贫困、饥饿、混乱、褴褛、獐头鼠目、孱弱佝偻、萎靡龌龊、斜视斗鸡眼、罗圈腿瘌痢头的时代，出来一个亭亭玉立、高高大大、自信自足、眉目端庄、一举手一投足都充满优雅和美丽的英语女教师，这简直是与时代为敌，与众生为仇，为社会所难容。""英语女老师"前的修饰限定语与"时代"前的修饰限定语构成了褒贬反差，时代的丑陋低劣突出了女老师的美丽优雅。

二、物类颠覆的变形镜像蕴含反讽意味

我们借几何术语中的镜像来表示文本将不同事物相关联产生的物像对应，这种对应在文本中呈现颠覆状态。将不同类别、不同等级的事物相提并论，其影像折射显然是变形的，却凸显了叙事对象某一方面的特点，蕴含深刻的反讽意味。

比喻以本体与喻体的不对等呈现语境的颠覆，体现两物关联折射出的差异。文本为不同女性选择不同的喻体，这些喻体往往以连喻、博喻等一连串的形式体现，从表现形式而言，也是上述的繁复叙事，只是以本体与喻体的关联为基本模式，繁复呈现，以凸显人物某一方面的特点或多方面的特点。如形容连亦怜："对于老沈来说，亦怜柔软如柳絮，空灵如云朵，光滑如丝锦，顺应如和得揉得恰到好处的面剂儿，婉转如二胡曲。"多个喻体喻多个方面，突出了亦怜既温柔体贴又难以捉摸的特点，这些特点是相对于老沈而言的，是从老沈的心理感受所产生的联想。有些比喻的迭现体现了取喻者的情感与话语意图，如乐水珊向老沈的表白："她觉着老人就是一首诗，老人就是文化，就是传统，就是内涵，就是古器的光辉，就是惊人的苏格拉底脸上的皱纹，好古敏求。三下五除二，干脆说，她愿意成为沈卓然的伴侣，老人就是马克思的络腮胡须。"对老人的取喻以抽象

与形象相交错，显得不伦不类。但这是在乐水珊"二十年接近够了浅薄、暴躁、愚蠢、幼稚、来如阵风、去似一个出溜屁的小伙子"相比较而得出的感受，使这些喻体构成与毛头小伙相反相对的语义，表达了乐水珊"愿意爱沈老师，服侍沈老师，爱抚沈老师，陪伴沈老师，直到明天，直到明天的明天，直到终极，直到另一个世界……"的意愿。这一连串的表述表达了乐水珊独特的审美取向与追求，从而展现了乐水珊这个奇葩之奇。

文本的叙事对象有六位女性，作者多处用比喻形容各人的特点，并形成对照，如：

（1）人与人是怎样的不同！淑珍是清水河。那蔚阆是云朵。连亦怜是家用智能电器。聂娟娟是一路神仙、一路无路可走的散仙鬼魂天才妖狐不幸的人。而吕媛像一部大吨位 L 系叉车，人、头与脸、胳臂、屁股、言语、气势、肺活量都是大号的。

（2）女人都是奇葩，吕是力量型葩。连是周密型葩。聂是才智型葩。那老师是贵族型葩。淑珍则不仅是葩，淑珍是根，是树，是枝，是叶，她提供荫庇，提供硕果，提供氧气，提供生命的范本。

（3）他给各朵奇葩定了位，连亦怜是画中人，聂娟娟是神仙，吕媛是英雄，乐水珊是先锋前卫。还有那蔚阆是骊山圣母、老母、梨山老母，要不就是瑶池的王母。

正如文中所说，"没有奇葩，这个世界将会窒息。没有奇葩，一切是何等的乏味，生命将会是何等的干枯和重复，人的定义将会是何等的单调与空洞"，这些取喻对应着文本叙事中的人物形象和人物的言行举止，突出了个性，体现了差异。例（1）的喻体突出了各个奇葩的本质特点，淑珍的纯真、那老师在孩童心目中的奇幻、聂娟娟的不食人间烟火、吕媛的大大咧咧等在不同的喻体中展现了出来。例（2）在"奇葩"总喻体下进行分类，类型是基于各人为人处世的风格特点，对淑珍衍生出的其他喻体，将淑珍的个性品格、对老沈数十年的呵护体现了出来。例（3）是又一角度的取喻，也是基于人物性格特征，体现了连亦怜的可遇不可求、聂娟娟的不食人间烟火、吕媛的粗犷豪放、乐水珊的与时俱进、那蔚阆的高贵神圣。对同一人物的不同取喻充分展现了作者联想的丰富和调配语言的功力。三例中的比喻出自不同的角度，同一例中的取喻又是基于同一角度，使得人物的对比具有了可比性，在某一方面突出展现了人物的个性特征。

文本的诙谐调侃常常由不伦不类的类比构成。以大人物类比小人物，大事件类比小事件，人物类别、事件的巨大落差体现了语境颠覆，将作者的调侃语气自如地表现出来。文本有多处老沈的类比心理，这些心理是老沈在与不同类型奇葩的交往中感悟的，因此也可以看作对奇葩的侧面描述。如老沈对"成功人士"身份和年龄的感悟，拿"孙中山活了五十九岁，李白六十一岁，安徽省马鞍山采石矶水中捞月仙去。苏东坡与马克思都是享年六十四岁多一点。王勃与李长吉则是仅仅二十多岁就拜别人世。恺撒大帝五十八，拿破仑五十一，秦始皇千古一帝四十九岁驾崩"来类比，说明"岁月的长河其实没有亏待他"，自己"何德何能，至今还活得这样欢蹦乱跳"。取类与所比人物的层次差异，使老沈的得意之感带有了诙谐调侃意味。这是老沈失去妻子淑珍后的晚年感悟。"你不是元首，你至少应该知道几个元首与他们的妻子女友，比如克林顿的绯闻与卡扎菲的女子卫队，杰克逊与他的女佣。你不是科技专家，你也应该知道牛顿、爱迪生、霍金和乔布斯。你不懂飞行航海，你也应该知道麦哲伦、哥伦布、戴维斯、麦克康奈尔"，这是老沈与聂娟娟交往后的感悟，这位"一顿午餐只吃三个馄饨的量子物理学家、教授、女知识分子"，"侃侃而谈，娓娓动听，谈天说地，妙语生花"，使老沈惊讶于奇葩之奇，而想"去寻找奇葩，发现奇葩，研究奇葩，呵护奇葩"。以元首、著名科学家类比，既与老沈的身份存在差异，又与事件等级存在差异，增添了调侃意味。与聂娟娟隔着电话听筒"蒙头盖脸、天花乱坠、相激相荡、出神入化、谈笑风生"地交谈，这种老年人"无爱的爱情"，除了以"行将消失的晚霞余晖""仍旧的'落日照大旗，马鸣风萧萧'"作喻外，又以"玛丽莲·梦露没有这样的爱情，柳梦梅、张君瑞没有这样的爱情。罗密欧与朱丽叶，没有这样的爱情。安娜·卡列尼娜与卡门，也没有过这样的爱情"作反向类比，突出了这一场交往的奇葩之奇。当乐水珊显示她认识老沈诸多"最信得过的好友"，但她不希望由他们介绍二人认识时，又是一系列类比："谁介绍过芳汀与珂赛特给冉阿让？谁介绍了茶花女给阿尔弗莱德？又有谁介绍过契诃夫的'带小狗的女人'给德米特里·德米特里耶维奇·古罗夫，在至今多事的克里米亚的雅尔塔镇？"这些类比极为可笑地将乐水珊"无比自信、先锋、潇洒"的个性表现了出来。

三、语符能指与所指颠覆的陌生化

颠覆语言符号约定俗成的特定语义、形式，以陌生化凸显效果也是文本嬉笑怒骂皆成文章的修辞手法。

王蒙思绪敏捷，语言流畅，常常是信手拈来，借用旧有语词，仿拟出新语词。如写老沈曾有超强的睡眠能力，一辈子没吃过安眠药，"还忽悠说，养生的关键是睡眠，悠悠万事，唯睡为大"，仿《后汉书·李固传》"悠悠万事，唯此为大"，造出"悠悠万事，唯睡为大"，是以老沈过去的良好睡眠状态，反衬淑珍死后的睡不着觉。仿拟有时并非全仿，而是部分仿，如老沈陪一个"大红人，女，海归，企业家，慈善家，教育家，爱国党派的省级学长，省政协副主席"吃饭。副主席"滔滔不绝地讲述自己每天要做多少事，日理不够万机也有八千八百机"，"八千八百机"仿"万机"而来，与其一系列头衔相照应，将副主席的夸夸其谈、吹牛卖弄展现了出来。有时，被仿语词与仿语词同时出现，如老沈的心理活动描写："弱水三千，我只求其一瓢。奇葩三百，我珍重其缘分之一次。感谢晚年俺与绚丽奇葩们不平凡的邂逅，使我老而弥喜，弥丰，弥奇，弥色。"仿"弱水三千，我只求其一瓢"造出"奇葩三百，我珍重其缘分之一次"，使奇葩之多、接触相处时间之短于诙谐调侃中展现。仿拟还常常是一系列的，充分体现了作者调控语言的功力，如写沈卓然在发妻死后经历的多次被介绍对象："做的是引狼入室、引狐入室，哪怕是引葩入室、引仙入室，转眼间发展到招商引资、招标融资、自由行、众奇葩百花齐放、登堂入室的地步了。他彻骨地悲痛起来。"仿"引狼入室"，派生出"引狐入室""引葩入室""引仙入室"，与后面的"招商引资"等对此事的话语升级相配合，诙谐体现了老沈被多次介绍的哭笑不得与无奈。再如乐水珊为了老沈睡后自己可以办理业务，让老沈吃安眠药的情景："有时候老沈本来没有想吃安眠药，看到小乐那天使般的笑容，听到那人情人理、温柔敦厚的语句，轻柔磁性、如抚如击的声音，感受到了乐水珊的人气人息人温人和人力人意，他觉得小乐劝他服用的不是化学药片，而是关怀，是仁义，是温柔，是二十一世纪的科学与人文前景，是生命的安慰与将息，是男人的干枯最需要的滋润与浇灌的露与雨。"仿"人气"堆积出以"人"打头的语词，这些语词有些是原有的，有些则是临时仿造的。老沈观察小乐后得出了结论，这个"胸怀大志的犟骡型湘妹子"到他这儿来的目的并非谈婚论嫁，而是"寻找一室写字间加半室临时住房"，所以"小乐每晚最快乐的事情就是打发他上床入眠"。仿词的迭现渲染了小乐给老沈的假象感受，嘲讽了小乐脉脉温情下隐含的借住目的。仿拟有的是仿古诗词，乐水珊夜半弹琴，干扰了老沈睡眠，老沈想到了杜甫诗作"无边落木萧萧下，不尽长江滚滚来。万里悲秋常作客，百年多病独登台"并仿此造出"无边落木萧萧下，不尽奇葩滚滚来。万事悲摧犹忆旧，百年期至叹何来"。这一仿造借杜甫的悲秋，将老沈晚年在各类奇葩围攻下的无奈、悲哀之情表述了出来。有时被仿与仿诗句直接对接。乐水珊以"比奇葩更奇葩的启动方式"接近老沈，取得了很大成功。老沈的体会是"渔阳鼙鼓动地来，源源奇葩动地来"，"源源奇葩动地来"紧接在白居易《长恨歌》"渔阳鼙鼓动地来"的原句后，构成被仿与仿的关系，营造了一个奇葩接一个奇葩出现的热闹景象。

改变语词形式，将固定语词拆离，也是文本叙事常见的陌生化手法，如将人名拆离，妻子淑珍逝去后，沈卓然自问："沈卓然哪里去了?"接着是"色空空色，沈非沈，卓非卓，然不然。沈卓然不是沈卓然，没有淑珍陪伴，他怎么可能是姓沈的卓并然? 也就没有必要怀疑自己不是沈卓然了"，将姓名这一命名形式拆开，衍生出"沈非沈，卓非卓，然不然""姓沈的卓并然"，看似文字游戏，却将相伴几十年的爱妻逝去让老沈"魂不守舍"的精神状态描绘了出来。失去了淑珍，老沈也就失去了自我，茫然无措，无所适从。再如对连亦怜名字的拆离解释："连与怜同音不同字，本身就包含着一种纠结和期待，一种凄美和缠绵，一种上颚与舌头的性感，一种结合的暗示，一种如莲的喜悦。连就是合，合就是连。中间加上一个发音部位靠前的亦字，嘴张不太大，说起话来好像要流口水，亦就是溢，亦就是嬉戏，亦就是羁縻，亦就是枕边喁喁吁吁。连与亦与怜匹配得天造地设。"这是老沈经病友介绍，要与连亦怜见面前由名字引发的联想，对每个字的解释超越了约定俗成的字义，体现了老沈对这些字别出心裁的联想。这样"招人爱怜的女性芳名"是老沈未见面前的第一印象，这一印象与后面连亦怜的温柔体贴、关心备至相应。可以说作者为这一人物的取名是从人物个性出发的，名副其实。二人一起生活后，老沈深切感受到了连亦怜的重要性，这一重要性又是以名字的拆离歪解为表现形式的："他活着，过去靠的是淑珍，现在只能是靠亦怜。连亦怜，连亦连，怜亦怜，不怜亦怜，不连亦连，不连亦是相连，连即怜即缘，缘即怜即连即黏即娴即绵。连吧连啊怜呀怜呀缘绵娴绵呀你呀你呀我呀我呀她呀她呀怎么能没有她呀!"衍生到后面甚至以近音关联，看似无理，却呈妙趣。将姓名拆解，利用同音字义，又派生出一系列相关相谐相近的语词，借字义释人的个性特点，使字义具有了超出姓名符号的指称意义，带有展现人物形象、诠释人物个性的更为丰富深刻的含义。除了姓名拆解，还有其他名词拆解的，如"奇生奇，葩生葩，奇葩还将叩响沈卓然的家门"，将"奇葩"拆解后另组，将老沈丧偶后所经历的各个介绍对象神采各异的奇特形象概括了出来。还有将字形拆解的，如少年老沈和一班同学"认为不应该用'胖子'之类的词儿形容异性，他们以白痴式的聪明用拆字法编造了'月半了一'密代码，流露了他们对于胖大女子的垂涎"，将"胖子"按字形加以拆分，与字义无关，却将孩子的天真童趣表现了出来。有的语词拆解取其中部分语素，加以重组，这种重组以打破语法规律的形式造成语言的变异。如厅长副省级友人为老沈介绍对象，发送了一张彩照，这张"十分养眼，美与不美，俗与不俗，一抹夕阳，一捧残霞，一朵欲萎的鲜花"的彩照"令沈先生心痛，令沈先生心乱如麻，血压升高，失眠更失，不安更不"。将"失眠"的"失"，"不安"的"不"提取出来，冠之以"更"，违背了程度副词不能修饰限制一般动词和否定副词的语法规律，却以调侃将老沈在淑珍走后，"全乱了套了"的精神状态描绘了出来。再如写老沈与聂娟娟电话交往的情景，二人隔着电话听筒交谈甚欢，形容这场非爱情的两性交往，用了"不是相濡以沫，没有沫，不濡"，将成语拆解，"沫"与"濡"各自否定，加之"往事尽在无酒的酒兴、无主题的主题、无共同的共同、无携手的携子之手与子偕老当中，慢慢温习，慢慢远去"相照应，体现了这场与性无关却又心心相印的两性交往的奇异。

别解以对语词约定俗成的意义的另类解释造成语义的变异，也是文本叙事的出格表现。如对连亦怜名字中"怜"的解释："她的样子楚楚可怜，只有熟悉中国古典文学的人才懂得'怜'字在古诗中的地位，它比爱更古老，比爱更幽雅，比爱更男权却也充溢着男子的柔情与担当，甚至还有一点戏耍的心坎上的欢愉。怜就是保证，就是允诺，就是永远对得起女子的起码的男人的诚实与决心，是好好地吃，好好地咂滋味，是上海人吃大闸蟹。怜还是对宝贝、对宠爱、对弱者柔者美者的一百种义务、一百种照顾、一百种珍惜、一百种'阴秀软丝'（您可以去查英汉字典）。风月无边，美味无边，浪漫无边，恩爱万千。"对"怜"的派生解释显然大大超越了英汉字典义，这多种意义是在文本特定语境中生成的，是连亦怜对老沈百般照顾的诠释，也就有了超越字典义的合理性。语词在特定语境中的超常使用有时也体现了词义的别解，如淑珍去世后老沈的状态渲染："沈卓然变成了一片空白，家是空白，生活空白，口腹空白，阅读空白，言语空白，共享空白，睡眠空白，失眠其实也是空白，生命的痛苦还是空白。"交织着"空白"的正常搭配和异常搭配，异常搭配的错位组合，实际上是对"空白"一词的别解，是对淑珍去世给老沈重大打击的真实写照。语词的超常使用有时是大词小用，改变语词原有的适用对象。如连亦怜的周到服务与婚姻登记前的商业谈判形成了反差，对此描述出现了商界术语，"他得到的是一百一的服务，是毫无瑕疵的第三产业的一丝不苟，是顾客即上帝的职场信条百分之百遵守践行"，"她绝对是一个好人，她讲究的是商业道德，提供样品和售前服务，一切都光明正大，不藏不掖"。将商业术语用于连亦怜与老沈的恋爱婚姻之事，看似改变了术语的语义，却与连亦怜在婚姻登记前向老沈提出的条件的商业化性质有关。本来嫁后可以达到的要求，却在婚前明说，导致二人因加入商业因素而分手。作者用"违背了模糊数学、距离陌生、谦谦君子、点到为止的审美原则"来形容连亦怜"明火执仗，急于求成，什么都摊到桌面上"处事策略的失败。"审美原则"以及前面的修饰限制语属于学科术语，用于男女交往婚嫁生活事宜，也挪移了使用场合，使语词意义发生变化，使叙事充满了调侃意味。

四、荒诞背离现实的叙事意图

文本讲述的是社会现实生活中的家长里短，却以荒诞手法制造对现实的背离，使故事的讲述处于亦真亦假的虚幻中，这也是文本塑造奇葩的叙事策略。这一叙事策略是基于王蒙的创作意图，王蒙认为，"小说中性格、背景迥异的女性们，各有苦衷和欲望，没有谁故意要变成某一类奇葩，词语背后传达的是人与人之间的隔膜和不理解"，"所谓的奇葩，多少带有遗憾、痛心或打着问号的命运色彩"，因此，他为奇葩"打上了悲情化色彩"。在写作时，他"感觉内心一下子开放给了俗世，但立意绝不止步于俗"①，源于现实又超越现实，正是荒诞手法表现出来的奇异效果。

文本以老沈为核心人物，关联起各位奇葩。上述我们分析的奇葩言行举止，多有荒诞之举，文本荒诞既表现在对奇葩各种奇异行为的描述上，也表现在对老沈思绪幻象的描述上。如淑珍去世后老沈精神状态的描述，从不吃安眠药的他居然睡不着："睡不着他干脆集中精神想，比如说，我压根就没有出生；比如说，淑珍就压根没有出生；比如说，这个入夜无眠的糟老头子，压根就不是我，这儿不可以是也没有理由是第一人称，而只是，最多是第二人称与第三人称。一切都会迎刃而解。"显然这是老沈的幻觉，对自我的否认体现了淑珍去世给他的沉重打击。幻觉还体现在老沈对奇葩的想象上，他设想那老师几十年是怎么过的，"无数版本，升一级再升一级"，其中之一，就是把那老师想象成连亦怜的姥姥，由此有了对其的思念，"没落的贵族、垂死的优雅、空荡的羽毛、渐失的体面、或有的机遇、必须的灾祸、少女的失身、无情的了断、恐惧与毁灭、手段与谋略、拐点与难点、坚忍与厚颜、顽强与美丽、阴冷与克制……"那老师是他学业上的老师，儿时梦中的情人，"一日为师，终生为母。一日入梦，梦中的情人"，儿时梦中对那老师的亲昵便是这荒诞设想的缘起。在被"缠腰龙"折磨了一年，"精疲力竭，身心俱疲"之时，他甚至"记得有

---

① 许旸. 王蒙时隔10年再出中篇力作　自称写作时已随心所欲［N］. 文汇报，2015 - 04 - 03（9）.

一次自己似是收到了那蔚阒的讣告。他哭了一场，却在事后再找不到讣告"了。"事后找不到"否定了前面的收到讣告，但他坚信收到讣告，因为这是"合乎逻辑的、认真的、靠得住的"。这实际上是否定了收到讣告的真实性，又肯定了产生联想的可能基础。这种荒谬，从他后来给连亦怜写信，询问她与那老师的血缘关系，询问她的外婆是否近日离世，是否给他发了讣告，却没有得到回答可以得到印证。

荒诞还表现在对事物超越了现实的极言叙事。如男人与女性奇葩的对比："男人，臭小子，臭男人，头脑简单、自我中心、贪婪拙笨、粗野凶霸、好勇斗狠、自以为是、侵略扩张、无情无义，有时候又是拘拘谨谨、鼠目寸光、哆哆嗦嗦、呆呆木木，有什么好！男人最多知道个一三得三，三八二十四，女人却知道三三十三点，六六二百五，七七巧没个够。男人只知道云沉了下雨，雨下了出小苗，女人却知道有没有云，天上都能下鲜花，下馅饼，下神仙，也下玉面狐狸精与她的情人牛魔王！"先把男人的毛病往丑陋处极写，而后的对比实际上是基于荒诞的，其中"三三十三点，六六二百五"的荒唐算式中巧妙地隐含着"十三点""二百五"骂人之语，"天上都能下鲜花，下馅饼，下神仙，也下玉面狐狸精与她的情人牛魔王"的荒诞知晓，看似夸奖，实为嘲讽。对女人在与男人对比中展现出来的优势是以荒诞呈现的，其中隐含着嘲讽也就不言而喻。再如形容那老师挨批斗时到老沈家避难："这正是企图引领一峰骆驼穿过针眼，这也是抓住一根稻草支撑自己正在下沉的身体，结果当然是让稻草与自身同沉十公里深的海底。"两个喻体均选择了荒谬行为，以极言那老师不合时宜的"脑梗、智力短路"，凸显了个人行为与特定历史时期的反差。唯其反差越大，回望特定历史时期的荒谬感越强。对事物现象的极言描述体现了荒诞，但荒诞中有着现实的合理性。在老沈患缠腰龙，"病得求死不得、求生不能的状态下"，众人仍然蜂拥而至，给这个"钻石王老五提亲"，"他几乎是哭着求饶，他说他要登报声明，年老体衰，谢绝黄昏爱恋，他准备写血书拒绝任何关心，他的血书数据化摄像后，准备在微博上发布"。拒绝的方式是荒唐的，却极言了老沈的苦不堪言。再如描写老沈急性胆囊炎术后便秘，超量使用开塞露后的情景，"一旦破门而出，犹如堤坝崩溃，四面喷薄而出，全身全床都是粪便"，夸大其词的描述展现了老沈患病"生不如死"的不堪情景，体现了丧妻的孤寡老人的狼狈落寞。

作者以荒诞描述制造了对现实的背离，在虚虚实实、真真假假的故事情节中聚焦了"当代社会的土洋男女、城乡老少、高低贵贱"的林林总总，"家长里短、鸡毛蒜皮、洋相丑态"的背后，勾画出的是"飞速变化的世间百态"，折射出的是"命运的高高低低、坑坑洼洼、苦苦甜甜"。①
这就是荒诞超越现实又源于现实的修辞意图。

参考文献

1. 许旸. 王蒙时隔 10 年再出中篇力作　自称写作时已随心所欲［N］. 文汇报，
2015 – 04 – 03（9）.

2. 祝敏青，林钰婷. 当代小说修辞性语境差阐释［M］. 北京：商务印书
馆，2017.

The "Strange" Narration via Contextual Subversion

—The Rhetorical Strategy of *Strange and Strange Sorrow*

Zhu Minqing

(*Concord University College Fujian Normal University*, *Fuzhou*, 350116)

Abstract：*Strange and Strange Sorrow is* Wang Meng's masterpiece that reflects a certain aspect of contemporary social life, which shows his narrative strategy via contextual subversion, embodied in the following four aspects：The complex narrative that subverts normal and concise narratives highlights the peculiarity of the "strange" image by emphasizing the oddness of the "strange" figures；the subversion and deformation of different things and their associated categories, like a mirrored image, contains profound ironic implications；the subversion of the signifier and signified of linguistic symbols creates a defamiliarization effect；and the interlaced narrative of the real and the illusory, which is absurd and deviates from reality, reveals profound narrative intentions. Contextual subversion is a prominently rhetorical strategy in narration that reflects the content and form of a text.

Key words：*Strange and Strange Sorrow*, contextual subversion, rhetorical strategy

① 许旸. 王蒙时隔 10 年再出中篇力作　自称写作时已随心所欲［N］. 文汇报，2015 – 04 – 03（9）.

论《额尔古纳河右岸》的空间修辞

杨　璐　　张祖立①

（大连大学文学院　大连　116622）

摘　要：迟子建的长篇小说《额尔古纳河右岸》将空间作为修辞手段，通过对空间类型、空间变易、特定空间命运的书写，表达历史、民族、文化、生态等方面的思考，实现作者与读者在精神、心灵上的交流，空间修辞成为呈现小说意蕴的重要策略。

关键词：《额尔古纳河右岸》；空间修辞；主题内蕴

20 世纪下半叶发生的"空间转向"使"空间"问题逐渐成为文学研究的热点之一。叙事学将空间视为叙事文本的组成部分，既将空间本身视为独立存在来分析故事中的叙事空间，也将空间化视为叙述技巧的一大特征，研究叙事技巧的空间化形态。在与叙事学息息相关的小说修辞学视域下，叙事空间也化身为修辞载体，通过特征性呈现以及转换变形成为作者的重要修辞策略，实现理想的表达效果。

中国学术界关于小说修辞学的研究起步较晚，但现当代作家在写作中对小说的修辞学探索和修辞技巧的实践应用很值得我们关注，如从空间修辞看，他们在小说中搭建了独属于自己的文学空间和世界，沈从文在湘西世界，莫言在高密东北乡，苏童在香椿树街与枫杨树乡村，通过对这些空间里的人物、事件、社会生活元素、象征细节等的显示或讲述，传递了一种叙事伦理和审美理想。迟子建是东北故事最为杰出的叙述者之一。她的许多小说聚焦于东北"边地"世界的呈现，在给予读者以新奇、美妙的特殊感受中，又将读者引入对复杂深刻问题的体悟。长篇小说《额尔古纳河右岸》将叙事空间设定在以额尔古纳河为界限的黑龙江省中俄边境之地，对特殊空间的设置和艺术书写，使得这部小说具有了格外突出的空间修辞效应。

布斯指出："我们毕竟是用自己的全部身心去对每部文学作品作出反应，就此而言，我们将必然追随詹姆斯的实践，与进行手段判断一样进行

---

①　作者简介：杨璐，大连大学文学院硕士研究生。张祖立，大连大学人文学部教授，主要研究中国现当代文学，辽宁省作家协会、辽宁文学院特聘评论家。

目的判断，而不论多么隐蔽地去作这种判断。"① 李建军指出："小说修辞是小说家为了控制读者的反应，'说服'读者接受小说中的人物和主要的价值观念，并最终形成作者与读者间的心照神交的契合性交流关系而选择和运用相应的方法、技巧和策略的活动。它既指作为手段和方式的技巧，也指运用这些技巧的活动。"② 由此可见，研究小说修辞要关注修辞技巧，更要判断作者的修辞目的以及最终形成的修辞效果。迟子建在《额尔古纳河右岸》中借助空间修辞实现距离控制，使不同主体之间在情感、价值等维度上相呼应，实现作者与读者之间的契合交流，由此凸显作品的丰富内蕴和多重向度。

一、空间的类型化呈现

《额尔古纳河右岸》具有强烈的民族性、地域性色彩和特质，迟子建在《从山峦到海洋（跋）》中透露的写作缘起也表明了她的小说在文化层面的主题倾向，因此，文化思考与呈现必然是该部小说的重要任务。空间在现代小说写作中得到越来越多的关注和利用，它是巨大的修辞性载体，承担着展示文化、传递文化，在作者与读者间实现心灵交流的修辞意图。"空间不仅具有表层的知觉属性，还具有深层的社会历史属性，蕴含着作家独特的文化意蕴。"③ 迟子建以地理上的额尔古纳河右岸的空间为核心场域，通过对空间的类型化呈现，在作者、叙述者、人物、读者间搭建起文化体悟的通道，实现将鄂温克这个相对于许多人而言比较陌生的少数民族推到读者面前，进而引导读者深层次思考人类命运与文化选择的目的。此外，对特定空间的描写也蕴含着作者的情感及评价，最终同样服务于实现主题表达的目的。

对于空间类型的划分，学术界众说纷纭，同时也衍生出了一系列的空间相关概念。有人认为："文学叙事中主要存在物理空间、心理空间和社会空间这三种类型。"④ 龙迪勇在《空间叙事学》中指出"所谓心理空间，就是作家在创作一部叙事作品时，其心理活动（如记忆、想象等）所呈现出来的某种空间特性"⑤，并指出心理空间的主观性和抽象性。《额尔古纳

---

① 布斯. 小说修辞学 [M]. 华明，胡晓苏，周宪，译. 北京：北京大学出版社，1987：422－423.
② 李建军. 小说修辞研究 [M]. 北京：中国人民大学出版社，2003：11－12.
③ 郭茂全. 鲁迅小说空间意象的形态特征与文化意蕴 [J]. 甘肃社会科学，2017（2）：81.
④ 方英. 文学叙事中的空间 [J]. 宁波大学学报（人文科学版），2016（4）：42.
⑤ 龙迪勇. 空间叙事学 [M]. 北京：生活·读书·新知三联书店，2015：563.

河右岸》小说本身就是迟子建以个人见闻为创作参照筑造出的巨大的心理空间。在这一心理空间中，作为叙述者的鄂温克女人也是与隐含作者意念相通的可靠叙述者，鄂温克女人在回忆中形成的心理空间也是隐含作者心理空间的一部分。小说是作者心理空间的现实形态，但能建造心理空间的其实不只是作者，读者也在第一人称的视角选择下缩小与小说世界的距离，建构起符合作者预期的心理空间，修辞活动在作者和读者的共同参与中显示出和谐样态，价值观念的交流借助心理空间成功实现。在心理空间之外，以下集中分析《额尔古纳河右岸》中物理空间和社会空间的修辞功能。

（一）物理空间

简单地说，物理空间是由物质构成的实体化空间，在现实世界中可以被人们的感官直接感知，即便是虚构小说中的物理空间，也能在读者脑海中形成立体化的幻象。迟子建以额尔古纳河为边界，将小说的物理空间聚焦于河的右岸，右岸空间作为修辞性的文化载体，实现面向读者的文化交流这一修辞功能。作者也在空间描写中向读者传递自身的情感和评价，实现"讲述"的修辞效果。右岸这一物理空间又囊括了不同的小空间，按照空间形成的方式，右岸空间呈现为自然空间和人造空间两种类型。

自然空间意味着空间的自然原始性，在小说中主要体现为右岸中的森林空间。作者借助"我"的叙述，在"讲述"与"展示"的双重作用下勾勒了右岸的空间环境。右岸的广袤森林在读者心中留下强烈的自然空间印象，这样的自然空间决定了鄂温克人以放养驯鹿、狩猎等为生的游牧生活，他们的生活习惯、习俗信仰也与此密切相关，自然空间也就衍化为文化载体乃至文化象征。自然空间的描写呈现中也隐含着作者的介入，作者借此空间描写使读者接受自身的情感评价，同时获得审美享受，实现意识形态层面和美学层面的修辞。小说中有一令人印象深刻的情节："我"和弟弟鲁尼跟随父亲林克去猎堪达罕。在这一情节中，小说通过"我"的人物视角对额尔古纳河右岸的森林空间进行描绘，读者如临其境，读者与小说的外在距离明显拉近了。森林在夜色中成为包容着月亮、树木、河流、桦皮船、堪达罕等的美丽而静谧的空间存在。通过"我"的观察和注视，堪达罕像分娩的女人，桦皮船的轻盈如蜻蜓落在水面。森林这一自然空间一时充溢着诗意和美感。作者、叙述者、人物、读者都徜徉在森林这一自然空间里，共同愉悦与欢欣，实现情感上的无缝交流。

人造空间即人为空间，强调人为因素在空间形成中的作用，右岸中的人造空间显示着鄂温克人为生存付出的努力，包括营地、"希楞柱"、"亚塔珠"和"靠老宝"，这些都是鄂温克文化的象征。营地作为公共空间容纳着包括日常用餐、婚礼、祭仪等在内的族人的集体活动。"希楞柱"是鄂温克人特有的建筑空间，每一座"希楞柱"都代表着一个鄂温克家庭。小说对建造"希楞柱"过程与步骤的描写使读者对鄂温克文化有了更具体的认识。营地和"希楞柱"的移动性质也对应着鄂温克人的游牧生活。"亚塔珠"是鄂温克女人生产时的产房，临产时才会被搭建，也自然是这个民族女性生产习俗的象征。森林里的一座座"靠老宝"是鄂温克人在长期游牧生活中生存智慧的显现，它们既能储存物品，也能防范野兽的侵扰。在鄂温克人建造的空间之外，乌启罗夫、激流乡和布苏三个定居点是政府为鄂温克人准备的，分布着另一类人造空间如住房、学校、商店等，它们作为现代社会和文化的载体，与前者形成鲜明对比。它们衬托着也逼仄着鄂温克文化的生活和文化形态，演绎着人类社会的变化趋势。

迟子建将特定的物理空间作为修辞性的文化符号或载体，为读者理解鄂温克文化的原始性和自然性提供了背景和条件，实现了作者与读者间的情感共鸣。

(二) 社会空间

和物理空间相比，社会空间是一个相对抽象的概念，不同学者对社会空间的定义也有所不同。以涂尔干为代表的学者将社会空间理解为社会群体居住的区域，这种定义将社会空间实体化。也有一批理论家在讨论社会空间时强调它是社会关系状态，突出其精神性和抽象性。列斐伏尔认为"社会空间（像戏剧空间、绘画空间或建筑空间）似乎不再像发现一个先在的、'真实的'外部空间，倒像用一个'地道的'精神空间去覆盖一个自然空间"①，强调社会空间由生产关系构成。综合来讲，社会空间是体现人与人之间关系的抽象空间，又在一定程度上与物理空间相通，需要实体化的地理区域作为现实形态，社会空间具有强烈的意识形态性和精神属性，与社会、阶级等密切相关。

《额尔古纳河右岸》中，作者借"我"之口展示的人物关系和故事情节建构起小说的社会空间。第一人称的叙事视角选择使隐含作者、叙述者、人物在小说中重合，"我"既是叙述者和小说人物，也是和隐含作者信念相同的可靠叙述者。"我"作为鄂温克族最年长的一位老人的特殊身份与读者间实现了可靠的文化信息传递：鄂温克族拥有若干个氏族，每个

① 列斐伏尔.日常生活批判：全3册［M］.叶齐茂，倪晓晖，译.北京：社会科学文献出版社，2018：652.

氏族有许多个"乌力楞"。"乌力楞"是鄂温克族里由血缘关系组成的社会结构，"我"所在的"乌力楞"形成小说主要的社会空间。族人们推选出的族长是社会空间里能够行使权力话语的人物，主持着包括迁徙在内的"乌力楞"中的大小事务。萨满则是神灵的使者或化身，受到族人们的敬重。其余的族人以家庭为单位聚集在这个"乌力楞"内，男人们负责外出打猎，女人们留在营地做手工活，在明确的社会分工下维护着社会空间的稳定。"我"所在的"乌力楞"构成的社会空间在右岸这一物理空间下实体化，右岸的营地以及营地内的"希楞柱"成为凸显社会关系的、富有精神意味的空间。在族长的带领下，族人们在营地一起做事、一起分享劳动成果，也举行祭仪、婚礼、宴会等，这使营地具有公共空间的性质，显示着鄂温克人氏族生活中的社会结构或权力结构。"希楞柱"作为私密的空间显示着鄂温克人的家庭关系。总体而言，"我"所在的"乌力楞"形成的社会空间彰显着鄂温克人以集体生活为主、亲情血缘和权力分工相交织的古老的氏族文化。

特别值得注意的是，在空间的类型化呈现中，作为物理空间及核心空间的右岸空间总体上是一个相对独立、封闭的空间，它与外界的联系很少，是属于一个民族的独立世界，象征着原始的游牧文化和狩猎文明。右岸空间内含的文化生活、文化景观、文化模式和生产方式明显地区别于"外面"或山下的汉族世界，彰显了中华民族共同体的文化的历史性、丰富性和多样性，启发人们对中华文化和文明不断进行深刻探寻与思考。

二、空间的变易互转

龙迪勇在《空间叙事学》中以卡森·麦卡勒斯的小说《伤心咖啡馆之歌》为例，分析空间变易对推动小说叙事进程的作用。《额尔古纳河右岸》也利用空间的变易互转实现了作者的修辞意图。空间变易在《额尔古纳河右岸》中体现为故事空间而非话语空间的变易，小说的话语空间固定为森林中的营地，故事空间却有多处地点。故事空间的变易是人物的选择及人物的行动导致的结果。作者借空间变易制造新的故事空间，不同的空间各自对应着不同历史时期下人物不同的生存境遇，不同的空间和不同空间下的人物境遇也形成对比，引发读者对历史和文明的沉思。空间视域下，每个具体空间会有相对应的空间。有右岸必然有左岸，有山上必然有山下。"我"将叙述重心集中于右岸和山上，对左岸和山下空间的描写叙述则较为简要，而且多是间接性的、局部性的、细节性的表现。叙述者"我"从未去过左岸和山下，但读者仍然时时感受到左岸和山下对于右岸和山上的深刻影响，时时感受到前者的强大力量。在这里，不同的空间隐藏着人类有关社会、历史、文明的更迭变化，蕴含着人类生存的一些密码。

（一）左岸与右岸

左岸与右岸是以额尔古纳河为边界的两个故事空间，也是鄂温克族不同时期的居住空间，各自代表着一个民族的过去和现在。左岸和右岸间的空间变易引出的是中国和俄罗斯、日本有关的历史记忆，它包括历史寻根、国家认同，也包括中国人的巨大历史之殇，引起了读者与人物、叙述者、隐含作者在情感维度上的共鸣，小说的深刻内蕴由此凸显出来。

左岸和右岸空间的变易互转在小说中首先体现为鄂温克人在俄军入侵后被迫从额尔古纳河左岸迁徙到右岸，这一事实是在"我"转述依芙琳姑姑讲述的祖先往事中体现的。"我"对依芙琳姑姑讲述的祖先往事的回忆将故事空间从右岸移至左岸，祖先的往事又将故事空间从左岸移至右岸。第一人称的视角使读者在阅读时与"我"的距离无限接近甚至重合，读者的目光和心绪随着依芙琳姑姑讲给"我"的故事从右岸转到左岸。勒拿河、拉穆湖、高山、荷花、阳光等是左岸空间中的意象，这美丽的空间环境与俄军入侵后发生的惨烈往事构成强烈对比，在读者眼中形成画面张力。左岸和右岸也在这次空间变易中形成动荡与和平的对比，鄂温克人在左岸和右岸的遭遇中形成苦难与安宁的对比。空间变易成为作者向读者展现历史的修辞行为，延伸出的空间对比隐藏着作者对历史的唏嘘和感叹。作者在表现左岸空间时选择让"我"这个未去过左岸的人转述从姑姑依芙琳那里听来的话语，使左岸空间与读者之间隔着依芙琳和"我"的双重距离。左岸空间与读者的遥远对应着鄂温克祖先的往事与新一代鄂温克人间距离的遥远。相较于左岸，右岸空间在小说中直接通过"我"的目光所见来显现，是"我"一生亲历见证的空间，与读者的距离更短，是更生动的空间存在。

娜杰什卡带着吉兰特和娜拉逃跑的情节也关联着故事空间的变易。图卢科夫带来的日本人侵略东北并迫害东北境内俄国人的消息引起了娜杰什卡、吉兰特和娜拉的恐惧。小说未明确交代他们逃回左岸，但小说借"我"的话语进行的情节铺垫使包括"我"在内的族人及小说外的读者都愿意相信事实如此，比如依芙琳不止一次说娜杰什卡总有一天会带着孩子回到左岸，再如娜杰什卡听到图卢科夫话语后的特殊举动。娜杰什卡的故事中显示的空间变易背景是日本入侵东北的事实。达西被日本人派遣偷渡到额尔古纳河左岸侦察苏联的兵力布防的情节，再次通过空间变易，呈现了特定历史时期下的人物遭际及人们的心理伤痕。

（二）山上与山下

迟子建在《从山峦到海洋（跋)》中透露，现实中敖鲁古雅的鄂温克人下山定居的消息及他们定居后的情状为《额尔古纳河右岸》的写作提供了土壤，"我其实是在等待下山定居的人的消息。我预感到，一条艰难而又自然的回归之路，会在不久的将来出现"①。古老与现代文明相遇的结果很早便在迟子建的脑海中浮现，这样的预料不是来自独断的幻想，而是对两种差异巨大的文化产生交集后的结果的深刻关注和联想，事实也正如迟子建所想。古老文明与现代文明相遇后的命运轨迹以及衍生的更深层次的文化之思也就成了《额尔古纳河右岸》重要的主题思想。作者从现实取材，以山上和山下空间的变易互转显示和思考鄂温克人在现代文明冲击下的命运走向。

小说里山上与山下空间的变易互转具体发生于鄂温克人在山上的原居住地和山下的新定居点之间。以山上空间为起点，作者通过空间变易引出山下的新空间，小说人物在山上与山下空间之间移动，山上与山下形成空间对比：山上象征着原始与自然，山下则指向现代化。在几次空间变易中，作者对山上和山下空间的叙述策略值得品味。作者借"我"之口讲述山下的空间以及人们搬到山下后的境遇，但无论是乌启罗夫、激流乡还是布苏，透过"我"的视角来看都只是房屋、学校、商店等的聚集地。虽然有不止一次的搬迁事件，"我"却从未踏足山下，对山下的印象只来自他人的讲述，山下空间在小说中也就只呈现一个模糊的轮廓。山上空间则是"我"一生记忆的空间背景，留给读者美丽、宁静的整体印象。对山下空间的简单陈述流露出"我"对山下空间的排斥，这也成为下山定居的鄂温克猎民再度回归的前兆，对山上空间的详细展示则源于"我"内心对山上的热爱。作者借助"我"对瓦罗加话语的间接陈述向读者详细展示鄂温克人在山下激流乡的生活场景：人和猎犬起初晚上无法入睡，在街上游荡，人们睡觉不习惯盖棉花被子，驯鹿不喜欢被圈养的生活，一天天消瘦下去。这样的情形与人和驯鹿在山林时的自在状态形成对比，显示古老文明在现代文明的冲击下试图融入却有种种不适的过程。小说中的人物话语表达了她对一种文明命运的艰难思考。"他说一个放下了猎枪的民族，才是一个文明的民族，一个有前途和出路的民族。我很想对他说，我们和我们的驯鹿，从来都是亲吻着森林的。"②

---

① 迟子建. 额尔古纳河右岸［M］. 北京：人民文学出版社，2010：264.

② 迟子建. 额尔古纳河右岸［M］. 北京：人民文学出版社，2010：259.

三、特定空间的命运言说

《额尔古纳河右岸》在呈现特定空间的同时书写了空间的命运轨迹，具体表现为右岸空间"被闯入"以及社会空间"被解体"。空间命运与空间之内人的生活情形息息相关，作者在此基础上表达对国家、民族、文明、生态等问题的思索。

（一）右岸空间"被闯入"

右岸空间是小说中最重要的物理空间，是鄂温克人的聚居地。迟子建在书写右岸空间时，也表现了这一空间不断被外来者闯入的命运，塑造了一批"闯入者"。小说中的"闯入者"意指不请自来、突然来到右岸的人们，包括俄国人、日本人等。这些闯入者之于生活封闭的鄂温克人而言是来自新世界、来自其他文化圈层的人群，不论后续如何，开始往往都引发人们的某种不安。闯入者本身也是某种文明的象征，闯入者与鄂温克人的交往象征着不同文明间的冲突或者融合。而所谓右岸空间的"被闯入"表示不约而至的"闯入者"引发的震动和灾难，预示着右岸将继续承受他们到来后带来的影响。

"我"的生命实际上一直与右岸紧紧相连，是右岸空间"被闯入者"命运的见证者。对于鄂温克人而言，右岸空间可以视为一个民族的私人空间。最先闯入右岸空间的是俄国人。安达每隔一段时间就到鄂温克人的营地以生活用品交换鄂温克人的猎品。俄国商人、百姓的闯入带来民间层面的商业贸易，使右岸这个相对封闭的空间与外界文明保持着一条联系通道，实现着不同文化的彼此联系和交流。日本侵华战争使右岸空间再度"被闯入"。吉田来到鄂温克营地，意味着异域侵略者打破了右岸的平静，预示着鄂温克猎民的命运扑朔迷离。吉田之后，铃木秀男又来到营地，命令男猎民们定期下山受训，鄂温克人原本的生活秩序被彻底扰乱，下山受训的男人生死不明，山上只留下女人和孩子勉强生活。来自另一个空间的吉田、铃木秀男的闯入，让右岸空间的人们极为不适，自然成为国家、民族命运的寓言性、修辞性书写。

中华人民共和国成立后，大批林业工人进驻山里，右岸空间再度遭遇"被闯入"的境地。树木面积和动物数量逐渐减少，狩猎困难，鄂温克人在森林中不断搬迁。闯入者林业工人所代表的现代化力量无疑是通过牺牲右岸的自然生态显现出的，作者对生态问题的思考成为作品的又一个深刻内涵。"我们与数以万计的伐木人比起来，就是轻轻掠过水面的几只蜻蜓。

如果森林之河遭受了污染，怎么可能是因为几只蜻蜓掠过的缘故呢?"① 政府动员鄂温克人下山定居使右岸空间再度"被闯入"，这一次的闯入仍是两种文明的碰撞，并最终给鄂温克人的命运带来永久性的改变——鄂温克人离开了右岸，离开了山下，告别了祖先的生存方式和原有的文明。

闯入者给右岸空间带来了震动，也影响着鄂温克人对外面世界的认识。闯入者的到来造成了"闯出者"的出现。"闯出者"是鄂温克人探寻外界、审视本族文化的代表。最典型的"闯出者"是依莲娜，第一个鄂温克部落大学生。她走出了右岸，接受了系统现代教育，接触了现代社会和现代生活，但她并没有因此变得快乐，她在右岸与城市空间之间频繁往返，试图找回内心的宁静而不得，在挣扎与矛盾中沉沦。依莲娜的矛盾与挣扎是两种不同类型空间影响下的结局，迟子建利用这一人物及其命运书写，隐喻了对有关现代性问题的思索。

(二) 社会空间"被解体"

《额尔古纳河右岸》中的社会空间主要由"我"所在的"乌力楞"构成，作者借叙述者之口呈现社会空间逐渐"被解体"的命运，"乌力楞"社会空间的"被解体"象征着鄂温克民族的命运走向。

"我"所在的"乌力楞"因为婚姻、生育而有新成员加入，也因为死亡的降临而导致人数缩减。小说中社会空间的解体是一步步加重的。拉吉达做族长后取消了众人在营地里一起用餐的传统，按照每个家庭的人数分割猎物，传统的社会空间在这一时期出现裂痕。鲁尼、瓦罗加做族长时都因为人际关系将"乌力楞"中的族人一分为二，这是社会空间分解的一种表现。自然规律、人际因素导致的社会空间分解尽管引发感慨，但并未触及这个民族的根本。所在氏族的族人几乎都迁居激流乡后，瓦罗加于是卸下氏族酋长的身份，剪去长发，让"酋长"一词成为历史。妮浩去世后，因为不想让有成为下一任萨满迹象的玛克辛姆重复妮浩的悲剧命运，达吉亚娜将萨满的神衣、神帽、神裙都捐给了博物馆，只留下神鼓，氏族中不会再有萨满产生了。失去酋长和萨满，鄂温克人的社会空间发生了根本性的变化。"额尼，拾荒的人把我们的姑娘当破烂给捡着了! 我们必须离开这个鬼地方了!"② 在达吉亚娜的哭诉后，除"我"和安草儿之外的其他人都搬离营地前往布苏，鄂温克人在懵懂中走近现代社会。一个民族原本的社会空间"被解体"，叙述者和读者此时和小说中的人物一样，留下深沉

---

① 迟子建. 额尔古纳河右岸 [M]. 北京：人民文学出版社，2010：259.
② 迟子建. 额尔古纳河右岸 [M]. 北京：人民文学出版社，2010：259.

的叹息和无尽的遐想。

迟子建似乎并不情愿鄂温克人的社会空间"被解体",小说最后安排了西班这样的"留守者"或者"守望者",使小说的内蕴更加厚重。西班热爱鄂温克语,试图通过造字的方式将自己民族的文化延续下去。他因执着的努力与注定的失败使自己的形象增添了一种可贵而悲情的色彩。西班这样的"守望者"形象同样是作家修辞艺术的显现。

参考文献

1. 布斯. 小说修辞学 [M]. 华明,胡晓苏,周宪,译. 北京:北京大学出版社,1987.

2. 迟子建. 额尔古纳河右岸 [M]. 北京:人民文学出版社,2010.

3. 方英. 文学叙事中的空间 [J]. 宁波大学学报(人文科学版),2016 (4).

4. 郭茂全. 鲁迅小说空间意象的形态特征与文化意蕴 [J]. 甘肃社会科学,2017 (2).

5. 李建军. 小说修辞研究 [M]. 北京:中国人民大学出版社,2003.

6. 列斐伏尔. 日常生活批判:全3册 [M]. 叶齐茂,倪晓晖,译. 北京:社会科学文献出版社,2018.

7. 龙迪勇. 空间叙事学 [M]. 北京:生活·读书·新知三联书店,2015.

Spatial Rhetoric in *The Right Bank of the Ergun River*

Yang Lu   Zhang Zuli

(*Faculty of Arts*, *Dalian University*, 116622)

Abstract:Chi Zijian, the author of *The Right Bank of the Ergun River*, employs space as a rhetorical device, such as spatial variation and destiny, to explore the spiritual exchange between the writer and the reader. And through this, she explores aspects such as history, nationality, culture and ecology. The spatial rhetoric is a prominent and connotative strategy in *The Right Bank of the Ergun River*.

Key words:*The Right Bank of the Ergun River*, space rhetoric, connotative strategy

政治修辞研究

陈诚《西域往回纪行诗》政治修辞研究*

蔡　丰　金贵中①

（淮北师范大学文学院　淮北　235000）

摘　要：陈诚是明代杰出的外交家，曾在洪武、永乐年间多次出使西域。他在出使西域途中所作的《西域往回纪行诗》是典型的政治修辞文本。《西域往回纪行诗》包含了政治修辞学所要求的几项基本要点，也包含了契合史实的政治修辞方面的内容，体现了与陈诚政治身份相符合的政治修辞心理。这些使《西域往回纪行诗》具有独树一帜的政治修辞特色。

关键词：陈诚；西域；《西域往回纪行诗》；政治修辞

陈诚（1365—1458 年），字子鲁，号竹山，江西吉水人，明代杰出外交家。他在明洪武、永乐年间曾多次出使西域，为明初中国和西域外交关系的建立及明初陆上丝绸之路的发展作出了卓越贡献。历史学家谢国桢曾指出："世徒知郑和之乘槎南洋，而不知陈诚之奉使西域，其功不减于和。"② 一直以来，学界对于陈诚出使西域的次数有五次、三次、四次之说。③ 但 1986 年杨富学在《关于陈诚及其西行的几个问题》一文中认为陈诚出使西域的次数应为四次，即洪武二十九年（1396）、永乐十一年（1413）、永乐十四年（1416）和永乐十六年（1418）。此研究结果目前在学术界几成定论。

陈诚的《西域往回纪行诗》④ 创作于永乐十一年（1413）出使西域的途中。同年，西域哈烈、撒马尔罕等地遣使入贡。明成祖遂以护送哈烈使

---

* 本文是 2022 年度安徽省优秀青年项目"中国古代伦理道德之譬喻研究"（项目编号：2022AH030050）和 2023 年度安徽省哲学社会科学规划项目"近代诗修辞研究"（项目编号：AHSKQ2023D169）的阶段性成果。

① 作者简介：蔡丰，文学博士，淮北师范大学文学院副教授、硕士生导师，研究方向为古典文献学和古代汉语修辞。金贵中，淮北师范大学文学院中国古典文献学方向研究生。

② 谢国桢. 明清笔记谈丛［M］. 上海：上海古籍出版社，1981：190.

③ 五次即洪武二十九年（1396）、永乐十一年（1413）、永乐十四年（1416）、永乐十六年（1418）和永乐二十二年（1424）。四次即洪武二十九年（1396）、永乐十一年（1413）、永乐十四年（1416）和永乐十六年（1418）。三次即永乐十一年（1413）、永乐十四年（1416）和永乐十六年（1418）。

④ 包括少量陈诚出使安南的诗歌。

臣的名义，派出代表团，并以此扩大自己的政治影响。陈诚以"典书记"的身份随行。两年后陈诚返回北京，将途中撰写的《西域行程记》《西域番国志》上呈明成祖，并将一路吟写的诗整理成《西域往回纪行诗》。其子孙将它辑入《陈竹山文集》中。《西域往回纪行诗》得到了时人的高度认可，如刘同升评曰："先生所过之地，考其山川，著其风俗，稽其物产，观其衣服、饮食、言语备录成书，纪之以诗，藏于内府，可为西域考，先生之用心良苦矣。"①

目前学界对《西域往回纪行诗》的研究，论文主要有杨富学《陈诚边塞诗论稿》②、段海蓉《读陈诚的西域纪行诗》③、汪小军《论陈诚〈西域往回纪行诗〉》④、郭娇《〈陈竹山文集〉研究》⑤、蓝青《论明朝使臣陈诚的西域纪行诗》⑥，以及顾宇、柳宏《论陈诚笔下西域形象的文学呈现及其典范意义》⑦ 等。这些文章主要是研究西域风土人物、明朝与西域各国交往的历史画面及陈诚出使西域的心迹历程等内容，侧重于挖掘诗作中的文学价值和史料价值。但诗歌是诗人心迹活动和内心情感的流露，研究诗歌固然要研究它的文学价值和史料价值，还应研究诗歌的修辞运用和语言表达艺术，而目前从这些角度研究陈诚《西域往回纪行诗》的成果比较少。

由于陈诚出使西域是明初官方的正式外交行为，那么他在出使西域过程中所作的《西域往回纪行诗》，无论是从创作动机还是从创作内容来看，都具备很强的政治倾向。从明初的角度来看，陈诚出使西域是为了修复元代中断的丝绸之路和搞好明王朝与西域各国的外交关系。但以现代的视角来审视，他的这一历史壮举与当今我国所提倡的"铸牢中华民族共同体意识"的方针政策在很多方面不谋而合。事实上，陈诚作为明代的外交家，在他的《西域往回纪行诗》中就已经很超前地体现出了中西共同体意识。

① 陈诚. 陈竹山文集 [M]. 嘉庆乙卯重刻版，1819：2 - 5.
② 杨富学. 陈诚边塞诗论稿 [J]. 兰州学刊，1995（5）：58 - 61.
③ 段海蓉. 谈陈诚的西域纪行诗 [J]. 新疆大学学报（哲学社会科学版），1996（2）：66 - 71.
④ 汪小军. 论陈诚《西域往回记行诗》 [J]. 兰州大学学报（社会科学版），2003（6）：42 - 44.
⑤ 郭娇.《陈竹山文集》研究 [D]. 乌鲁木齐：新疆师范大学，2015：33 - 39.
⑥ 蓝青. 论明朝使臣陈诚的西域纪行诗 [J]. 苏州科技大学学报（社会科学版），2018（5）：43 - 49.
⑦ 顾宇，柳宏. 论陈诚笔下西域形象的文学呈现及其典范意义 [J]. 文学研究，2022（2）：65 - 75.

一、《西域往回纪行诗》中的政治修辞要点

上文提到《西域往回纪行诗》具有很强的政治倾向。这也是我们从政治修辞学的角度对其进行研究的重要基础。那么它到底符不符合政治修辞学的应有之义呢？我们要看看它是否包含相关的政治修辞要点。

（一）政治人与政治题旨

要了解什么是"政治人"，我们得先知道"政治修辞"的概念。"所谓'政治修辞'，就是政治人（特定身份的交际者、说写者）为了达到特定的交际目标而应和题旨情境，发挥创意造言的智慧，有效调动语言资源，动用一切有效的表达手法，为实现传情效果最大化而在语言文字经营上所作的一切努力。"① 政治人跟普通的交际者是不同的，他通常具有特定的政治身份或在特定的政治情境下临时被赋予了政治人的角色身份。② 很显然，《西域往回纪行诗》的作者陈诚作为明初朝廷外派的出使西域的外交官，是具有特定政治身份的政治人。

"题旨"是修辞学上的一个术语，指的是交际者（或修辞者）说写表达时所要传达的思想或情感。③ 那么，政治修辞学所说的"题旨"就是指交际者在说写表达时所要传达的与政治生活或政治理念相关的思想或情感。可见，要判断交际的题旨是否与政治修辞相关，不但交际者或说写者必须是政治人，而且传达出的思想必须与政治相关。《西域往回纪行诗》的内容主要包含三种类型：一是以行旅中所历节日为主题，如《端午》《阿木河中秋》《除夕》等；二是以独特的景物为主题，如《狮子》《花兽》《风磨》等；三是以西域地名或城邦为主题，如《流沙河》《赛蓝城》《蜡烛城》等。很显然，这些内容大多反映的是陈诚出使西域途中的风物及西域国家的文化。那么，《西域往回纪行诗》基于这些内容所传达的思想即"题旨"是否与政治相关呢？我们可以从以下角度来分析。

第一，陈诚的身份。陈诚是明朝特派的出使西域的使者，他的身份是政治人。《西域往回纪行诗》是在他出使西域的途中所作，因此，这些诗歌毫无疑问是他政治思想的外化。

第二，诗歌所表达的深层主题。如《出京别亲友》，是陈诚永乐十一

---

① 吴礼权. 政治修辞学 [M]. 广州：暨南大学出版社，2022：34 - 35.
② 吴礼权. 政治修辞学 [M]. 广州：暨南大学出版社，2022：35.
③ 吴礼权. 政治修辞学 [M]. 广州：暨南大学出版社，2022：36.

年（1413）准备离开北京时所作。单从标题来看，我们很容易认为这就是普通的临行前的告别诗，但该诗实际上道出了陈诚作为职业政治人①的政治心理活动，他把自己比作苏武，称自己的心是"丹心"。可见，陈诚内心的信念感是很强的，对自己出使西域背负的政治使命是非常清楚的。又如《宿涿州》。涿州在永乐元年（1403）隶属京师顺天府。这说明在作这首诗时，陈诚一行即将离开京师。粗看我们也很容易认为它就是普通记录行旅的诗，但该诗实际上道出了陈诚作为职业政治人内心的真实想法，他虽还未完全离开京师，但心里已经装着西域了。这说明《西域往回纪行诗》所表达的主题是陈诚出使西域这一政治活动。

第三，陈诚写这些诗歌的目的。陈诚为何在出使西域途中书写《西域往回纪行诗》？陈诚是一个信念感很强的人，通过写诗排遣途中无聊、寂寞的可能性不大。但如果单纯地认为途中写诗是他的爱好也未必完全能站住脚，因为目前也没有陈诚其他的诗集流传下来。最有可能的是，他在途中写诗就是为了记录西域见闻，补充《西域行程记》《西域番国志》所收资料的不足。当然还有一种可能，他已然做好了自己的诗作日后会被很多与他相似的职业政治人看到的思想准备。类似于晚清曾国藩书写家书一样，有很多学者认为，曾国藩通过书信的方式教育自己的儿子只是其中一个目的，更重要的是想通过这个方式让咸丰帝了解他的思想动态。无论是出于何种目的，陈诚所写的这些诗已然成为他出使西域这个政治活动的一部分，那么这些诗的题旨也肯定与政治相关。

（二）政治修辞的主体与受体

政治修辞的主体与受体，如果从言语交际学的视角来看，就是交际者与受交际者的关系。但是，从政治修辞学的视角来看，并非所有的交际者与受交际者都能成为政治修辞的主体与受体。②满足条件的只有两种情况：第一种是主体与受体都是职业政治人，双方至少有一方在语言文字表达上有经营努力，且谈论的都是与政治相关的话题；第二种是交际双方只有一方是职业政治人，而作为非职业政治人的一方能主动付出努力，为自己临时获得角色政治人③的身份，并在语言文字表达上付出努力。可见，政治

---

① 职业政治人指以政治工作为职业，具有特定政治地位与党政职务的人。如现代西方世界的国王、女王、总统、总理、首相、部长、州长、国会议员等；中国古代社会的皇帝、宰相、大臣、谏官以及各级朝廷命官等。

② 吴礼权. 政治修辞学 ［M］. 广州：暨南大学出版社，2022：47.

③ 角色政治人指自然人在跟职业政治人谈论政治话题时，经由当时特定的政治情境而临时获得政治身份的交际者。

修辞的主体与受体一定是处于"有说有应"的语言交际中。为了研究陈诚《西域往回纪行诗》中政治修辞主体与受体的情况，我们这里将拓展语言交际的范围，即交际不仅仅指言语交际，还可以指人与人之间的书面交流。另外，这里的职业政治人也不一定局限于跟陈诚一样出使西域的官员使者，同时期有一定政治身份的官员、士子也可以是职业政治人。

以在书面交流中起"抛砖引玉"作用的《西域往回纪行诗》来说，政治修辞的主体无疑就是作为职业政治人的陈诚。他在诗歌中所描写的绝美的西域风光、呈现的与中原迥然不同的西域文化，以及抒发自己出使西域期间"愈远愈甚"的家国情怀，都是他为主动与人交流出使西域这一政治事件所作的努力。那么，"被抛出去"的《西域往回纪行诗》的政治修辞受体是谁呢？是几百年后的我们吗？很显然不是。它的政治修辞受体应该定位为与陈诚同时代的职业政治人或角色政治人，这样才能保证双方的交流是真正意义上的"有说有应"的交流。而且这些人在读了陈诚的《西域往回纪行诗》之后，还应该要有言语或书面的反馈。对于我们来说，他们的反馈也只能是书面的。实际上，《陈竹山文集》中与《西域往回纪行诗》一起收录的还有四十一首《缙绅赠使西域诗》。这四十一首诗就是与陈诚一起当朝为官的或曾经做过官的朋友对《西域往回纪行诗》的回应。从《陈竹山文集》中对他们信息的收录可知，他们包括当时身为翰林侍讲的曾启、中书舍人的吴均、国子祭酒的胡俨、翰林修撰的陈循、礼部郎中的李祺、刑部员外郎的周忱以及翰林检讨的钱习礼等。由于他们中未得官职的人很少，因此我们可以将这些人看作职业政治人。

值得一提的是，对《西域往回纪行诗》所进行的书面反馈不仅以诗歌的形式呈现，有的还以替《陈竹山文集》作序的方式呈现。如王直在为《陈竹山文集》作序时提到："大宗文皇帝入正大统，仁恩义泽靡不沾被，其诸君长则皆稽首南向，曰：'圣人之德，尤天也，庶几其抚我乎？'上知之，择廷臣之贤者往焉，而陈公子鲁实当其选。公忠厚，乐易恭己，爱人敬慎之心，老而弥笃。遍历诸国，宣布明天子德，意未尝鄙夷其人，是以其人不问大小贵贱，皆响风慕义，尊事朝廷，奔走送迎，惟恐或后，既而各遣使者来谢恩。"① 王直序文中的这些内容对陈诚出使西域的壮举既有中肯的评价，又有极力的赞扬。此外，还有高乃听、方孝孺等，他们也在序中对陈诚出使西域这一政治事件谈了自己的看法。由于他们不与陈诚同一时期，故此处不多提。

---

① 陈诚. 陈竹山文集 [M]. 嘉庆乙卯重刻版，1819：13.

综上所述,《西域往回纪行诗》包含政治修辞学所要求的政治人、政治题旨、政治修辞的主体和受体等要点,是比较典型的政治修辞文本。

二、《西域往回纪行诗》中的政治修辞内容

《西域往回纪行诗》作为典型的政治修辞文本,包含了相当多的政治修辞内容。它们大多依托于修辞手法的运用。而且陈诚为了达到比较圆融的政治修辞效果,对诗中政治修辞文本的内容也作了比较恰切的安排。

(一) 关于修辞手法的运用

《西域往回纪行诗》中的很多政治修辞内容依托于修辞手法的运用,比较典型的有用典、夸张、对偶等。这些修辞手法的运用极大增强了《西域往回纪行诗》政治修辞的表达效果。

第一,用典。用典是一种比较委婉的修辞表现方式。陈诚诗中典故的运用多和其内心情感和信念的委婉表达相关。如《出京别友》中就有两处用典,分别是颔联中的"陆贾装"和尾联中的"上林雁"。其中"陆贾装"出自《汉书》卷四十三"郦陆朱刘叔孙列传·陆贾",由西汉陆贾将千金分给五个儿子,并与儿子定下约定再按情况分发奖励的故事而来,后指官吏退休后安排家业,分发钱财。"上林雁"出自《汉书》卷五十四"李广苏建传·苏武",由汉昭帝在上林苑射中传达苏武帛书的大雁,从而确知苏武未死,而将苏武从匈奴召回的故事而来。后称雁为"送书雁"。因此,《出京别友》通过用典的修辞方式,委婉地表现了职业政治人陈诚坚定的出使气节和深沉的家国情怀,提高了该诗政治修辞的表达效果。

第二,夸张。夸张产生的根源是说写者重在主观情意的畅发,不重在客观事实的记录。陈诚在描写途中的景物时多用夸张的修辞方法,如在《过川谣》中形容地上的磊磊黑石,用的是"恍若空原经野烧"的夸张表述;形容狂风吹地的情形,用的是"朔风卷地龙鳞皱"的夸张语句。在《可敦卜剌》中用"流出荒源才咫尺,满地冻结琼瑶浆"的夸张表达来形容冬日地面上的水流成冰的状态。在《复过打班》中用"峰连剑阁迷云栈,水注银河喷雪涛"来描写途中自然景观的壮美。他在描写西域路途遥远的时候也经常运用夸张的修辞手法,如"才逾鸟道穷三峡,又蹑丹梯上九霄"(《过打班》)、"万里严程沙塞远,千年遗事简编留"(《沙鹿海牙城》)、"西日衔山胡地冷,南天极目故乡遥"(《过打班》)等。以上这些包含夸张修辞手法的诗句,实际上描绘的都是陈诚出使西域途中非常恶劣

的自然环境。自然环境的恶劣更彰显了职业政治人陈诚内心对出使西域这项政治活动的坚定。另外，这些包含夸张修辞的诗句在意境上别有一番美感。这说明陈诚对出使西域这项政治活动在态度上是积极乐观的。

第三，对偶。对偶以形式为标准，通常可以分为"严对"和"宽对"两种。构成"严对"的两个语言单位在字数上必须相等，在句法结构上必须相同，在相对的词性上必须相同，在声音上必须平仄相对，在辞面上必须相异。① 因此，"严对"通常能给人以节律美、语义美、意境美的感受。"严对"在律诗的颔联和颈联中的运用比较普遍。陈诚的《西域往回纪行诗》中有很多是律诗，故其诗中的"严对"也比较多。因此，本部分谈的对偶就是"严对"这个类型。与用典的委婉含蓄、夸张的气势磅礴不同，对偶（严对）通常围绕诗歌主题娓娓道来，如陈诚诗中的"两岸远山俱北向，一川浑水自西流"（《迭里迷城》）、"身在异乡为异客，眼看胡月照胡天"（《阿木河中秋》）、"盈樽醽醁愁须破，聒耳琵琶夜不眠"（《阿木河中秋》）等。这些"严对"虽然是职业政治人陈诚对西域途中的景物以及所触动思绪的娓娓道来的描写，但我们反而更能体会他内心对实现出使西域政治目标的坚韧和执着。另外，对偶还可以按意义分为"正对""反对"和"串对"三种。南朝刘勰在《文心雕龙·丽辞》中提到"正对为劣，反对为优"，就说明了"反对"的重要修辞价值。由此可以推出，"严对"中的"反对"就更是对偶中的极品了。事实也的确如此，如陈诚诗中的"报国心逾壮，挥鞭力渐衰"（《马上》），这两句诗就呈现了现实与理想之间的反差，表现了陈诚对人生易逝而报国之心难酬的感慨。又如"荒村漠漠连天阔，众木欣欣向日荣"（《哈密城》），这两句诗描绘了同一地域不同景物呈现的不同状态，让我们对陈诚西域之行的"哈密站"如临其境。类似这种情况的书写还有很多。因此，"严对"特别是"严对"中的"反对"使陈诚诗中的政治修辞达到了突出的表达效果。

（二）对于政治修辞文本内容的安排

陈诚作为践行明廷对西域政策的职业政治人，他所写的诗歌主旨必须是圆融的，而不是锋芒毕露的，"圆融"也是他政治思想的外显。为了达到圆融的政治修辞效果，陈诚对修辞文本的内容作了比较恰切的安排。在这部分，我们以修辞接收者的身份，试图还原修辞的交际者陈诚为实现《西域往回纪行诗》圆融的政治修辞效果所作的种种努力。

第一，风物描写方式和表露心迹方式的张弛互补。陈诚在《西域往回

---

① 吴礼权. 现代汉语修辞学［M］. 4 版. 上海：复旦大学出版社，2020：139.

纪行诗》中对西域风物描写的画面感强，情感通常比较充沛。但他对自己心迹的表露通常比较委婉，表达力度也比较小。这在同一首诗中形成了张弛互补的圆融的表达效果。如《哈密城》中的"荒村漠漠连天阔，众木欣欣向日荣"与"圣恩广阔沾遐迩，夷貊熙熙乐太平"两句诗，前者中的景物走势纵横交叉，很容易让人产生动静结合的画面感；后者则是相对平稳的思想情感的抒发。这一张一弛的情感体验给人以互补式的圆融之感。又如《登单于台》中的"风散远林秋叶响，雨余芳树晚花开"与"英雄枉作千年计，门巷春深锁绿苔"，前者中的景物都是动态描写，给人的视觉冲击感比较强；后者是诗人对历史人物命运的叹息与思考，是相对静态的思维方式。动态的"张"和静态的"弛"成就了诗歌的圆融之感。也就是说，陈诚对风物的描写和心迹的表露方式是截然不同的。这种方向相反、力度可以相互抵消的书写，是陈诚形成圆融政治修辞文本的方式之一。

第二，想象性内容和纪实性内容浑然一体。这也是我们常说的"虚实结合"。其实"虚实结合"在诗歌中并不是什么了不得的特点。但《西域往回纪行诗》中的"虚实结合"与其他诗歌不同的地方在于，陈诚借由"虚实结合"所呈现的圆融之境，表达了自己作为职业政治人的政治情感。如《火焰山》："一片青烟一片红，炎炎气焰欲烧空。春光未半浑如夏，谁道西方有祝融。"这首诗就是典型的"虚实结合"。其中，"祝融"号赤帝，是中国古代神话中的火神。为什么身在西域的陈诚会不由自主想到中原传统的神仙呢？这实际上与陈诚的中西共同体意识以及他所承担的延敷声教的出使使命相关。又如《复过川二首》（之一）："世事应如梦，胡川又复过。古今陈迹少，高下断崖多。识路寻遗骨，占风验老驼。夷人称瀚海，平地有烟波。"这首诗的前面三联都是实写，尾联是想象。但尾联中的"夷人"一词也说明了陈诚出使西域以明朝为"天朝上国"的政治心理。因此，陈诚诗中的"虚实结合"不仅避免了书写和表达上的呆板之感，还增强了诗歌的政治修辞表达效果。

第三，不同类型情感表达的天然融合。一般来说，一首诗通常只着重表达一种情感。但在《西域往回纪行诗》中，很多诗包含的情感不止一种。如《马上》："老骑官厩马，宁似少年时。报国心逾壮，挥鞭力渐衰。白云亲舍远，银汉客槎迟。髀骨应消尽，还家自有朝。"细品此诗，我们就会发现，这首诗既有对韶光易逝的感慨，也有对报国的期望，还有对家乡的思念。这些情感叠加在一起，在陈诚诗中因为他强烈的家国情怀反而能够圆融地呈现出来。又如《宿涿州》："王事劳行役，官程始涿州。望乡空极目，恋阙屡回头。云水江村暮，风烟草树秋。正怀西域地，何暇问蚩尤。"这首诗就融合了看似矛盾的两种情感，即对家乡的思念和对出使西域的坚定与执着。陈诚用博大而高尚的家国观念圆融地处理了这两种情感的抒发，增强了《西域往回纪行诗》的政治修辞表达效果。

三、《西域往回纪行诗》中的政治修辞心理

政治修辞从本质上说，就是政治人（特定身份的交际者、说写者）为了达到特定的政治交际目的而在语言文字经营上所作的一切努力。那么，政治修辞心理就是政治人在经营语言文字时所伴生的心理活动。作为典型政治修辞文本的《西域往回纪行诗》，就体现了职业政治人陈诚在经营政治修辞活动时与其政治身份和政治素养相符的相关心理活动。这些心理活动的主旨可以归纳为以下三个方面：

（一）以明为中心的"天朝上国"观念

中国自古以来就有尊崇中原的中央集权的习俗，而将四方少数民族的政权称为"南蛮""北狄""西戎""东夷"。"天朝上国"意指本国本朝是世界的政治、经济、文化中心，在各个方面领先于周边其他国家。陈诚作为典型的儒家知识分子，"天朝上国"的思想观念是根深蒂固的。这种思想观念在他的诗作《西域往回纪行诗》中有很明显的体现，体现的方式主要有以下三种：

第一，陈诚本人对当朝君主的感念和对明王朝的自豪感。陈诚作为封建时代通过科举考试出来做官的政治人，他的忠君思想是长期浸润他的儒家思想所提倡的。如《哈密城》中的"圣恩广阔沾遐迩，夷貃熙熙乐太平"、《复过川二首》（之二）中的"幸托天恩重，滔滔似等闲"、《过川谣》中的"万里迢迢去乡国，寸心切切思君亲。君亲恩重何由补，丈夫壮节当勤苦"等。这些诗句中的"圣恩""天恩""君亲"都体现了陈诚对君主的感念。而陈诚对明王朝的自豪感，不仅与他的政治身份有关，还与当时明朝的政治地位有关。清修《明史》中描绘过明初中西交通、交往的活跃："自成祖以武定天下，欲威制万方，遣使四出招徕。由是西域大小诸国莫不稽颡称臣，献琛恐后。又北穷沙漠，南极溟海，东西抵日出日没之处，凡舟车可至者，无所不届。"[①] 如《土尔番城》中的"九重雨露沾夷狄，一统山河属大明"、《游渴石城帖木儿驸马故居》中的"吾皇治化优，四海同一毂"、《俺都淮城》中的"九天施雨露，四海沐恩波"都体现了他对明王朝的自豪感。

---

① 张廷玉，等. 明史：卷三三二 [M]. 北京：中华书局，1974：8625.

第二，陈诚在对外交往中以明王朝为政治中心的思想觉悟。明初陈诚数次出使西域是代表明朝主动与其他国家建立外交关系，目的是延敷声教，发展经济。特别是延敷声教，目的就是通过散播"仁政""德政"思想来扩大明朝的政治影响力。这也是他以明朝为中心的"天朝上国"理念的具体体现。如《过卜隆古河》中的"愿祝圣皇千万寿，诞敷声教及天涯"、《八剌黑城》中的"吾皇敷德教，信义行夷貊。化日丽中天，仁风周八极。征招不惮远，万里来西域。博望早封侯，苏卿老归国"，这些诗句都体现了陈诚所认同的明王朝在政治上延敷声教和传播仁政的核心地位。

第三，陈诚对西域各国尊崇明王朝现象的书写。如果说前面两点是陈诚主观上对明朝是"天朝上国"的认同与理解，那么陈诚诗中西域各国尊崇明王朝的书写就与当时的历史事实相关了。明初为了加强对西域的控制，设立了"关西七卫"，这一防御体系的建立是明太祖实施积极的西域政策的重要保证。永乐时期延续了朱元璋积极的西域政策，进一步扩大了中国与西域之间的交流，开创了明朝中国与西域之间交流的鼎盛时期。这一时期的西域诸国也多唯明王朝马首是瞻。如《哈密火州城》："遗迹尚存唐制度，居民争睹汉官仪"、《至哈烈城》"白首青衫一腐儒，鸣驼拥施入西胡。曾因文墨通明主，要纪江山载地图。中使传宣持玉节，远人置酒满金壶。书生不解侏离语，重译殷勤问汝吾"、《诣哈烈国主沙哈鲁第宅二首》（之一）"官骑从容花外入，圣恩旷荡日边来。星凤到处人争睹，夷貊随宜客自裁。才读大明天子诏，一声欢呼动春雷"等，以上诗句都体现了西域诸国对明王朝的尊崇，这也在客观上表明了以明朝为中心的"天朝上国"在历史上的真实性。

（二）"渐行渐深"的家国情怀

家国情怀是所有羁旅之人书写的主题。作为出使西域使者的陈诚，他在途中所抒发的家国情怀就打上了浓重的政治烙印。据本人统计，《西域往回纪行诗》中较明显地展露出家国情怀的诗句一共有十九处。这十九处既有对自己母亲等亲人的思念，如《出京别亲友》中的"青眼故人留别意，白头慈母忆愁肠"、《除夕二首》之一中的"南州有慈母，相忆泪沾衣"等；也有对家乡的眷念，如《阿木河中秋》中的"忽忆故园归去路，梦魂今夕过祈连"、《蜡烛城》中的"天气融和三月候，恍疑风景似中原"等；还有对君主的感念，如《经赤斤城》中的"回头忆君亲，白云挂天眇"、《俺都淮城》中的"君亲常在望，归计莫蹉跎"等。若再深入分析，我们会发现，陈诚的家国情怀随着出使西域的深入推进，经历了由最初的具体、明了变得抽象、委婉直到最后越发空灵、深刻的这个过程。以陈诚对家乡的情感为例，比如刚出京时的思家，有"白头慈母""宫阙"等具体意象的描写。等到进入西域地界，家乡具体风物的描写就很少出现了，取而代之的是"何时"（《宿嘉峪山》）、"何由"（《过川谣》）等留白式的越发深沉的思乡之情的表达。等到陈诚深入西域腹地，对家乡的思念就更加魂牵梦萦了，比如陈诚在诗中多次提到"还家梦""乡梦"等。显然，陈诚的家国情怀是"渐行渐深"的。这个过程不仅符合人类情感发展的规律，更体现了陈诚在政治思想上的逐步成熟。

（三）超前的中西共同体意识

习近平总书记在全国民族团结进步表彰大会上发表的重要讲话，深入阐述了中华民族共同体的形成和发展是人心所向、大势所趋、历史必然，明确提出了新时代新征程铸牢中华民族共同体意识、推进中华民族共同体建设的总体要求。① 实际上，六百多年前的陈诚也提出过类似观念。虽然明代还没有"民族"这个说法，但是他的中西共同体意识与我们现在提出的中华民族共同体意识有诸多相似之处，也是我们国家现阶段民族政策形成的基础。只是由于历史的局限性，他所认为的中西共同体意识还是以大明王朝是"天朝上国"为前提的。

从《西域往回纪行诗》的记载来看，陈诚的中西共同体意识多出现在深入西域腹地后的诗作中。如《鲁陈城》："楚水秦川过几重，柳中城里过春风。花凝红杏胭脂浅，酒压葡萄琥珀浓。古塞老山晴见雪，孤村僧舍暮闻钟。羌酋举首遵声教，万国车书一大同。"该诗中的"万国车书一大同"就体现出了陈诚希望通过文化浸润的方式，实现西域诸国对大明的归顺。又如《土尔番城》："路出榆关几十程，诏书今到土番城。九重雨露沾夷狄，一统山河属大明。天上遥瞻黄道日，人间近识少微星。姓名不勒阴山石，愿积微勋照汗青。"这首诗中的"九重雨露沾夷狄，一统山河属大明"是陈诚对中西共同体意识更加直白的表达。再如《至别失八里国主马哈木帐房二首》之一："乾坤浩荡渺无限，雨露沾濡及远人。喜见牛马成部落，始知蜂蚁有君臣。酒倾酥酪银瓶冷，座拥氍毹锦帐春。礼度不同风土异，滔滔总是葛天民。"该诗中的"礼度不同风土异，滔滔总是葛天民"也是陈诚中西共同体意识直白的表达，不过受所处封建时代的影响，陈诚的思想具有历史局限性，即他的中西共同体意识以"万国朝明"的理念为前提。

---

① 受权发布｜习近平：在全国民族团结进步表彰大会上的讲话［EB/OL］.（2024 - 09 - 27）.http：//www. news. cn/20240927/1bdb8a6b740d48f69277efb5b61c703a/c. html.

综上所述，陈诚作为 17 世纪与郑和齐名的外交家，数次出使西域，在中国外交史上所作的贡献是不可磨灭的。他出使西域途中所创作的《西域往回纪行诗》，既包含了政治修辞学所要求的基本要点，也包含了契合史实的政治修辞方面的内容，更包含了与陈诚政治身份相符合的政治修辞心理，是典型的政治修辞文本。《西域往回纪行诗》中的政治修辞研究，既有修辞学的内容，又有历史学的角度。事实上，政治修辞学的研究脱离不了一定的政治背景，是一定要与重大历史事件紧密结合起来的。在历史事实的基础上，从修辞学的角度研究依托历史事实而形成的文学作品，应该是政治修辞学存在的重要前提。

参考文献

1. 陈诚. 陈竹山文集 [M]. 嘉庆乙卯重刻版，1819.

2. 段海蓉. 谈陈诚的西域纪行诗 [J]. 新疆大学学报（哲学社会科学版），1996（2）.

3. 顾宇，柳宏. 论陈诚笔下西域形象的文学呈现及其典范意义 [J]. 文学研究，2022（2）.

4. 郭娇.《陈竹山文集》研究 [D]. 乌鲁木齐：新疆师范大学，2015.

5. 蓝青. 论明朝使臣陈诚的西域纪行诗 [J]. 苏州科技大学学报（社会科学版），2018（5）.

6. 汪小军. 论陈诚《西域往回记行诗》 [J]. 兰州大学学报（社会科学版），2003（6）.

7. 吴礼权. 现代汉语修辞学 [M]. 4 版，上海：复旦大学出版社，2020.

8. 吴礼权. 政治修辞学 [M]. 广州：暨南大学出版社，2022.

9. 谢国桢. 明清笔记谈丛 [M]. 上海：上海古籍出版社，1981.

10. 杨富学. 陈诚边塞诗论稿 [J]. 兰州学刊，1995（5）.

11. 张廷玉，等. 明史：卷三三二 [M]. 北京：中华书局，1974.

Research on Political Rhetoric in Chen Cheng's *Journey to the Western Regions*

Cai Feng   Jin Guizhong

(*College of Literature*，*Huaibei Normal University*，*Huaibei*，235000)

Abstract：Chen Cheng was an outstanding diplomat in the Ming Dynasty，who had sent envoys to the Western Regions multiple times during the Hongwu and Yongle periods. *Journey to the Western Regions* he wrote during his mission to the Western Regions is a typical political rhetorical text. *Journey to the Western Regions* contains several basic points required by political rhetoric，as well as political rhetoric content that conforms to historical facts, reflecting the political rhetoric psychology that is consistent with Chen Cheng's political identity. These give *Journey to the Western Regions* a unique political rhetorical feature.

Key words: Chen Cheng, Western Regions, *Journey to the Western Regions*, political rhetoric

经济修辞研究

迁回营销策略与折绕修辞文本建构[*]

吴礼权①

（复旦大学中国语言文学研究所　上海　200433）

摘　要：在商业性经营活动中，时常都会运用到一种迂回营销的策略，它可以极大地提升商业促销的成功率，创造预期的经济效益。在语言活动中，也有类似于商业活动中的迂回营销的策略运用，如以折绕修辞手法建构折绕文本。从经济学的视角来看，虽然就达意传情所需配置的语言资源而言有靡费与超量之嫌，有违"成本最小化"的经济原则，但就其终极修辞效果来看，则完全符合"收益最大化"的经济原则。因为折绕文本的建构就接受效果而言，既能实现达意传情的终极目标预期，又能在达意传情之外别添一种文本审美价值，从而实现"成本效益"与"增值效益"最大化的完美统一。

关键词：迂回营销；折绕文本；资源配置；成本效益；增值效益

　　在日常商业生活中，只要我们稍加留心，就会发现时常会有一种营销策略的运用，这就是"迂回营销"；在日常语言生活中，只要我们稍加留意，就会发现有一种类似于"话术"的表达方式。比方说，口语交际中，我们常见有些人在跟别人交流沟通时，对于要宣达的观点、要拜托的事项、要传达的情意等，往往并不采取开门见山、开宗明义的方式"直言之"或"直告之"，而是先说些与主题无关的闲话，如谈谈天气、问问寒暖、拉拉家常；优雅点的，也许会切入对方感兴趣的音乐、足球、绘画等话题。等到铺垫够了，气氛融洽了，再适时将话题切入沟通交流的正题上。就像一些南方人，他们在跟别人开口借钱时，并不会单刀直入，而是说些嘘寒问暖的话，或是叙叙旧，最后才巧妙地上题，说到要借钱的正题。这种类似于"话术"的表达方式，其实跟商业活动中的"迂回营销"策略是相同的性质，只不过人们没有意识到语言表达策略跟商业活动中的营销策略有什么关系；当然，也很难有人由此及彼意识到，经济学跟修辞学的研究在内容上有什么关涉。

---

　　* 本文是上海高校高峰高原学科建设基金资助项目"经济修辞学"的阶段性成果。
　　① 作者简介：吴礼权，文学博士，复旦大学中国语言文学研究所教授、博士生导师，日本京都外国语大学客员教授，中国台湾东吴大学客座教授，湖北省政府特聘"楚天学者"讲座教授，主要研究方向是修辞学、语言学理论与中国古典文学。

其实，经济学与修辞学不但本质上有关涉，而且彼此之间的关系还非常紧密。如果稍懂点经济学，又懂点修辞学，那么我们就会清楚地了解到，"经济学研究的对象是生产、分配、流通、消费等环节的经营活动。经济活动追求的目标是：对稀缺有限的资源（包括生产资料、生活资料、资金等）作最适当的安排，从而获得尽可能大的利润（或曰收益）；修辞学研究的对象是人类交际在语言文字上的经营活动，也就是修辞活动。修辞活动追求的目标是：对现成有限的语言资源（包括语音、词汇、语法规则等条件）予以最合理的配置与使用，从而尽可能圆满地表达出人类最复杂的情感、最难穷尽的万事万物之理"①。如果能够透过现象看本质，对我们习以为常的语言现象，特别是对一些常用修辞手法的运用，换一个视角予以观察，那么就会幡然醒悟，明白一个道理——其实语言是一种资源，而修辞只不过是一种"语言资源配置效果最优化的努力"②。若此，我们就会清醒地意识到，其实"修辞学跟经济学并不是毫无瓜葛，而是有着惊人相似的一面"③。

本文要讨论的商业活动中的"迂回营销"策略，跟汉语修辞活动中的"折绕"修辞文本的建构，我们认为二者在本质上是几乎完全相同的，值得我们换一个视角从经济学的原理出发予以探讨。

一、迂回营销

大凡在商业街走过的人，都会或多或少地见过一些商家搞促销活动。促销的套路有很多，但多半是以"迂回营销"的策略进行的。比方说，店家要甩卖一批过时或换季的衣服，他们不会直接说衣服现在价格是多少，而是先报虚高的衣服原价，然后说现在是多少，通过现价与原价的对比，让顾客觉得便宜了很多，从而激发顾客购买的欲望。或者他们还可以采用另一种推销方法，就是绝口不提衣服过时了，或是不当季了，需要打折销售，而是说厂家直销，正品只卖成本价；还可以编造理由说，店铺租期将到，好货只好含泪亏本大甩卖。其实，这些说辞都是在运用"迂回营销"策略，绕着弯子说自己的衣服好，打折只是为了回馈顾客，或是迫于客观

---

① 吴礼权.修辞：语言资源配置效果最优化的努力［J］.淮北师范大学学报（哲学社会科学版），2023（2）：19.

② 吴礼权.修辞：语言资源配置效果最优化的努力［J］.淮北师范大学学报（哲学社会科学版），2023（2）：19.

③ 吴礼权.修辞：语言资源配置效果最优化的努力［J］.淮北师范大学学报（哲学社会科学版），2023（2）：19.

原因，以此赢得顾客的好感，或是引发顾客的同情和贪小利的心理，从而将需要清仓处理的过时衣服以尽可能高的价格销售出去，获取尽可能好的经济效益。

诸如此类商业街的"迂回营销"策略，其实都是最普通的，商家赚取的不过是些蝇头小利。正因为如此，对于这种低等级商业活动中的"迂回营销"策略，许多普通人虽然心知肚明，却也屡屡情愿或乐于入其彀中。而在高等级的商业活动中，高明的商家所玩的"迂回营销"策略，往往并不是直接打折，而是大手笔做广告，投入的广告费几十万元，甚至是上百万元或上千万元。如一些高档白酒的电视广告，大家都是天天能看到的；一些知名品牌的进口商品的户外广告，大家更是触目可见。众所周知，广告费都是需要商家真金白银地付出的，最终是要连本带利一起赚回来的。那么，如何赚回来？无非就是通过广告扩大所要销售商品的知名度，再将先前投入的广告费用打进商品成本中，以更高的价格销售出去，通过扩大商品销售量，最终获取最大的经济效益。很明显，这种"迂回营销"不是普通人一时能看透的，属于一种周期较长而且隐蔽的"迂回营销"。

说到"迂回营销"策略上述不同的表现，我们想到一个例子，是一个有关房产广告的抖音短视频，在网络上传播得非常广泛。下面我们以文字的形式将这段抖音短视频的内容转录如下：

【视频中一个男人正吸着雪茄，站在楼顶远眺。突然一个年轻女士上来，请示男人】

女：陈总，我们楼下的广告语怎么打？

男：楼下那几棵小树苗种了没有呀？

女：种了，种了。

男：森林氧吧，养生秘境。

女：我们还挖到了一个小水坑。

男：湖景洋房，水景园林。

女：我们旁边还有沙县小吃、网吧、理发店。

男：集餐饮、娱乐、休闲为一体。

女：我们旁边还有银行提款机。

男：坐拥城市金融中心。

女：我们旁边还有幼儿园。

男：书香门第，尊荣学府。

女：可是，我们只请到了一个保安。

男：私人管家，尊贵生活。

女：可是，我们旁边还有一个坟场。

男：与先贤毗邻，倾听灵魂的声音。

女：好！

不难看出，这个抖音短视频是一个艺术创作，是"讽刺房地产不良营销行为的段子"，专门揭露当代房地产营销骗局，意在警醒世人切莫陷入其圈套之中。这个故事中的经理所拟的房产推销广告，明显违反了商业诚信与广告修辞伦理，是需要批判的。但是，这个广告案例作为现实生活的真实反映，生动地体现了商业经济活动中"迂回营销"的策略思路。分析一下这段短视频中经理所拟的广告词，我们不难发现，它的核心主旨就是一句话："这里的房产值得拥有。"但是，这个经理从头到尾都没有说出这句话，而是从房产所在地的生态环境（有树、有水）、生活环境（有沙县小吃、网吧、理发店、银行提款机）、教育环境（有幼儿园）、管理服务（有一个保安）、人文环境（有一个坟场）等多方面进行夸大其词的宣传，其最终的目标预期就是让接受者（潜在的购房者）自己思而得之，觉得这里的房产值得拥有。①

我们认为，广告作为一种商业营销的策略手段，理应遵守诚信原则。但是，在现实生活中，类似上述短视频的广告还是不少的。虽然这些广告内容是有违商业道德的，是需要严肃清理与谴责的，但它们是一种活生生的"迂回营销"策略的范本，让我们可以清楚地认识商业活动中"迂回营销"策略的本质。

二、折绕文本

折绕，是语言表达中"将本该一句话即可直说明白、清楚的，却为着委婉含蓄的目的，故意迂回曲折地从侧面或是用烘托法将本事、本意说将出来，让人思而得之"②的一种修辞手法（或曰修辞方式、修辞手段）。以"折绕"修辞手法建构的文本，称为折绕文本。

折绕文本的建构在中国有着悠久的历史。无论是古人还是现代人，都喜欢在口语表达或书面语表达中建构折绕文本，以此将所达之意、所传之情婉转含蓄地展露出来，让人思而得之，而不是将所要表达的意思都"讲清楚，说明白"，让人觉得一览无余，丝毫没有回味咀嚼的空间。这种修

① 吴礼权.修辞的伦理原则及其矛盾关系［J］.北华大学学报（社会科学版），2022（6）：5.
② 吴礼权.现代汉语修辞学［M］.4版.上海：复旦大学出版社，2020：39.

辞境界的追求既与中国人内敛的民族性格有关，也与中国古代诗教推崇"不著一字，尽得风流"与"含不尽之意，见于言外"的传统有关。正因为如此，在中国古人与现代人的口中或笔下，折绕文本的建构时时可以见到，也就不足为怪了。下面我们来看几个例子：

（1）江上荒城猿鸟悲，隔江便是屈原祠。一千五百年间事，只有滩声似旧时。（陆游《楚城》）

（2）香冷金猊，被翻红浪，起来慵自梳头。任宝奁尘满，日上帘钩。生怕离怀别苦，多少事、欲说还休。新来瘦，非干病酒，不是悲秋。

休休！这回去也，千万遍阳关，也则难留。念武陵人远，烟锁秦楼。惟有楼前流水，应念我、终日凝眸。凝眸处，从今又添，一段新愁。（李清照《凤凰台上忆吹箫》）

例（1）"一千五百年间事，只有滩声似旧时"是一个折绕文本，意思是说"从屈原时代到现在，世界上的一切都变了"。但是，这层意思"诗人没有直说，是通过排除法，以'滩声似旧'来反衬一切都已变化的语义，一种沧海桑田的历史感慨尽在其中矣"①。例（2）"新来瘦，非干病酒，不是悲秋"也是一个典型的折绕文本。其中，"后二句可用三字概括'为相思'。但是，词人没有这样写，而是以排除法，将'病酒''悲秋'两种可能性都排除，让人对其'为伊消得人憔悴'的语义思而得之"②。类似于例（1）、例（2）这样的折绕文本，在中国古典诗词中很常见。事实上，"中国古典诗词耐读，有味道，其中少不了'折绕'修辞法的功劳"③。

上面我们举的是古代的两个例子，下面我们再来看现代中国人建构的一个折绕文本：

（3）我们便到街上去走了一通，满眼是白旗。然而貌虽如此，内骨子是依旧的。因为还是几个旧乡绅所组成的军政府，什么铁路股东是行政司长，钱店掌柜是军械司长……这军政府也到底不长久，几个少年一嚷，王金发带兵从杭州进来了，但即使不嚷或者也会来。他进来以后，也就被许多闲汉和新进的革命党所包围，大做王都督。在衙门里的人物，穿布衣来的，不上十天也大概换上皮袍子了，天气还并不冷。（鲁迅《范爱农》）

---

① 吴礼权. 现代汉语修辞学［M］. 4 版. 上海：复旦大学出版社，2020：40.
② 吴礼权. 现代汉语修辞学［M］. 4 版. 上海：复旦大学出版社，2020：43.
③ 吴礼权. 现代汉语修辞学［M］. 4 版. 上海：复旦大学出版社，2020：43.

例（3）所引这段文字，"意在批评辛亥革命的不彻底性，所谓的革命者不久都蜕化变质了"①。其中，"在衙门里的人物，穿布衣来的，不上十天也大概换上皮袍子了，天气还并不冷"就是一个典型的折绕文本，"它辛辣地讽刺了新政府官员蜕化变质之快"②。但是，这层意思作者却没有直接说出来，读者需要仔细体味，从其字里行间咀嚼出来。

一般说来，折绕文本的建构在表达上往往别具一种"婉转深沉、余味曲包的妙趣"③，在接受上则能极大地调动接受者"二度创作"的积极性，从而"加深对修辞文本主旨的理解认识"④。因为在折绕文本的建构中，表达者有意"在文本语意的表达与接受之间制造了一定的'距离'，增添了接受者文本解读的困难"⑤，接受者要想洞悉修辞文本的真意，就必须破除文本解读中的种种障碍。而当障碍被破除后，接受者真正了解了表达者的文本真意，便会"情不自禁地生发出一种文本破译成功的喜悦心理"⑥，而"修辞文本作为一种审美对象，其审美价值也就由此大大提升了"⑦。

三、迂回营销与折绕文本建构

从修辞学的视角来看，人们在说写表达时，之所以不直白本意，将自己所要传递的情意、所要宣达的观点等直接表达出来，而是要曲里拐弯、迂回曲折地暗示出来，让接受者思而得之，是因为表达者（修辞者）的修辞目标预期不是直指达意传情层面的"讲清楚，说明白"的境界，而是指向审美趣味层面的"含不尽之意，见于言外"的境界。

从经济学的视角来看，折绕文本的建构着眼的不是语言资源配置的"一般成本"（"使用成本"），而是其配置的"机会成本"。大凡是运用折绕手法建构修辞文本的修辞者，首先考量的都是实现其终极修辞目标预期的最大可能性，而不是考量语言资源的配置是否符合"成本—效益"原则。他们往往会基于"机会成本"的考量，"毕其功于一役"（"一战定胜负"），使实现终极修辞目标预期的可能性最大化，因而会不惜超量配置语言资源，力求将话说得迂绕、委婉，最大限度地消除接受者可能产生的不良心理反应，令其在愉悦的情感情绪主导下积极参与修辞文本的"二度创

---

① 吴礼权. 现代汉语修辞学［M］. 4 版. 上海：复旦大学出版社，2020：40.
② 吴礼权. 现代汉语修辞学［M］. 4 版. 上海：复旦大学出版社，2020：40.
③ 吴礼权. 现代汉语修辞学［M］. 4 版. 上海：复旦大学出版社，2020：39.
④ 吴礼权. 现代汉语修辞学［M］. 4 版. 上海：复旦大学出版社，2020：40.
⑤ 吴礼权. 现代汉语修辞学［M］. 4 版. 上海：复旦大学出版社，2020：39.
⑥ 吴礼权. 现代汉语修辞学［M］. 4 版. 上海：复旦大学出版社，2020：40.
⑦ 吴礼权. 现代汉语修辞学［M］. 4 版. 上海：复旦大学出版社，2020：40.

作"，依靠修辞文本上下文语境提供的帮助，结合其自身所有的知识或经验积累，对修辞文本所表达的真实用意思而得之，进而对表达者（修辞者）所达之意、所传之情予以深切认同。可见，折绕修辞文本的建构在本质上跟商业经济活动中"迂回营销"的策略思路是如出一辙的。

上面我们分析了一则抖音短视频广告案例，也给"折绕"修辞手法下了定义，同时还分析了折绕文本建构的终极目标预期，因此这里我们完全能够清楚地见到，在语言表达中，修辞主体（表达者）之所以对其所欲宣达的思想观点、所欲传达的情或意不"直言之"或"直告之"，而是在遣词造句时极尽婉曲、迂回之能事，以超量的语言资源配置实现其极简的信息量传达，目的只有一个，就是要"毕其功于一役"，确保能够一次性实现修辞的终极目标预期。也就是说，修辞主体在配置语言资源时，为了实现其终极修辞目标预期，只考虑语言资源配置的"机会成本"，而不考虑语言资源配置的"使用成本"。从表面上看，这似乎违背了"成本—收益"的经济学原理，实则不然。事实上，这种只求结果而不计成本的行为，跟商业活动中的倾销行为是一样的。商业活动中的倾销是以牺牲短期利益为代价而追求长期利益，是以牺牲暂时利益为代价而博取最终的垄断利润；而修辞活动中的折绕则是以多说几句话、多写几个字为代价，追求的是最终能够实现其最佳的修辞效果表现。也就是说，折绕是以语言资源的增量配置为代价，以博取其增量配置的终极收益。

不过，需要强调的是，商业活动中的倾销所牺牲的短期利益、暂时利益，是通过稀缺资源的有效配置而产生的真金白银；而修辞活动中的折绕，超量配置的语言资源并不具有稀缺性。因此，从经济学的视角看，折绕修辞文本的建构，就其语言资源配置的成本代价而言，对于修辞主体来说并不是太重要，倒是其语言资源配置所追求的终极目标预期（修辞效果最佳化表现），才是最重要的。正因为如此，在语言活动中，自古以来人们都会有商业活动中"迂回营销"的策略思路，喜欢运用折绕手法建构修辞文本。下面我们来看三个例子。

（4）景公饮酒，七日七夜不止。

弦章谏曰："君欲饮酒七日七夜，章愿君废酒也！不然，章赐死。"

晏子入见，公曰："章谏吾曰：'愿君之废酒也！不然，章赐死。'如是而听之，则臣为制也；不听，又爱其死。"

晏子曰："幸矣章遇君也！今章遇桀纣者，章死久矣。"

于是公遂废酒。（晏婴《晏子春秋》）

例（4）所引文字，说的是这样一个故事："春秋时代的齐景公（姓姜，名杵臼，齐庄公异母之弟），乃齐国第二十五代君主，在位时间长达五十八年（前547—前490年）。可能是因为他是齐国历史上在位最久的君主，所以在历史上还颇有些名气。史载，齐景公即位之初，颇有一番雄心壮志，有意向其先祖齐桓公看齐，希望有朝一日也能'一匡天下'，成为天下霸主，恢复齐国昔日辉煌的国际地位。带着这种理想，年轻气盛的齐景公在贤相晏婴（晏子）的辅佐下，即位之初还真是做了点事，有过一番作为。但是，'新官上任三把火'之后，人性的弱点就暴露了。史书说他'好治宫室，聚狗马，奢侈，厚赋重刑'（《史记·齐太公世家》），坏毛病一大堆。到了晚年，更是颓废堕落，嗜酒成性。有一次，竟然纵欲饮酒，连续七天七夜不止，完全置朝政、国家、民生于不顾。齐国大臣们看在眼里，急在心里，可是没人敢于谏止。因为他是越老越昏庸，越老越固执，逆耳忠言他根本听不进去。但是，当时有一个耿直的大臣叫弦章，他没有其他齐国之臣那么多顾虑，为了齐国的命运，他挺身而出，直言谏劝齐景公道：'国君，您由着性子饮酒，已经连续七天七夜了。这样下去，怎么了得！弦章希望国君您把酒戒了！要不然，您就赐弦章一死吧。'齐景公喝得老眼昏花，一听竟然有人敢这么直来直去地跟自己说话，口气中还带着胁迫的意思，突然一激灵，一下子清醒了很多。擦了擦蒙眬的醉眼，齐景公认真地看了看弦章，竟然不知如何回答他，甚至不知如何处置他。就在弦章站在朝堂之上等候齐景公发落，而齐景公又拿不定主意而感到非常为难之际，齐相晏子入朝秉事来了。晏子进来一看，发现齐景公与弦章君臣二人一卧一立在朝堂之上，你看着我，我看着你，感到很纳闷。于是，跟齐景公见过君臣之礼后，晏子就问齐景公是怎么回事。齐景公见问，立即回答道：'贤相，你来得正好。寡人正有一个难题，不知如何解决。''国君，您有什么难题？'齐景公指了指呆立一旁的弦章，说道：'寡人多喝了点酒，弦章跟我提意见，说给寡人两个选择：要么寡人把酒戒了，要么把他杀了。'晏子一听，心立即提到了嗓子眼，不禁在心里暗暗地怨弦章不懂事，不会说话。如果不是齐景公在场，他真恨不得将弦章揪出去狠狠骂一顿：'你一个为臣者，怎么这样跟国君说话呢？你说话就不会转个弯吗？'正当晏子在心里这样为弦章着急的时候，齐景公又说道：'寡人若是听了他的话，立即把酒戒了吧，好像寡人是被臣下所挟制；若是不听他的话，寡人只得将他处死，可是寡人又不忍心这么做。'晏子一听，终于洞悉了齐景公的心理，遂立即接口说道：'哎呀，真是太幸运了，弦章遇到了国君您！今天弦章要是遇到了夏桀、商纣，他早就死了！'齐景公听了晏子这番话，先是一愣，继而拈须一笑，接着对弦章挥了挥手。放走了弦章后，齐景公立即跟晏子表示要彻底戒酒，发誓从此滴酒不沾，专心国事。"①

在这则故事中，有三个人物，分别是齐景公、弦章、晏子。从政治伦理层面看，齐景公是国君，弦章和晏子是大臣；从言语交际层面看，齐景公是受交际者和被谏者；弦章和晏子都是交际者和进谏者。受交际者齐景公作为一国之君，不理朝政，纵欲饮酒，七天七夜不止，交际者弦章作为齐国大臣，觉得"食君之禄，担君之忧"，对齐景公的荒唐行为予以谏止是理所当然的事。在弦章看来，作为一国之君，齐景公理应以国事为重，以朝政为重，而不应该以享乐为重，更不应该纵欲饮酒而不知节制，乱了朝纲，荒了朝政，置国家安危于不顾。因此，他认为作为一个齐国大臣，理应起而进谏，跟齐景公讲明自己的政见："一国之君当以朝政为重，以国家安全为重，而不应荒淫享乐而怠政。"客观地说，弦章的想法没有错，但是在表达这层意思时，他犯了一个致命的错误，就是在遣词造句时只考虑到语言资源配置的"使用成本"，而没有考虑语言资源配置的"机会成本"。弦章进谏齐景公的话一共是两句，总计十九个字。第一句"君欲饮酒七日七夜，章愿君废酒也"，直截了当地指出了齐景公的错误并对齐景公提出了戒酒的要求；第二句"不然，章赐死"，直截了当地表明了自己死谏到底的决心。从修辞学的视角来看，这样的表达可以说是以最简洁明了的文字，将所要表达的意思"讲清楚，说明白"了，完成了自己达意传情的交际任务。但是，从经济学的视角来看，这样的表达在语言资源配置方面虽然符合"使用成本"原则，但违背了"机会成本"原则，不能"毕其功于一役"，在一次性进谏中实现其终极修辞目标预期（让齐景公愉快地接受进谏而戒酒），反而因自设的语言魔咒（"不然，章赐死"）而陷自己于绝境之中。因为齐景公是君，弦章是臣，弦章的两难选择只能束缚住他自己，不能困住齐景公。

相反，晏子的表现就完全不一样。晏子作为齐国之相，居一人之下、万人之上的高位，长期辅佐齐景公，对于齐景公不理朝政，纵欲饮酒七日七夜而不止的荒唐行为，最有责任起而进谏。然而，他却选择了沉默。这当然不是他为官世故圆滑，而是他深谙官场规矩，深谙齐景公的脾性，知道进谏的机会还没有成熟，他需要耐住性子等待。因为他作为齐国之相，如果进谏失败，其他大臣再进谏就没有成功的机会了。相反，让其他大臣先进谏，即使失败了，他作为齐国之相，还有从中斡旋的转圜空间，为其最后的进谏和"毕其功于一役"预留一次机会。事实证明正是如此。当弦

---

① 吴礼权. 言语交际与人际沟通［M］. 3版. 上海：复旦大学出版社，2023：242–244.

章凭着一腔报国热情、一片忠君赤诚，率先进谏齐景公而陷入绝境之后，他的进谏机会就来了。而且这个机会还是齐景公主动给他的，所以他的进谏就显得水到渠成，非常自然，让齐景公完全放弃了戒心，从而为进谏成功增加了机会。按照常理，齐景公问晏子如何处理弦章时，晏子完全可以直言之："君废酒，章免死。"六个字就可以简洁明了地表明自己的态度，提供一个可行的解决方案。尽管这个解决方案的表达也显得有点直白，但在齐景公听来一定不会有逆耳或忤逆的感觉，而是觉得非常自然，显得合情合理。因为晏子的解决方案不是他主动提出的，而是顺着齐景公问计的话自然而然地脱口而出。然而，事实上晏子并没有这样"直言之"，而是采用折绕修辞法建构修辞文本"幸矣章遇君也！今章遇桀纣者，章死久矣"，在"不著一字"中将自己所要表达的"君废酒，章免死"的谏议表达出来。从修辞学的视角看，这个折绕修辞文本的妙处在于，作为修辞者的晏子"先用一个感叹句：'哎呀，真是太幸运了，弦章遇到了国君您'，还将谓语部分倒装提前，以加大感叹的力度，给受交际者头上戴上一顶大帽子，赞扬受交际者是明君，认为弦章运气太好了。很明显，这一句无疑会让听惯了顺耳谀媚之言的齐景公听得非常受用。等到齐景公沉醉其中而飘飘然时，晏子暗中逆转语意，巧妙地'将'了齐景公一'军'：'今天弦章要是遇到了夏桀、商纣，他早就死了！'表面好像仍是赞扬齐景公英明，是当世明君，实际上则另藏了一层深层语义：如果您想做明君，就赦免了弦章死罪，听从他的谏言把酒戒了；如果你不听弦章谏言而杀了他，那么您就成了夏桀、商纣一样的昏君、暴君，会留下千古骂名，被人唾弃"①。结果，作为受交际者的齐景公"听懂了这层弦外之音，于是愉快地接受了晏子的进言，赦免了弦章，戒了酒瘾"②。从经济学的视角看，晏子建构的折绕修辞文本表面上违背了"成本—收益"原则，在语言资源的配置上过于靡费（本可六字却代之以十六字），实际上却体现了"迂回营销"的商业智慧，通过牺牲语言资源的"使用成本"（曲里拐弯、迂回曲折的表达），力保语言资源配置成功的"机会成本"（使齐景公在情感愉悦的情况下欣然纳谏），从而实现了进谏的终极修辞目标预期，使语言资源配置的最终成本效益最大化。因为说服齐景公戒酒和免除弦章死罪是晏子进谏的目标预期，保证终极目标预期（"君废酒，章免死"）的实现是晏子的唯一追求，因此是否多说几句话并不重要。

上面我们说的是中国古代政治家的修辞实践，下面我们再来看一例中

---

① 吴礼权. 言语交际与人际沟通［M］. 3 版. 上海：复旦大学出版社，2023：246.
② 吴礼权. 言语交际与人际沟通［M］. 3 版. 上海：复旦大学出版社，2023：246.

国现代作家的修辞实践：

（5）老实讲，我是有收藏信件的癖好的，但亦略有抉择：多年老友，误入仕途，使用书记代笔者，不收；讨论人生观一类大题目者，不收；正文自第二页开始者，不收……有加新式标点之必要者，不收；没有加新式标点之可能者，亦不收……（梁实秋《信》）

例（5）所引文字，是"梁实秋谈自己书信保留的原则"[1]。其中，有三个折绕修辞文本：一是"多年老友，误入仕途，使用书记代笔者，不收"，二是"正文自第二页开始者，不收"，三是"有加新式标点之必要者，不收；没有加新式标点之可能者，亦不收"。从表意的层面看，这三个折绕修辞文本的建构并未实现"讲清楚，说明白"的修辞境界，接受者（读者）要想了解其表达的真意，需要费心费力揣摩良久；但是，从审美的层面看，这三个折绕修辞文本的建构在"表达上显得含蓄典雅，接受上则有一种耐人寻味的韵致"[2]，可以极大地激发接受者（读者）"二度创作"的积极性，从而有力地提升作品的审美价值。事实上，"梁实秋的散文之所以耐读，不是平淡如水，就是因为它特有的含蓄深沉的典雅风格，而这种风格的形成是与作者善于建构折绕等修辞文本密不可分的"[3]。这三个折绕修辞文本所表达的意思，如果"直言之"，写成"做官朋友的信，不是亲笔所书，不收"，"废话连篇的信，也不收"，"不能正确使用新式标点的信，也不收"，虽然表达简洁明了，在语言资源的配置上符合"成本—收益"原则，臻至消极修辞"讲清楚，说明白"的最高境界，但是作为文学作品来阅读，因为文字表达过于平常、平淡，缺乏必要的审美情趣，这样读者在解读接受时就"很难激发出阅读兴味，自然也就难以获取什么美感享受了"[4]。相反，以上述折绕修辞文本的形式呈现，虽然在语言资源的配置上违反了"成本—收益"原则，过多地消费了语言资源（相比于"直言之"文字较多），但最终实现了达意与审美的完美统一（既清楚地表明了自己书信收藏的原则，又凸显了平淡情事艺术化的审美情趣），跟商业经济活动中"迂回营销"的策略有异曲同工的效果，可谓实现了语言资源配置的终极效益最大化（修辞效果最佳化）的目标预期。

上面我们说到的两例修辞实践，其修辞者或是中国古代著名的政治

① 吴礼权. 现代汉语修辞学［M］. 4版. 上海：复旦大学出版社，2020：41.
② 吴礼权. 现代汉语修辞学［M］. 4版. 上海：复旦大学出版社，2020：41.
③ 吴礼权. 现代汉语修辞学［M］. 4版. 上海：复旦大学出版社，2020：41.
④ 吴礼权. 现代汉语修辞学［M］. 4版. 上海：复旦大学出版社，2020：41.

家，或是现代著名的作家。下面我们来看一例现代中国普通老百姓的修辞实践：

（6）谁知道住着住着，老太太的毛病出来了。这一次不是风湿症，而是一种莫名其妙的过敏，发作时全身都痒，痒得受不了，看医生、打针、吃药，全不见效。老太太嫌该处的水质太"硬"了，洗澡、洗衣服、烧饭、泡茶，全不对劲。虽不至于唠叨埋怨，但说话时却忽然多出了一些"所有格"："我们台湾的"水、"我们台湾的"蔬菜、"我们台湾的"……老先生听着听着，有一天恍然大悟，问题就出在"水土"这两个字，于是二话不说，带着老伴就上飞机回台湾。（日青《移民在他乡》）

例（6）所引文字说的是中国台湾"一大批民众20世纪90年代中期因受时局动荡的影响而纷纷移民外国，以致出现了一系列移民不适的问题"[1]。文中提到的"那位老太太与她的老先生亦是这一股移民潮中移往国外的一员，结果导致了在美国生活不适的问题。尽管生活上出现了诸多不便与困境，但老太太心知怨不得他人，这是自己选择的结果，真是'哑巴吃黄连——有苦说不出'，所以只好在言语中婉约地表露出怀念中国台湾、讨厌美国的情绪"[2]。从报道所提供的上下文语境，我们可以清楚地看出，故事中老太太说话所带的领属格话语前缀"我们台湾的"并不是她固有的口头禅，而是别含深意的修辞行为表现。她每日言语中的"'我们台湾的'水""'我们台湾的'蔬菜"等，都是运用了折绕手法的修辞文本，其所表达的真实语义："还是我们台湾好，移民美国失误了。"但是，由于表达者（老太太）是以折绕手法建构的修辞文本来呈现这层意思，因而"在表达上便显得婉约含蓄，怨而不怒地凸显出其怀念台湾、讨厌美国生活的真实情感"[3]。这样曲里拐弯的表达，虽然给接受者（老先生）带来了理解上的困难，事实上"接受者（老先生）对于表达者（老太太）文本所欲表达的真实意蕴费了好多天才领悟出来"，但是"他一旦经由努力而解读出老伴的言外之意后，对其文本及其文本内涵的理解认识就显得特别深切，所以才有马上带老伴回台湾的行为"[4]。如果表达者（老太太）对于想回台湾的本意"直言之"，接受者（老先生）势必会产生情绪反弹，要埋怨表达者（老太太）出尔反尔，一会儿要移民美国，一会儿又要回台湾。

① 吴礼权. 现代汉语修辞学［M］. 4版. 上海：复旦大学出版社，2020：42.
② 吴礼权. 现代汉语修辞学［M］. 4版. 上海：复旦大学出版社，2020：42.
③ 吴礼权. 现代汉语修辞学［M］. 4版. 上海：复旦大学出版社，2020：42.
④ 吴礼权. 现代汉语修辞学［M］. 4版. 上海：复旦大学出版社，2020：42.

这样，表达者（老太太）想回台湾的愿望不仅不会实现，还会引发夫妻矛盾。事实上，表达者（老太太）非常聪明，对于想回台湾的意思只字不提，只是不断在日常言语中以领属格话语前缀（"我们台湾的"）来暗示接受者（老先生），令其思而得之。结果，接受者（老先生）在其领属格话语前缀的反复刺激下，终于恍然大悟，愉快地接受了其意见。从表达的视点看，当然是说"还是我们台湾好，移民美国失误了"，显得直截了当，在语言资源配置上符合"成本—收益"的经济原则；但是从接受的视点看，这样的直白表达，由于宣泄的是负面情绪，会使接受者（老先生）听起来觉得刺耳而产生逆反心理，生出不愉快的情感情绪。相反，表达者（老太太）以领属格话语前缀（"我们台湾的"）来曲里拐弯地暗示接受者（老先生），让他领会其想回台湾的心声，虽然在语言资源配置上颇有靡费之嫌，不符合"成本—收益"的经济原则，但契合"迂回营销"的商业策略，使表达预期与接受效果完美地统一起来，迂回实现了夫妻之间交流沟通的终极目标预期。

四、结语

在商业活动中，"迂回营销"策略的运用司空见惯，稍懂经济学的人都知道，它可以极大地提升商业促销的成功率，创造预期的经济效益。在语言活动中，对于折绕文本的建构，很多人虽有丰富的实践经验，但往往难以看出其中蕴含的经济学原理。

其实，"对于语言现象包括修辞现象的观察，我们完全可以换一个视角，即将语言视为一种资源，将遣词造句视为一种语言资源的配置过程。如此，我们就能深刻理解人们的很多修辞行为"[1]，包括折绕文本的建构。从经济学的视角来看，折绕文本的建构在达意传情所需语言资源的配置上虽有靡费与超量之嫌，有违"成本最小化"的经济原则，但就其终极修辞效果来看，则完全符合"收益最大化"的经济原则。因为就接受效果而言，折绕文本的建构既能实现达意传情的终极目标预期，又能在达意传情之外别添一种文本审美价值，从而实现"成本效益"与"增值效益"最大化的完美统一。

---

① 吴礼权. 引资增效与比喻文本建构 [J]. 淮北师范大学学报（哲学社会科学版），2023（6）：63.

参考文献

1. 吴礼权. 现代汉语修辞学 [M]. 4 版. 上海：复旦大学出版社，2020.

2. 吴礼权. 修辞的伦理原则及其矛盾关系 [J]. 北华大学学报（社会科学版），2022（6）.

3. 吴礼权. 修辞：语言资源配置效果最优化的努力 [J]. 淮北师范大学学报（哲学社会科学版），2023（2）.

4. 吴礼权. 言语交际与人际沟通 [M]. 3 版. 上海：复旦大学出版社，2023.

5. 吴礼权. 引资增效与比喻文本建构 [J]. 淮北师范大学学报（哲学社会科学版），2023（6）.

The Detour Marketing Strategy and the Construction of Periphrasis Rhetoric Texts

Wu Liquan

(*Institute of Chinese Language and Literature*, *Fudan University*, *Shanghai*, 200433)

Abstract：In commercial business activities，a detour marketing strategy is often used，which can greatly improve the success rate of commercial promotions and create expected economic benefits. In language activities，there are also strategies similar to detour marketing in commercial activities. For example，the construction of periphrasis texts by means of periphrasis rhetoric. From the perspective of economics，although the language resources needed to convey emotions are too expensive and excessive，which is contrary to the economic principle of "cost minimization"，it is completely in line with the economic principle of "profit maximization" in terms of its ultimate rhetoric effect. Because of the construction of the periphrasis texts，in terms of the acceptance effect，it can not only realize the ultimate goal expectation of conveying ideas or feelings，but also add a kind of text aesthetic value，so as to realize the perfect unity of "cost-effectiveness" and "value-added benefits" maximization.

Key words：detour marketing, periphrasis text, resource allocation, cost-effectiveness, value-added benefit

修辞心理研究

修辞心理过程个案考察之七

——以茅盾《茅盾论创作》为例

张春泉①

（西南大学文学院　重庆　400715）

摘　要：茅盾《茅盾论创作》可以作为个案较为集中地分析修辞心理过程，并考察语境与修辞心理过程之关系。考察表明，个体认知语境与个性倾向性、社会情境语境与修辞心理过程、语符文本语境与修辞心理过程契合。着眼于语境，可管窥文学话语建构的修辞心理过程之复杂性和人本性。

关键词：修辞心理过程；个体认知语境；社会情境语境；语符文本语境

应该说，无论如何界定"修辞"，修辞终究是理据、过程、语符与效果的统一，其中的理据、过程与心理直接相关。因此，无论是就修辞理论还是就修辞实践而言，无论是修辞行为还是修辞话语，修辞心理过程都十分重要。由于"修辞"及其"语境"的复杂性，就现有的技术条件和可预见的未来的技术手段而言，对修辞心理过程（尤其是过往既有之经典修辞话语的修辞心理过程）的考察较为合适的有效的材料还是修辞主体的某些"白纸黑字"的内省材料。

笔者此前以"修辞心理过程个案考察"名篇的6篇系列论文即主要着眼于修辞主体的内省材料，试图全方位、多角度、深层次地考察修辞心理过程。此前相对较少关注文学语言（或曰文学话语）生成或建构的心理过程，仅有《修辞心理过程个案考察之四：以陈忠实〈寻找属于自己的句子〉为例》一篇论文主要涉及文学话语生成的心理过程。② 这里我们以茅盾《茅盾论创作》为例，在初步探讨个体认知语境与个性倾向性之契合的基础上，主要侧重于修辞主体自己的笔名"茅盾"及代表作之一《霜叶红似二月花》题名的得名之心路历程，着眼于语境，进一步考察文学话语的修辞心理过程。

---

① 作者简介：张春泉，文学博士，西南大学文学院教授、博士生导师，文学院副院长，主要从事修辞学、术语学研究。

② 张春泉. 修辞心理过程个案考察之四：以陈忠实《寻找属于自己的句子》为例 [J]，沈阳师范大学学报（社会科学版），2010（1）.

为表述的方便，我们将语境分为个体认知语境、社会情境语境、语符文本语境三类讨论，分别讨论个体认知语境与个体倾向性、社会情境语境与修辞心理过程、语符文本语境与修辞心理过程的契合。其中，个体倾向性是修辞心理过程的重要动力。此外，需要说明的是，本文语料主要取材于茅盾《茅盾论创作》。①

一、个体认知语境与个性倾向性

个体认知语境与个性倾向性的关系十分密切。个性倾向性是推动人进行活动的动力系统，包括修辞主体的需要、动机、兴趣、爱好、态度等，个体认知语境是个性倾向性的某种具体化。不妨说，个体认知语境与修辞个性倾向性契合，则修辞话语的表达和接受更易于有效互动。摸清个体认知语境与个性倾向性的关系有助于文本解读。

由于认知语境常呈现动态化、个性化特征，不太好"捉摸"，我们可以通过了解相对稳固的个性倾向性来分析表达者（如作家茅盾）的个体认知语境，进而更深入透彻地解读文本语符。

《茅盾论创作》自述了茅盾的某些修辞个性倾向性。该著指出："过后两三年，我的热心转到了'化学'。并不是因为那时我的学校课程中有了'化学'了，而是因为读了一些侦探小说，看见犯人和侦探都用什么奇怪的毒药。那时我的动机或者是想学犯人多于想做侦探，因为那时我觉得我的仇人很多。然而'化学'不象'袖箭'似的有了二百钱就能够实验的，所以我那时只能'纸上谈兵'，从什么《西药大全》或者别的那时候的'新法'书籍里去找满足。因为只是'纸上谈兵'，不久就丢开了。"② 以上表述表明，茅盾的兴趣较为广泛，旁涉"化学"等领域。茅盾特色鲜明、影响较大的科普散文也较为充分地反映了这一点。

除了兴趣，茅盾的某些需要也是我们了解其个体认知语境的重要因素。"再后，因为职业上的需要，我也曾在某一时期把心力集注在某一事项，——或者说是某一种'学问'罢，但是我自家明白，那是不过因为需要，万万不及小时对于'袖箭'和'化学'是真的热心。"③ 此外，"态度"也是很重要的个性倾向性。茅盾指出："我所能自信的，只有两点：一，未尝敢'粗制滥造'；二，未尝为要创作而创作，——换言之，未尝敢忘记了文学的社会的意义。这是我五年来一贯的态度。至于我的观察究

① 茅盾．茅盾论创作［M］．上海：上海文艺出版社，1980.
② 茅盾．谈我的研究［M］//茅盾．茅盾论创作．上海：上海文艺出版社，1980：23.
③ 茅盾．谈我的研究［M］//茅盾．茅盾论创作．上海：上海文艺出版社，1980：24.

竟深刻到怎样，我的技术究竟有没有独创的地方，那我自己是一点也不敢自信！虽则我常常以'深刻'和'独创'自家勉励，我一面在做，一面在学，可是我很知道进步不多，我离开那真正的深刻和独创还是很远呀！"①如果说"深刻"和"独创"是"质"，那么"多看些""多咀嚼"就可看作"量"："自然我不缺乏新题材，可是我从来不把一眼看见的题材'带热地'使用，我要多看些，多咀嚼一会儿，要等到消化了，这才拿出来应用。这是我的牢不可破的执拗。我想我这脾气也许并不算坏！"②以上兴趣、爱好、需要、态度都可看作个体认知语境的重要内涵。

似乎可以认为，个性倾向性和个体认知语境在茅盾那里可直接契合于其对社会及社会科学的重视。茅盾内省道："现在已经不是把小说当作消遣品的时代了。因而一个做小说的人不但须有广博的生活经验，亦必须有一个训练过的头脑能够分析那复杂的社会现象；尤其是我们这转变中的社会，非得认真研究过社会科学的人每每不能把它分析得正确。而社会对于我们的作家的迫切要求，也就是那社会现象的正确而有为的反映！每每想到这一些，我异常兴奋，我又万分惶悚；我庆幸我能在这大时代当一名文艺的小卒，我又自感到我们漫无社会科学的修养就居然执笔写小说，我真是太胆大了！"③并非太胆大，而是作者至少是潜移默化地在重视和运用社会科学。"生活经验的限制，使我不能不这样在构思过程中老是先从一个社会科学的命题开始。"④

最后，在我们看来，个体认知语境的主体既包括表达者又包含接受者。茅盾曾坦言："近来写稿，当真只好极没出息地抱着'出门不认货'的心理。动笔以前，虽然颇用一番心，但脱稿以后却连复看一遍的心情也没有了；因为明明知道再看一遍就不想拿出去了。一种霉热天气的压迫，老缠着你不放；写出来的东西总是支吾其词，象在存心扯谎。"⑤脱稿之后，表达者就变成接受者了。"自家的作品刚动笔写的时候，总觉得还要得（如果不然，就写不完成了）；刚脱稿后通读一遍，就觉得不大要得了；印出来再读一遍，那就觉得简直要不得。以后就没有勇气再读。这一本小说却因第二次改版之故，使我在脱稿后的第五年上再读一遍，似乎在责罚我这做坏了菜的厨子自己再尝尝。而我也尝出许多向来没有想到——也有

---

① 茅盾. 我的回顾 [M] //茅盾. 茅盾论创作. 上海：上海文艺出版社，1980：7-8.
② 茅盾. 我的回顾 [M] //茅盾. 茅盾论创作. 上海：上海文艺出版社，1980：10.
③ 茅盾. 我的回顾 [M] //茅盾. 茅盾论创作. 上海：上海文艺出版社，1980：8.
④ 茅盾. 我怎样写《春蚕》[M] //茅盾. 茅盾论创作. 上海：上海文艺出版社，1980：69.
⑤ 茅盾. 回顾 [M] //茅盾. 茅盾论创作. 上海：上海文艺出版社，1980：15.

那位朋友所未曾说到的毛病了。"① 茅盾以上自述也表明，表达者和接受者的角色是可以互相转换的。

二、社会情景语境与修辞心理过程

可以说，有了个性倾向性与个体认知语境的契合，修辞心理过程就有了动力，修辞心理过程的运作就有了可能。我们知道，"茅盾"是现代作家沈雁冰的笔名，这一笔名的产生过程与社会情境语境直接相关。

据茅盾自述："那时的广州是一大洪炉，一大旋涡。——一大矛盾！"② "这时的武汉又是一大旋涡，一大矛盾！"③ "这时"和"那时"即茅盾得名之时世（尤指"时间段"，而非某一具体"时间点"）。"终于那'大矛盾'又'爆发'了！"④ 以上茅盾在上海写于1933年五一节。显然，"茅盾"借用于"矛盾"，产生于"矛盾"的社会时代背景。对此，茅盾有更为翔实的叙述："一九二七年八月，我从武汉回到上海，一时无以为生，朋友劝我写稿出售，遂试为之，在四个星期中写成了《幻灭》。那时候，只有《小说月报》还愿意发表，叶圣陶先生代理着这个刊物的编辑。可是，在那时候，我是被蒋介石政府通缉的一人，我的真名如果出现在《小说月报》将给叶先生招来了麻烦，而且，《小说月报》的老板商务印书馆也不会允许的；为了能够发表，就不得不用个笔名，当时我随手写了'矛盾'二字。但在发表时却变为'茅盾'了，这是因为叶先生以为'矛盾'二字显然是个假名，怕引起注意，依然会惹麻烦，于是代我在'矛'上加个草头，成为'茅'字，《百家姓》中大概有此一姓，可以蒙混过去。这当然有一点近乎'掩耳盗铃'，不过我也没有一定要反对的理由。"⑤ 或者可以说，由"矛"而"茅"经历了多主体（茅盾和叶圣陶）的历时过程。

如果说以上材料重在对"茅盾"形式的描述，那么《写在〈蚀〉的新版的后面》的相关说明就是对"茅盾"意义的揭示。"为什么我取'矛盾'二字为笔名？好象是随手拈来，然而也不尽然。'五四'以后，我接触的人和事一天一天多而且复杂，同时逐渐理解到那时渐成为流行语的'矛盾'一词的实际；一九二七年上半年我在武汉又经历了较前更深更广

① 茅盾.《路》改版后记 [M] //茅盾. 茅盾论创作. 上海：上海文艺出版社，1980：55.
② 茅盾. 几句旧话 [M] //茅盾. 茅盾论创作. 上海：上海文艺出版社，1980：3.
③ 茅盾. 几句旧话 [M] //茅盾. 茅盾论创作. 上海：上海文艺出版社，1980：4.
④ 茅盾. 几句旧话 [M] //茅盾. 茅盾论创作. 上海：上海文艺出版社，1980：5.
⑤ 茅盾. 写在《蚀》的新版的后面 [M] //茅盾. 茅盾论创作. 上海：上海文艺出版社，1980：44.

的生活，不但看到了更多的革命与反革命的矛盾，也看到了革命阵营内部的矛盾，尤其清楚地认识到小资产阶级知识分子在这个大变动时代的矛盾，而且，自然也不会不看到我自己生活上、思想中也有很大的矛盾。但是，那时候，我又看到有不少人们思想上实在有矛盾，甚至言行也有矛盾，却又总自以为自己没有矛盾，常常侃侃而谈，教训别人，——我对这样的人就不大能够理解，也有点觉得这也是'掩耳盗铃'之一种表现。大概是带点讽刺别人也嘲笑自己的文人积习罢，于是我取了'矛盾'二字作为笔名。但后来还是带了草头出现，那是我所料不到的。"① "矛盾"还是那时的社会"流行语"，其内涵十分丰富，包含社会时代、生活、思想等诸方面。而社会时代是决定性因素，且社会时代、生活、思想等也是社会情境语境的题中应有之要义。"矛盾"当然也是心理体验、心理过程。毕竟，在其时，"主观意图和客观条件就是常常这样矛盾的"②。饶有意味的是，茅盾对"矛盾"还有后续的"赋值"："我回述这些琐事，用意只在说明：当我有了可能修改旧作的时候，我却又有另一种的矛盾心理。这就是当一九五四年人民文学出版社打算重排这三本小说的时候，曾建议我修改其中的某些部分；那时候，我觉得不改呢，读者将说我还在把'谬种流传'，改呢，那就失去了本来面目，那就不是一九二七——二八年我的作品，而成为一九五四年我的'新作'了。这'矛盾'似乎颇不易解决。"③不难看出，这里的"矛盾"还是主要集中于社会时代背景这一历时社会情境语境。以上社会情境语境都映射了相应的修辞心理过程，二者在总体上互为表里。

三、语符文本语境与修辞心理过程

作家茅盾（修辞主体）所创作的文学作品（修辞话语）不仅有其宏观社会情境语境，还有常观（中观）语境。这里所说的常观语境是指"肉眼可见"的语符文本语境。这里所说的"语符文本"是一个并列结构，即"语符"和"文本"为并列关系，二者互相补充。"文本"包括书面语篇等，"语符"包括方言口语等。茅盾所建构的修辞话语有其语符文本语境

---

① 茅盾.写在《蚀》的新版的后面［M］//茅盾.茅盾论创作.上海：上海文艺出版社，1980：45.

② 茅盾.写在《蚀》的新版的后面［M］//茅盾.茅盾论创作.上海：上海文艺出版社，1980：46.

③ 茅盾.写在《蚀》的新版的后面［M］//茅盾.茅盾论创作.上海：上海文艺出版社，1980：46.

分布特色，这些特色的形成有其修辞心理过程。或者可以说，茅盾关于文学语言的地域和社会领域等变体的态度值得关注。

一般而言，"欧化""文言""方言"表达相对较为特殊，在修辞写作时如何取舍，应该是颇费踌躇的。茅盾指出："理由何尝不正确，但事实总是事实，他们还是不能懂得你的话，你的太欧化或是太文言化的白话。如果先要使他们听得懂，惟有用方言来做小说，编戏曲，但不幸'方言文学'是极难的工作，目下尚未有人尝试。"① 简言之，这些特殊话语的使用要有"度"，要让接受者（读者）能听得懂。茅盾还进一步指出，文学话语中的方言需要锤炼。"我们现在提起'接受遗产'固然不能不想到汗牛充栋的线装书，然而也不可忘记，在线装书以外，还有许多遗产，仅以最主要的文学用语而言，我们的极丰富而复杂的方言，便是一项宝贵的遗产，而解决'字汇贫乏'之道正该从锤炼方言入手。"② 总之，"不要太多的新名词，不要欧化的句法，不要新思想的说教似的宣传，只要质朴有力的抓住了小资产阶级生活的核心的描写"③。不必为了技术而技术。"就我自己的意见说：我们文艺的技术似乎至少须先办到几个消极的条件，——不要太欧化，不要多用新术语，不要太多了象征色彩，不要从正面说教似的宣传新思想。"④ 但是对待新名词的态度应该是辩证的："新的事物，产生了新的名词，这里的问题还简单，我们只要采用就得了，——虽然有时还须加以琢磨；但由新的生活环境所造成的新的人事关系，所产生的意识、情绪、感觉，那就多半要创铸新词了。"⑤ 以上"锤炼""琢磨""创铸"即某种意义的修辞过程，这一过程必然伴随特定心理，如"意识""情绪""感觉"等。作家对语言的锤炼，正如诺贝尔文学奖得主莫言所言："作家看起来是在写故事、写人物，但是这一切都要通过语言，一切都是在学习语言、锤炼语言。"⑥

事实上，在元语言的建构上，茅盾还特别提到了术语的功用。如茅盾有言："典型性格是阶级性的，这句话有点问题，为什么呢？因为在'阶级性'这个术语以外，我们知道还有一个术语，就是'个性'。"⑦ "这所谓社会地位，身份教养等等形成的那个总的东西，我们有一个术语，叫做

① 茅盾.从牯岭到东京［M］//茅盾.茅盾论创作.上海：上海文艺出版社，1980：39.
② 茅盾.大题小解［M］//茅盾.茅盾论创作.上海：上海文艺出版社，1980：505.
③ 茅盾.从牯岭到东京［M］//茅盾.茅盾论创作.上海：上海文艺出版社，1980：41.
④ 茅盾.从牯岭到东京［M］//茅盾.茅盾论创作.上海：上海文艺出版社，1980：42.
⑤ 茅盾.谈描写的技巧：大题小解之二［M］//茅盾.茅盾论创作.上海：上海文艺出版社，1980：507.
⑥ 2024年12月7日莫言在"语文独立设科120周年"学术研讨会上的发言.
⑦ 茅盾.谈"人物描写"［M］//茅盾.茅盾论创作.上海：上海文艺出版社，1980：527.

'阶级性'；而对于社会人生所抱的态度和所取的立场。也有一个术语来表示，便是'宇宙观（世界观）和人生观'。"①

以上可看作家茅盾对语符文本语境与修辞心理的较为一般的看法。茅盾还有较为典型的实践层面上的关于语符文本语境与修辞心理的个案——作品《霜叶红似二月花》的定名及其心理历程。"趁此机会，打算解释一下这部书何以题了这样一个好象和内容不发生关系的名儿。因为这是有些读者曾经来信问过的。"② 详见《霜叶红似二月花》的"后记"：

我的小房外边就是颇大的一个天井（院子）。每天在一定时候，天井里非常热闹。楼上经常是两三位太太，有时亦夹着个把先生，倚栏而纵谈赌经，楼下则是三、四位女佣在洗衣弄菜的同时，交换着各家的新闻，杂以诟谇，楼上楼下，交相应和；因为楼上的是站着发议论，而楼下的是坐着骂山门，这就让叫我想起了唐朝的坐部伎和立部伎，而戏称之为"两部鼓吹"。

《霜叶红似二月花》就这样在"两部鼓吹"中一点一点写起来了。大约花了两个半月，刚写完第一部（即现在的这本书），而条件变化，我不能在桂林再住下去，不得不赴重庆；为了张罗盘缠，就把这已成的部分交给一个私家出版社，可是还没有书名。

那时候，残秋向尽，我在桂林已经住了九个月了。为了料理行装，偶然到某处，看见半林红叶，忽然想起了杜牧的题为《山行》那首七绝来，便反复讽咏这诗的最后一句；于是"灵机"一动，想道：何不把这一句借作我的书名呢？杜牧的诗，已经没有版权，我借用它一句，不会发生侵犯著作权的法律问题，可是我还是改动了一个字，为什么要改动一个字呢？也有我的想法。现在先把杜牧的原诗抄在下面：

远上寒山石径斜，白云生处有人家；
停车坐爱枫林晚，霜叶红于二月花。

第四句，杜牧原来用了个"于"字，我借用此句，却把"于"字改为"似"字，既然申明此句是借用，那么，擅改一字，大概可免于粗暴之罪；然而我还得把理由说一说。

---

① 茅盾. 如何辨别作品的好坏：答复"想搞文学"的青年的第二个问题［M］//茅盾. 茅盾论创作. 上海：上海文艺出版社，1980：552.

② 茅盾. 《霜叶红似二月花》新版后记［M］//茅盾. 茅盾论创作. 上海：上海文艺出版社，1980：87.

让我先来冒险一回，试解释原诗此句的意义。我以为杜牧此诗虽系写景而亦抒情，末句双关，无论就写景说，或就抒情说，都很新颖，乃前人所未曾设想的境界。这一句（霜叶红于二月花）正面的意思我以为是：人家说都说二月的花盛极一时，可是我觉得经霜的红叶却强于二月的花。但是还有暗示的意思，大抵是这样：少年得意的幸运儿虽然象二月的花那样大红大紫，气势凌人，可是他们经不起风霜，怎及得枫叶经霜之后，比二月的花更红。这样，霜叶就比喻虽不得志但有学问抱负的人，也可以说，杜牧拿它来比自己的。

杜牧出身于高门世族。他的祖父就是编辑那部有名的《通典》的杜佑，做过唐朝德宗、顺宗、宪宗三朝的宰相。杜牧的伯父、堂兄们，也都做了大官（堂兄杜悰做过节度使，也做过宰相），但是杜牧一生却不得志。他少年登科，关心国事，颇有用世之志，然而夹在那时党争之中，做京官备位闲曹，而迫于经济，（杜牧的父亲早死，他这一房并没多大产业，所以他自说"幼孤贫"，后来他不得不靠官俸度日）不得不屡求外放。中年以后，这位"十年一觉扬州梦"的诗人颇有点苦闷，转而为旷达，同早年的豪放，成一对照。凡是读过《樊川集》的人都可以看出这一点来的。这一首"山行"，何时所作，已不可考，但诗境既属旷达一类，当系中年以后之作，（杜牧四十以后，八年中间，做了四个地方的刺史，皆在江南；五十一岁卒。）我把"山行"的第四句作了如上的解释，就是根据了杜牧的身世和思想的特点而作了大胆的推论。

但是为什么我又改"于"为"似"而后用作我的书名呢？

这就要谈一谈我写这本书的企图。

本来打算写从"五四"到一九二七年这一时期的政治、社会和思想的大变动，想在总的方面指出这时期革命虽遭挫折，反革命虽暂时占了上风，但革命必然取得最后胜利；书中一些主要人物，如出身于地主阶级和小资产阶级的青年知识分子，最初（在一九二七年国民党叛变以前）都是很"左"的，宛然象是真的革命党人，可是考验结果，他们或者消极了，或者投向反动阵营了。如果拿霜叶作比，这些假"左"派，虽然比真的红花还要红些，究竟是冒充的，"似"而已，非真也。再如果拿一九二七年以后反革命势力暂时占了上风的情况来看，他们（反革命）得势的时期不会太长，正如霜叶，不久还是要凋落。

这就是我所以借用了杜牧这句诗，却又改了一个字的理由了。

当然，这样地反用原诗的意义，截取一句作书名，不免有点牵强，但当时其急切间想不出更好的书名，而出版家又催的紧，便姑且用了再说。

谁知道此后人事变幻，总没有时间续写此书，以至这书名和本书现有的一部分更加联系不上。年来亦常有人以此见询，现在趁本书改排新版的机会，特在此简要的说明其中的经过。倒也没有聊自解嘲的意图，不过回忆此书在'两部鼓吹'声中写作的情况，颇堪发笑，而保留此书名，在我自己，小小有点纪念彼时彼地之意，似亦未尝不可。①

这个"后记"花了绝大部分的篇幅来解释书名。茅盾先说明了作品用唐代诗句的起因，这归因于"两部鼓吹"情境。随后具体谈了将原诗句中的"于"改为"似"的心理过程。这一过程包括对原诗句的透彻理解，并进而作出相应的"推论"。然后，茅盾进一步说明了采用修改一处之后的诗句"霜叶红似二月花"作为自己书名的原因。茅盾结合社会情境语境坦陈了其写作该书的"企图"，具有较强的隐喻性。最后，茅盾还强调了该修辞个案的局限及其权宜性："反用原诗的意义，截取一句作书名，不免有点牵强，但当时其急切间想不出更好的书名，而出版家又催的紧，便姑且用了再说。"此书名在作者那里，还伴随着"回忆"等心理过程："倒也没有聊自解嘲的意图，不过回忆此书在'两部鼓吹'声中写作的情况，颇堪发笑，而保留此书名，在我自己，小小有点纪念彼时彼地之意，似亦未尝不可。"

以上关于"霜叶红似二月花"的书名得名情况表明，茅盾对书名是十分重视的。顺便提及，对于如何取名，茅盾也有说明，比如"多看一些古典诗歌，对起题目会有好处"②。茅盾在谈到起题目的经验时如是说。茅盾还引证："《幻灭》《动摇》《追求》这三个词都是一种精神状态，总名《蚀》，就有'缺陷'之意，但日月蚀只不过一时，过后重复圆满，《蚀》的命意如此，与《子夜》同属一类。《子夜》表示天快亮的意思，有点暗示性，而且比较含蓄。"③另如他人书名，"正象《呐喊》这题名的用意是在自叙中表白了一般，《彷徨》的意义也可以在题辞的引用了《离骚》语句中看出来。在《彷徨》中，有两篇都市人生的描写：《幸福的家庭》和《伤逝》。这两篇涂着恋爱色彩的作品，暗示的部分要比题面大得多"④。以上是就标题的语义内容而言的，具体"写题目"的程序方式方面，茅盾也

① 茅盾.《霜叶红似二月花》新版后记［M］//茅盾. 茅盾论创作. 上海：上海文艺出版社，1980：87-90.
② 茅盾. 短篇创作三题：与青年作者的一次谈话［M］//茅盾. 茅盾论创作. 上海：上海文艺出版社，1980：589.
③ 茅盾. 短篇创作三题：与青年作者的一次谈话［M］//茅盾. 茅盾论创作. 上海：上海文艺出版社，1980：589.
④ 茅盾. 读《倪焕之》［M］//茅盾. 茅盾论创作. 上海：上海文艺出版社，1980：227.

有其独特之处。"我的作品往往是先写好了再起题目的。"①

探究茅盾的修辞心理过程有助于了解文学话语的生成机制，有助于更充分地了解语境之于修辞话语建构的重要意义，亦有助于更好地解读相应的语符文本话语。从一定意义上说，个体认知语境、个性倾向性、社会情境语境、修辞心理过程均不可复制，都存在可能的历时变化；而语符文本语境与修辞心理过程又相契合。这些皆表明，文学话语建构的修辞心理过程颇具复杂性、人文性、社会性、个体性，而修辞心理过程又是修辞和修辞学的题中应有之要义，以上分析似还进一步可表明，修辞及修辞学具有较强的人本性（这里的"人本"指人的本质属性）。

参考文献

1. 张春泉. 修辞心理过程个案考察之四：以陈忠实《寻找属于自己的句子》为例 [J]. 沈阳师范大学学报（社会科学版），2010（1）.

2. 茅盾. 谈我的研究 [M] //茅盾. 茅盾论创作. 上海：上海文艺出版社，1980.

3. 茅盾. 我的回顾 [M] //茅盾. 茅盾论创作. 上海：上海文艺出版社，1980.

4. 茅盾. 我怎样写《春蚕》 [M] //茅盾. 茅盾论创作. 上海：上海文艺出版社，1980.

5. 茅盾. 回顾 [M] //茅盾. 茅盾论创作. 上海：上海文艺出版社，1980.

6. 茅盾.《路》改版后记 [M] //茅盾. 茅盾论创作. 上海：上海文艺出版社，1980.

7. 茅盾. 几句旧话 [M] //茅盾. 茅盾论创作. 上海：上海文艺出版社，1980.

8. 茅盾. 写在《蚀》的新版的后面 [M] //茅盾. 茅盾论创作. 上海：上海文艺出版社，1980.

9. 茅盾. 从牯岭到东京 [M] //茅盾. 茅盾论创作. 上海：上海文艺出版社，1980.

10. 茅盾. 大题小解 [M] //茅盾. 茅盾论创作. 上海：上海文艺出版社，1980.

11. 茅盾. 谈描写的技巧：大题小解之二 [M] //茅盾. 茅盾论创作. 上海：上海文艺出版社，1980.

12. 茅盾. 谈"人物描写" [M] //茅盾. 茅盾论创作. 上海：上海文艺出版社，1980.

13. 茅盾. 如何辨别作品的好坏：答复"想搞文学"的青年的第二个问题 [M] //茅盾. 茅盾论创作. 上海：上海文艺出版社，1980.

14. 茅盾.《霜叶红似二月花》新版后记 [M] //茅盾. 茅盾论创作. 上海：上海文艺出版社，1980.

---

① 茅盾. 短篇创作三题：与青年作者的一次谈话 [M] //茅盾. 茅盾论创作. 上海：上海文艺出版社，1980：589.

15. 茅盾. 短篇创作三题：与青年作者的一次谈话［M］//茅盾. 茅盾论创作. 上海：上海文艺出版社，1980.

16. 茅盾. 读《倪焕之》［M］//茅盾. 茅盾论创作. 上海：上海文艺出版社，1980.

On the Seventh Case Study of the Rhetorical Psychological Process

—Taking Mao Dun's *Mao Dun On Literary Creation* as an Example

Zhang Chunquan

(*Literature School of Southwest University*, *Chongqing*, 400715)

Abstract: Mao Dun's *Mao Dun On Literary Creation* can serve as a focused case study for analyzing the rhetorical psychological process and examining the relationship between context and the rhetorical psychological process. The study reveals that individual cognitive context align with personality predisposition, social situational context correspond with rhetorical psychological process, linguistic textual context harmonize with rhetorical psychological mechanism. By focusing on context, the complexity and human-centered nature of rhetorical psychological processes involved in literary discourse construction can be observe.

Key words: the rhetorical psychological process, individual cognitive context, social situational context, linguistic textual context

修辞伦理研究

孟子论辩术的伦理基础

罗　菲①

（河北科技大学　石家庄　050011）

摘　要：孟子是一位思想家，他的论辩术非为论辩而生，实则是他的世界观、人格与治理天下的理想的结合。因而，孟子的论辩有着深厚的伦理学基础，立足于他人性本善的道德理论，体现于他集义所生的浩然之气上。本文从修辞人格建构、修辞伦理的标准、言说内容、论证方式四个方面来深入剖析孟子论辩术的伦理基础，探讨孟子论辩术的伦理渊源及与西方传统修辞的区别。

关键词：伦理；仁义；修辞人格；论证方式

　　孟子以善辩闻名当世，他的雄辩滔滔在后世影响深远。研究孟子的论辩术，首先要辨明孟子借以立论的基础。众所周知，"亚圣"孟子是以其思想征服后人的，他的仁政思想专注于浩然之气的修养，直下承当圣贤之道"舍我其谁"的精神②，正是其雄辩的伦理源泉。他把自己的理想、人格、言行都置于道德制高点上，自身就是仁义的化身，"何必曰利，亦有仁义而已矣"（《孟子·梁惠王上》）、"我非尧舜之道，不敢以陈于王前"（《孟子·公孙丑下》）。可见，仁义与尧舜之道既是他内心的坚守，也是他言说的内容。

　　前人对孟子的研究，或侧重于思想挖掘，或侧重于辞格运用，对于孟子语言感染力强大的深层原因剖析不足。鉴于此，在本文中，我们将从修辞人格建构、修辞伦理的标准、言说内容、论证方式四个方面来深入剖析孟子论辩术的伦理基础。在论述中，我们还将探讨孟子论辩术的伦理渊源及与西方传统修辞的区别。明于此，学习孟子论辩术才更有据可依。该研究将丰富我们对修辞学的认识，拓展修辞研究的伦理维度，助力修辞伦理学科的建构。

---

① 作者简介：罗菲，文学、医学双博士，河北科技大学国际教育学院副教授，主要研究方向为修辞学、中医医史文献。

② 焦循. 孟子正义：上［M］. 沈文倬，点校. 北京：中华书局，1987：311. 另，本文中所引《孟子》原文，皆出于此书，不再——标明页码。

一、圣贤修辞人格建构

修辞者的品性及修辞文本呈现出的修辞人格在交际中有着重要的作用。孔子曾批评"巧言令色，鲜矣仁"（《论语·学而》），孟子也反对诐辞、淫辞、邪辞、遁辞，认为这些言辞妨碍理政治事。古希腊哲学家亚里士多德在《修辞术》一书中也多次强调"演说者的品格"。因为"演说者的品格具有最重要的说服力量"①，"依靠演说者品格的演说，是指这样的演说能使听者觉得可信。因为在所有事情上我们都更多和更愿意信赖好人，在那些不精确和有疑义的地方也毫无保留地相信"②。可见，一个道德上有权威的人，其言谈相较于一般人可信度更高。作为推崇仁义之道的亚圣孟子更是在《孟子》一书中践行了这一点，致力于自己圣贤人格的修辞建构。这种建构既是对《易·乾》中"修辞立其诚"和孔子的"文质彬彬，然后君子"（《论语·雍也》）的修辞伦理传统的继承，又有孟子的创新。

（一）以圣贤之道自我修养

孟子被后世尊称为"亚圣"，正是因为他始终坚持个人修养，以圣贤之道规范自己的言行。诚如美国认知语言学家乔治·莱考夫所言："人人都有一种对个人身份的认同感，也就是你对自己是谁的感知。这种个人身份的核心是一种道德感和对错感，它为我们的行为提供了正当的理由。"③孟子的个人身份认同是继周公、孔子之后的圣贤。他对自己的言论也非常自信，"圣人复起，不易吾言矣"（《孟子·滕文公下》），意谓自己的言论后世圣人也不能改易。这既是文化自信，更是道德自信。孟子以圣贤之道要求自己可分两个层次理解：

第一，以圣贤之道自律。以圣贤之道自律就是要"由仁义行，非行仁义也"（《孟子·离娄下》），意即仁义根植于心，所言所行皆由此根植于心的仁义中自然流出，而不是为博人眼球而仅表面符合仁义心中却另有考量者。为此，孟子提出了在日常生活中将养自己浩然之气的观点，所谓浩然之气是"至大至刚""配义与道""集义所生"之气。这种浩然之气不

---

① 亚里士多德. 修辞术·亚历山大修辞学·论诗［M］. 颜一，崔延强，译. 北京：中国人民大学出版社，2003：8－9.

② 亚里士多德. 修辞术·亚历山大修辞学·论诗［M］. 颜一，崔延强，译. 北京：中国人民大学出版社，2003：9.

③ 莱考夫. 别想那只大象［M］. 闻佳，译. 杭州：浙江人民出版社，2013：67.

是一时一事之善所成，也不是嘴上说说的巧言，而是义与道的不断积累，是仁义之心的自然外露。孟子还倡导大丈夫人格，即"富贵不能淫，贫贱不能移，威武不能屈"（《孟子·滕文公下》），并以尧、舜、文王、孔子等圣贤为榜样，规范自己的言行。孟子的这种品格正是他出言立论的基础，即使面对王侯贵族，他依然风骨凛然。有一次，齐王托病说自己不能上门拜访孟子，希望孟子第二天入朝拜见自己。这种对贤人的不礼貌的召见，遭到孟子的拒绝，孟子以"彼以其富，我以吾仁；彼以其爵，我以吾义"（《孟子·公孙丑下》）来拒绝应召，以恪守仁义礼节的圣贤人格，践行了"威武不能屈"的大丈夫精神。孟子对于圣贤之道不仅是追慕与谨守，更是信心满满的直下承当，他宣称："五百年必有王者兴，其间必有名世者。由周而来，七百有余岁矣；……夫天，未欲平治天下也，如欲平治天下，当今之世，舍我其谁也？"（《孟子·公孙丑下》）这种"舍我其谁"的精神体现了孟子以圣贤自居的魄力，同时也是其修辞人格建构的根基与底气。

第二，厌恶不仁不贤之人。孟子认为立身正直之人必然厌恶立身不正之人。他以圣贤之道要求自己，无论身处怎样的环境或困局之下，都要"不失其赤子之心"（《孟子·离娄下》），"穷则独善其身，达则兼善天下"（《孟子·尽心上》）。因此，孟子称赞伯夷"不立于恶人之朝，不与恶人言"（《孟子·公孙丑上》）。孟子还反对与失德或无德之人言说。他说："不仁而可与言，则何亡国败家之有？"（《孟子·离娄上》）当孟子离开齐国时，曾有人想替齐王挽留孟子，他拜见孟子时"坐而言"，孟子却"隐几而卧"（《孟子·公孙丑下》），并不作回应。孟子最后告诉那个劝说他的人，是因为他考虑不周，齐王并没有叫他来挽留孟子，他也没有像鲁缪公留子思那样，先使人劝服齐王，反而私下劝说孟子留齐，那是对孟子的不尊重。因为孟子不可能屈己以事人，只有齐王的尊礼才是他留下的理由，所以孟子批评那个劝说者"先绝长者"。同理，对于王驩的自以为是，孟子虽与他一起去滕国吊唁，日日相见，却"未尝与之言行事也"（《孟子·公孙丑下》），实际上是孟子不屑与之言。朱熹评论："孟子之待小人，不恶而严如此。"① 这些都说明孟子除自己持身严格外，还疾恶如仇，也即"唯仁者能好人，能恶人"（《论语·里仁》）之意。

（二）立足道德的修辞表达

孟子生活的时代，周室衰微，诸侯并起，纷争不断。有感于"世衰道

---

① 朱熹. 孟子集注［M］. 济南：齐鲁书社，1992：54.

微，邪说暴行"频繁，尤其是"杨朱、墨翟之言盈天下。天下之言，不归杨，则归墨"（《孟子·滕文公下》）的现实，孟子批判杨朱、墨翟所议是"无父无君"（《孟子·滕文公下》），无异于禽兽。有别于此，孟子发扬孔子仁的学说，提出仁政观念，以仁义之道劝说梁惠王、齐宣王等，希望能"安天下之民"（《孟子·梁惠王下》），再现商汤、文武之盛世。孟子无时无地不在宣传仁义之道："尧舜之道，不以仁政，不能平治天下"，"国君好仁，天下无敌"，"三代之得天下也以仁，其失天下也以不仁。国之所以废兴存亡者亦然。天子不仁，不保四海；诸侯不仁，不保社稷；卿大夫不仁，不保宗庙；士庶人不仁，不保四体"（《孟子·离娄上》）。可见，上至天子、诸侯，下至士、庶人，都应居仁由义，行仁义事，说仁义言，否则祸患难以避免，丧国失家杀身皆有可能。

由于发自内心地以圣贤之德律己度人，孟子在面对齐宣王的种种缺点——好勇、好货、好色等时，挖掘其中蕴含的仁义之处，援引先贤事迹以证，引导齐宣王好"大勇"，并把财货、美色等"与百姓同之"（《孟子·梁惠王下》）。也就是说，让百姓因为国君的喜好而天下安居、财货充足、夫妻和睦，如此，则齐国必然强大。而这也正是孟子仁政的出发点和归宿，即"乐以天下，忧以天下，然而不王者，未之有也"（《孟子·梁惠王下》）。孟子这种扩展爱好与万民共享的理念，正是仁义之道的体现。

可以说，孟子的圣贤人格建构比较成功。时人滕文公认为"孟子道性善，言必称尧舜"（《孟子·滕文公上》），以致他念念不忘，并在守丧之事上派出专人请教孟子，并遵照执行。魏国国君梁惠王也认为孟子是贤者，他询问孟子："贤者亦有此乐乎？"（《孟子·梁惠王下》）这里的贤者既是问询的主题，亦是对孟子贤者身份的认同。后世对孟子的评价亦是持续走高，后来其地位仅次于孔子。可见，孟子的圣贤修辞人格经由其书《孟子》而熠熠生辉。

二、修辞伦理的标准——善言（仁义之言）

注重修辞的伦理性是中国语言的一个优良传统。早在《易·乾》中就提出了"修辞立其诚"的说法，《诗经·大雅·抑》记载："其维哲人，告之话言，顺德之行。"孔子强调要遵从"法语之言"（《论语·子罕》），反对"巧言"，认为"巧言令色，鲜矣仁"（《论语·学而》），还要求弟子"非礼勿言"（《论语·颜渊》）。春秋时鲁大夫叔孙豹把立德与立言并列，认为是"三不朽"之一。① 可见，先哲们很早就认识到语言的威力，所以特别重视修辞的伦理层面，认为诚信、仁善与合于礼义的言说才是正当的。

孟子继承了中国修辞注重伦理性的传统，并加以发展。这种发展主要表现在两个方面：一是明确提出了修辞伦理的标准——仁义之言；二是强调了"口不出恶言"。

孟子提出的仁义之言，强调修辞要立足于内心的真诚，"由仁义行，非行仁义也"（《孟子·离娄下》）。与人交往，当以恭敬之心对待。听到于己有益之言，要懂得感恩，所以孟子盛赞"禹闻善言则拜"（《孟子·公孙丑上》）。遇到居高位之人赏赐时，如果合于礼义，就愉快而恭敬地接受。例如孟子在回答陈臻诘问在齐不受赐，为什么在宋和薛却又接受时，道："当在宋也，予将有远行；行者必以赆，辞曰'馈赆'，予何为不受？当在薛也，予有戒心，辞曰'闻戒，故为兵馈之'，予何为不受？若于齐，则未有处也。无处而馈之，是货之也；焉有君子而可以货取乎？"（《孟子·公孙丑下》）可见，孟子的受赐与否并不是陈臻认为的那样是矛盾的，而是根据当时具体情况分析判断之后的行动，评价的标准就是礼义。孟子反对"货取"，君子的言行必然是由心而发的仁义之行。这也正体现了孟子对孔子"不义而富且贵，于我如浮云"（《论语·述而》）修辞伦理观的继承。

孟子坚持言必仁义。所以当梁惠王问他"何以利吾国"时，他直接回以"王，何必曰利，亦有仁义而已矣"（《孟子·梁惠王上》）。当齐宣王询问孟子齐桓、晋文的事迹时，孟子直接导向王道，并从齐宣王曾经易牛为羊来衅钟的事上，推导出齐宣王具有仁心，而此仁心扩展开去，即是王道的基础。在此基础上发政施仁，则可以"以一服八"，天下无人可敌。齐宣王被打动，明确要求孟子"辅吾志，明以教我"（《孟子·梁惠王上》）。正是因为居仁由义，胸怀浩然之气，对于齐王不合礼义的召见，孟子称病拒绝，并于当日故意出吊友人以表明态度。公孙丑、景子等都认为孟子的做法是对齐王的不敬。孟子解释自己对齐王是真正发自内心的尊敬，因为自己对齐王奉献的是最高的善，是仁义之言。他说：

> 齐人无以仁义与王言者，岂以仁义为不美也？其心曰"是何足与言仁义也"云尔，则不敬莫大乎是。我非尧舜之道，不敢以陈于王前，故齐人莫如我敬王也。（《孟子·公孙丑下》）

---

① 左丘明. 左传［M］. 蒋冀骋，标点. 长沙：岳麓书社，1988：226.

言必仁义，当然也包括了口不出恶言。言出不善，容易招致祸患，所以孟子强调"言人之不善，当如后患何"（《孟子·离娄下》）。意思是论人是非容易招致后患，出言宜谨慎。"立于恶人之朝，与恶人言，如以朝衣朝冠坐于涂炭。"（《孟子·公孙丑上》）这是君子所不为的。因此，遇乱世则隐，不与恶人言，持身以正，出言以善，才是孟子所推崇的。

对于社会上的邪说横行，孟子痛加批判："臣弑其君者有之，子弑其父者有之。"究其因，孟子认为根源在于"邪说诬民、充塞仁义"。因此，他坚定地以圣人自居，要在乱世中"正人心、息邪说、距诐行、放淫辞，以承三圣者"（《孟子·滕文公下》）。

尤其值得注意的是，孟子提出了观察与辨别他人言语是否为善言的标准：一是通过眼睛辨别。孟子认为眼睛是心灵的窗口，人们的真实想法会在眼睛中表露出来。"存乎人者，莫良于眸子，眸子不能掩其恶。胸中正，则眸子瞭焉；胸中不正，则眸子眊焉。听其言也，观其眸子，人焉廋哉？"（《孟子·离娄上》）二是通过辨析四种不合理的言辞来辨别。孟子在《孟子·公孙丑上》中提出"知言"就是要做到"诐辞知其所蔽，淫辞知其所陷，邪辞知其所离，遁辞知其所穷"。三是通过厘定评价标准来辨别。例如在谈到对《小弁》的评价时，高子认为此诗有怨，是"小人之诗"。孟子重新解释了《小弁》之怨源于"亲亲"，而亲亲是仁的一种。此评价标准一变，《小弁》表现的就是仁者之怨，合理且恰当。四是不以文害辞，以意逆志。孟子注意到典籍和人们说话时经常会用到夸张、讳饰等修辞手法，本意反而被遮蔽了，所以要学会辨别。孟子说他在读《武成》时，就只"取二三策而已矣"（《孟子·尽心下》）；在谈到《诗经》时，又提出"说诗者，不以文害辞，不以辞害志；以意逆志，是为得之"（《孟子·万章上》）。这一观点成为后世文学批评的重要命题。

能辨邪说，又能以仁善、圣贤规矩为标准出言立论，由此奠定了孟子论辩术的深厚伦理根基，同时也使得孟子之言成为最具有道德价值的修身箴言。后世的许多志士仁人就从孟子的语言中汲取力量，成就一代代佳话。这些富含修辞伦理的词句如"舍生取义""舍我其谁""不为已甚""反求诸己""与民同乐""解民倒悬""乐以天下，忧以天下""生于忧患，死于安乐""人皆可以为尧舜""穷则独善其身，达则兼善天下"等。诸如此类的表达还有很多，即使不读书的中国人往往也能如数家珍，它们成为我们民族的精神养分与道德准则。

三、言说内容——仁义

整本《孟子》都在阐述仁义之道。孟子的论辩之言皆以仁义为准则，处处合于仁义，无时无地不在宣扬仁义之道。正如书中所载孟子"道性善，言必称尧舜"（《孟子·滕文公上》），"何必曰利，亦有仁义而已矣"（《孟子·梁惠王上》），"我非尧舜之道，不敢以陈于王前"（《孟子·公孙丑下》），"事君无义，进退无礼，言则非先王之道者，犹沓沓也。故曰：责难于君谓之恭，陈善闭邪谓之敬，吾君不能谓之贼""言非礼义，谓之自暴也"（《孟子·离娄上》），"大人者，言不必信，行不必果，惟义所在""言无实，不祥。不祥之实，蔽贤者当之"（《孟子·离娄下》）。这些语句仅是摘录《孟子》一书中的几句，从中已经可以看出孟子语言的特点，他的言说内容概不离仁义礼智的范围。

孟子的仁义之言源于其人性本善的哲学观，他认为"人皆有不忍人之心"，这不忍人之心包含四个方面，即"恻隐之心，仁之端也；羞恶之心，义之端也；辞让之心，礼之端也；是非之心，智之端也"（《孟子·公孙丑上》）。若人能扩充自身的仁义礼智四端，无论是齐家还是治国，皆将无往而不利。

无论是游说诸侯还是与当时名人辩论，或居官时与同僚相处，或者教导弟子，孟子时时处处谨守礼义，言必合于仁义。以孟子劝谏齐宣王为例，无论齐宣王提出何种话题，孟子都能把话题转化到施行仁政上来。齐宣王说自己好乐，还只好当时的音乐，孟子就利用音乐与快乐的相关性引导他与民同乐；齐宣王说自己好色，孟子引"太王好色，爱厥妃"（《孟子·梁惠王下》）使其境内"内无怨女，外无旷夫"（《孟子·梁惠王下》）与百姓同乐的事例加以劝导。如此等等，通篇皆是。仁义之言，实则是孟子内在圣贤品格的外在流露。再如在《孟子·离娄下》中，孟子遍数先圣之道："禹恶旨酒而好善言。汤执中，立贤无方。文王视民如伤，望道而未之见。武王不泄迩，不忘远。周公思兼三王，以施四事。"这些话语，既是劝人，亦是自勉。孟子盛赞禹、汤、文、武、周公等圣贤的行事言语，在《孟子》一书中所在多有，此也是孟子言必仁义的表现。

以仁政劝天下，以浩然之气修身，以"舍我其谁"的精神担负天下正道责任，孟子一生都在践行儒家之道，其言行也处处体现着他所倡导的仁义礼智。孟子宣扬："仁，人之安宅也；义，人之正路也。旷安宅而弗居，舍正路而不由，哀哉！"（《孟子·离娄上》）又说："夫义，路也；礼，门也。惟君子能由是路，出入是门也。"（《孟子·万章下》）以日常生活中人人离不开的道路、住宅与门作比，孟子深刻阐明了仁义之不可或缺，是每个人日常修行之道，亦是言说的内容。

四、由论证方式彰显的伦理内涵

语言是交流的工具，会随着使用者的不同而呈现出不同的语言风格。"文如其人"说的就是这个道理。相同的一件事，经由不同的人叙述，会因叙述者的价值观、关注视角、表达目的及用语特点而呈现不同的走向，有时甚至可能出现迥异的情形，即所谓"公说公有理，婆说婆有理"。孔子在《论语》中早就认识到了这一点，"视其所以，观其所由，察其所安，人焉廋哉"（《论语·为政》）。意谓了解一个人不能只听他说什么，还要考察其所以说和行的原因，才能真正认识一个人。美国认知语言学家韦弗指出"一个人习惯性使用的论证类型能够很大程度上揭示出这个人的特征"，因此，判断一个人，"不能只看他要求什么特定的东西，还要看他以何种方式要求"。韦弗认为，一个人使用论证的方式"比他对原理的明确表述更真实地反映他的信念"。① 其中，"最具道德价值的论辩类型是类属与定义"，类似论证、权威论证和设立框架这几种论证方式也是较具道德价值的论证，下面我们将逐一分析。

（一）类属与定义

《易·同人》言："君子以类族辨物。""类族"是指同类相聚而成，亦即类属。某些事物由于具有相同或类似的特性，在认识上会被人们归纳为一类，同类事物聚合到一起而成类属。类指具有共同属性或特点的事物的大类，属一般指此类别之下的小类。例如"水果"一词，它就是一个类的名称，是指"多汁且主要味觉为甜味和酸味，可食用的植物果实"。在水果这一大类下，有苹果、桃子、香蕉等许多小类，它们也即水果的类属。在论辩中，我们往往只需要指出水果是可食用的植物果实，而西瓜属于水果，那么西瓜必然是可食用的植物果实。韦弗在谈到类属是最具有道德价值的论证时，强调"修辞者将审议的命题归属于某一类别，如果受众对这一类别的真实性深信不疑，那么在这一类别之下的所有命题都是真实可靠的"②。孟子在自己的论辩中很好地运用了类属的论证方式。

在《孟子·滕文公下》中有这样一段对话能很好地说明孟子对类属论证方式的娴熟运用：

---

① 索尼娅·K. 福斯，凯伦·A. 福斯，罗伯特·特拉普. 当代西方修辞学之管窥 ［M］. 李克，译. 上海：上海交通大学出版社，2021：169.
② 索尼娅·K. 福斯，凯伦·A. 福斯，罗伯特·特拉普. 当代西方修辞学之管窥 ［M］. 李克，译. 上海：上海交通大学出版社，2021：170.

戴盈之曰："什一，去关市之征，今兹未能。请轻之，以待来年，然后已，何如？"孟子曰："今有人日攘其邻之鸡者，或告之曰：'是非君子之道。'曰：'请损之，月攘一鸡，以待来年，然后已。'如知其非义，斯速已矣，何待来年？"

孟子认为既已知某事非义，当及时纠正，而不是一点点减少，推迟改正时间。他以偷鸡为喻，生动形象，而且偷鸡之不义一目了然，以喻减免关税宜及时，两者皆属不义之事之类，所以也一样应当及时改正。

再如对匡章的看法，匡章所在国家的人皆认为匡章不孝，只有孟子不顾人言，礼遇匡章。孟子对公都子解释说人们都认为匡章不孝的结论是不成立的，因为世俗所谓的五不孝"惰其四支，不顾父母之养，一不孝也；博弈、好饮酒，不顾父母之养，二不孝也；好货财、私妻子，不顾父母之养，三不孝也；从耳目之欲，以为父母戮，四不孝也；好勇斗狠，以危父母，五不孝也"（《孟子·离娄下》），匡章一样未做，那么匡章怎么能是不孝之人呢？匡章的问题是由于"子父责善而不相遇也。责善，朋友之道也。父子责善，贼恩之大者"（《孟子·离娄下》）。而且匡章诚心敬爱父母，因为不得父亲承认，为使心安，与自己的妻子孩子分开居住，以自我惩罚。虽未做错，但因为对方是父亲，匡章也甘愿承当责任。在对待匡章的问题上，一般人拘泥于孝是听父母的话、与父母居住在一起等，孟子明确了孝的类属，并用匡章的言行加以对照，我们认可了孟子孝的类属论证是正确的，自然也就认可了匡章的无辜与其心中对父母存有敬爱。

在阐释命题的方式上，韦弗认为定义与类属一样，是"定义该命题的本质或存在的属性"，而且这本质或存在的属性涉及"永恒的普遍原则和本质"。① 众所周知，"永恒的普遍原则和本质"必然是完美的事物，是不需要改变的，也是人们需要遵从的。运用定义的论证方法，把自己的观点或论题定义为"永恒的普遍原则和本质"，那么必然具有道德上的优先性，也易于说服听读者。孟子深谙此道，在《孟子·滕文公上》中，他重新定义了惠、忠与仁，即"分人以财谓之惠，教人以善谓之忠，为天下得人者谓之仁"。由此确立了治国理政的道德原则，立足于这一原则，"圣人之忧民如此，而暇耕乎""为天下得人难"的观点得到有力支撑。孟子认为治理天下重在富民、教民及尚贤，有力反驳了许行之徒"贤者与民并耕而食"的偏见。不只是对于国君的职责，孟子借论辩以定义，对于臣属的职

① 索尼娅·K. 福斯，凯伦·A. 福斯，罗伯特·特拉普. 当代西方修辞学之管窥 [M]. 李克，译. 上海：上海交通大学出版社，2021：170.

责，孟子也以下定义的方式提出了自己的看法："责难于君谓之恭，陈善闭邪谓之敬，吾君不能谓之贼。"（《孟子·离娄上》）赵岐注曰："人臣之道，当进君于善，责难为之事，使君勉之，谓行尧舜之仁，是为恭臣。陈善法以禁闭君之邪心，是为敬君。言吾君不肖，不能行善，因不谏正，此谓贼其君也。"[①] 可见，在君臣大伦中，臣对君的恭敬之心，应当是发自内心的导君以正、辅君向善。反之，那些嘴上说着谄媚之言，只为求得自己利益，心中却不认为君上能行正道的人，是国之贼。由于孟子把自己的观点定义为永恒的普遍原则——君仁臣敬，而且都是由内而外的个人修养的外放，而不是流于表面的形式礼节，所以无论是在当时还是在后世，听读者在内心都是认同孟子之言的，尽管很多君臣可能做不到，但作为一种至高的善和君臣关系的理想愿景，仍是千载而下激荡人心，令人心生向往。

（二）类似论证

人们对事物的认识往往起源于自身。遇到陌生的人或事，总是拿其与已知的人或事加以比照，寻求相似性或相关性。《诗经·豳风·伐柯》有言："伐柯伐柯，其则不远。""则"是指原则、方法。意即要砍伐树木以制作斧子柄，范例就在我们手中所拿的斧子啊，不需要向远处寻求。孔子则提出："能近取譬，可谓仁之方也已。"（《论语·雍也》）孔子此语告诫我们要从身边之物入手，寻绎出其中的相似性，并利用这种相似相关性，把自己的仁道阐释清楚并让人明白，能做到这点，就是掌握了学习与宣扬仁道的正确方法。以孔子对修身进德的阐释为例，他说：

子在川上曰："逝者如斯夫！不舍昼夜。"

子曰："吾未见好德如好色者也。"

子曰："譬如为山，未成一篑，止，吾止也！譬如平地，虽覆一篑，进，吾往也！"

…………

子曰："苗而不秀者有矣夫！秀而不实者有矣夫！"（《论语·子罕》）

在《论语·子罕》中，孔子连用多个比喻阐明修身进德既须热爱与执着（以好德如好色为喻），还应该不间断地努力（以流水不停为喻），并发挥主观能动性（譬如为山，譬如平地之喻），更需要踏实进取，不能虚有其表或半途而废（以庄稼能否开花结实为喻）。

---

① 焦循. 孟子正义：上 [M]. 沈文倬，点校. 北京：中华书局，1987：489.

孟子私淑孔子，自然也继承了孔子的类似论证方式，并在自己的论辩中灵活运用。例如，为了说明仁的特点及作用，孟子用了多个比喻来解释：

> 当今之时，万乘之国，行仁政，民之悦之，犹解倒悬也……孟子曰："仁则荣，不仁则辱。今恶辱而居不仁，是犹恶湿而居下也……夫仁，天之尊爵也，人之安宅也。"（《孟子·公孙丑上》）
>
> 今也欲无敌于天下，而不以仁，是犹执热而不以濯也……民之归仁也，犹水之就下，兽之走圹也……仁，人之安宅也；义，人之正路也。旷安宅而弗居，舍正路而不由，哀哉！（《孟子·离娄上》）

比喻是"一种通过联想将两个在本质上根本不同的事物由某一相似性特点而直接联系搭挂于一起的修辞文本模式"①。上面所举例句就是孟子根据行仁政、仁、仁者与本质上不同的事物的某一相似性而构建的比喻，从不同角度阐释了仁的特点及作用。例如谈到百姓对仁政的渴望时，孟子以"犹解倒悬"和"犹水之就下，兽之走圹也"来描述，意思是百姓渴望仁政就好像有人把倒吊着的他们解救下来；有人行仁政，百姓会像水总是向低处流、兽喜欢在旷野中奔跑一样投向施行仁政的国君。

韦弗指出类似论证类型包括类比、隐喻、比喻、比较和对比。使用类似论证的修辞者总是在寻找所论证之事的本质或理想，它终究是基于本质的一种论证方式，所以它属于道德论证。② 孟子非常擅长运用类比、比喻、对比等论证方式，以阐明自己的仁义之道。在《孟子·梁惠王上》中，孟子劝说齐宣王行仁政时，用了多个类比句阐明"不为"与"不能"的区别，如"吾力足以举百钧，而不足以举一羽；明足以察秋毫之末，而不见舆薪"，举此两例是为了说明齐宣王"恩足以及禽兽，而功不至于百姓"的实质不是不能，而是不为的道理。孟子接下来又以"挟太山以超北海"的不能与"为长者折枝"的不为作类比，进一步印证齐宣王有仁心，只要把他不忍以牛衅钟的仁心扩展开来，施及百姓，仁政必将大行，齐国亦会因此而王天下。在《孟子·梁惠王下》中，对比论证得到了灵活运用。孟子先是运用对比"今之乐犹古之乐也"，顺利地消除齐宣王的戒心，再以"独乐"与"众乐"，以及"与少乐乐，与众乐乐"的两个对比问句，一步步引导齐宣王专注在自己所建构的话题框架中，最后再用"不与众乐，

---

① 吴礼权. 现代汉语修辞学 [M]. 上海：复旦大学出版社，2006：64.
② 索尼娅·K. 福斯，凯伦·A. 福斯，罗伯特·特拉普. 当代西方修辞学之管窥 [M]. 李克，译. 上海：上海交通大学出版社，2021：171.

则百姓疾首蹙頞；与众乐，则百姓欣欣然有喜色"两个场面描写作对比，一针见血地指出了行仁政与民同乐的美好前景，增强了语言的画面感与劝诫力，更好地阐明了与民同乐所具有的政治优先性。

（三）权威论证

在论辩时，为了强化自己语言的说服力，除了提出论据或事实以外，人们还常常援引名人或专家等的陈述，以资佐证，从而增强话语的可信性和道德价值。名人或专家等其实就是权威，这种权威可以是历史上的也可以是当代的。韦弗认为有别于类属和定义论证、类似论证——它们都是阐释世界的内部途径——而权威论证，却是阐释世界的外部途径。权威论证的力量"来自对证人评价的能力和诚信的考量"①。韦弗指出："如果一个立场有某个重要权威的支持，如《圣经》，或者与一个伟大的名字有关，说话者可能希望受众出于崇拜而作出反应。"② 这种权威论证方式，孟子运用得非常娴熟。孟子指出："圣人，百世之师也，伯夷、柳下惠是也。故闻伯夷之风者，顽夫廉，懦夫有立志。闻柳下惠之风者，薄夫敦，鄙夫宽。奋乎百世之上，百世之下闻者莫不兴起也。非圣人而能若是乎？而况于亲炙之者乎？"（《孟子·尽心下》）正因为看到了圣人作为百世师的力量，圣贤之言行带有道德意义，能够导人向善，在自己的论辩中，孟子非常自觉而经常地援引权威言行，增强论辩说服力。权威论证也成为孟子论辩术中的一种常见论证方式。

陈贾曰："王无患焉，王自以为与周公，孰仁且智？"

王曰："恶！是何言也！"

（陈贾）曰："周公使管叔监殷，管叔以殷畔。知而使之，是不仁也；不知而使之，是不智也。仁智，周公未之尽也，而况于王乎？贾请见而解之。"见孟子，问曰："周公何人也？"曰："古圣人也。"（《孟子·公孙丑下》）

由上述对话可知，周公古圣人的地位是当时的通识，因此，周公的行事与言语经常被当作权威论据用于言语交际之中。除了上述圣贤之人外，儒家学派的诸多重要人物也经常出现在孟子的言谈中，或是赞其行事，或

---

① 索尼娅·K. 福斯，凯伦·A. 福斯，罗伯特·特拉普. 当代西方修辞学之管窥［M］. 李克，译. 上海：上海交通大学出版社，2021：172.

② 索尼娅·K. 福斯，凯伦·A. 福斯，罗伯特·特拉普. 当代西方修辞学之管窥［M］. 李克，译. 上海：上海交通大学出版社，2021：172.

是用其言行增强自己语言的道德力量和说服力。

《诗经》《书》《志》等典籍，周公、孔子等的语言，都是孟子经常援引的对象。《孟子》一书中引用《诗经》中的诗句共37处，除了几处阐释诗歌内容或论诗以外，有26处都是用来佐证自己的观点。其中所引诗句主要出自更具有道德权威性的《大雅》《小雅》《颂》，上述篇目中的引诗共计25篇，占全部引诗篇数的80.6%。① 另外，孟子明确说出引《书》，包括《太甲》《汤誓》等书中篇目的引书论证共计19条。② 此外，孟子在言说时，还经常引用孔子等的名言及谚语等公认的有价值的语言，以增强语言说服力。引用的主要目的是以权威之言论或行事为榜样，提供正确行事的佐证；又由于所引出自权威，本身就具有道德上的优先性，因而能进一步增强孟子论点的道德价值。正如乔治·莱考夫所指出的"如果想让事实变得有意义，就必须从道德重要性的角度来对其加以框定"③，孟子在他的论辩实践中较好地践行了这一点。

（四）确立框架

框架理论是由乔治·莱考夫提出的，他认为框架就存在于我们每个人大脑的神经回路中，人们的所有想法及对世界的理解都基于先在的大脑回路。框架是"塑造我们看待世界方式的心理结构"，也是"我们大脑里无法有意识地访问，只能根据其结果来认识的结构"。不过，我们可以通过常识、语言等来认识框架。④ 从孟子的语言运用来看，他有效地确立了仁义的框架。仁义表现在治国上是王道，国君施仁政，与民同乐；表现在修身上是养浩然之气，居仁由义，舍生取义。仁义框架的确立凸显着孟子的世界观、价值观，并影响着与他交谈者看待世界的方式。例如在齐宣王以羊易牛后自己也没有清晰地认识到这种做法的理据，孟子从"不忍人之心"出发，提出齐宣王的做法是"仁术"，是"君子远庖厨"（《孟子·梁惠王上》）的一种。齐宣王听后引为知己，接受了孟子仁义的框架。一旦接受了孟子仁义的框架，齐宣王接下来就诚恳请教孟子"此心之所以合于王者，何也"（《孟子·梁惠王上》）。由此，他正式进入孟子王道宣传的话语中，激活了自身的仁义框架。

事实上，齐宣王有自己的框架，他想"求吾所大欲"（《孟子·梁惠王

① 曾小梦．先秦典籍引《诗》研究［M］．北京：商务印书馆，2018：157.
② 杨海文．《孟子》引论《诗》《书》的文献地图：兼评陈澧《东塾读书记》考释的得失［J］．现代哲学．2011（4）：105.
③ 莱考夫．别想那只大象［M］．闾佳，译．杭州：浙江人民出版社，2013：8.
④ 莱考夫．别想那只大象［M］．闾佳，译．杭州：浙江人民出版社，2013：4.

上》），也即称霸诸侯。而这一框架是孟子所反对的，孟子深知不能被对方语言牵着走的道理，他不谈王霸之道，甚至在齐宣王明白询问"齐桓、晋文之事，可得闻乎"时，孟子直接托词"仲尼之徒无道桓、文之事者，是以后世无传焉，臣未之闻也"（《孟子·梁惠王上》）。随后径直以自己的仁义框架"无以，则王乎"（《孟子·梁惠王上》），一句话把话题从霸道引到了王道。正如乔治·莱考夫所告诫的："你在和对方争论时，切莫使用他们的语言。他们的语言确立了一个框架，但那绝不会是你想要的框架。"① 因此，推翻或忽视对方的框架，建构言说者自己的框架就显得极其重要。孟子可谓此道高手。

乔治·莱考夫认为我们赖以了解世界的基本框架是身体性的。这句话的意思是说我们的道德认同和我们的鼻子、肺等器官一样，都是我们身体的一部分。因为我们的道德认同早已在我们的大脑中形成了固定的神经回路。在生活中遇到的事实一旦与我们大脑所允许的范畴不吻合，那么大脑回路就会留下，而事实要么会遭到忽视、打压、嘲弄，要么会被看成应该与之对抗的不道德形式。② 正如对于曾经的"春秋五霸"中的齐桓公和晋文公，孟子不赞同其道，曾言"五霸者，三王之罪人也"（《孟子·告子下》）。鉴于此，孟子用"缘木求鱼"的比喻形象地指出以霸道的方式去统一天下，就好像攀到树上抓鱼一样不可能。由于战争的认知外在于孟子的仁义框架，因此当齐宣王询问齐桓、晋文时，孟子的仁义框架留下了，而孔子曾经谈论过齐桓公的事实③则被忽视与打压，却以自己推崇的王道重启话题。可见，"如果事实跟框架不吻合，留下的是框架，被抛弃的是事实。框架一旦确立起来，就很难消除"④。

在面对齐宣王不愿行王道的推辞之言"寡人有疾，寡人好勇/好货/好色"（《孟子·梁惠王下》）时，孟子启动自己的仁义框架，随时根据自己的道德观来劝谏，他引用《诗经》中文王之勇、公刘好货、太王好色的事例证明推扩自己的爱好，以实现与民同乐的治世，并反复强调仁政的观念，使之深入听读者的心里。

在孟子的论辩中，对一些历史事实，他巧妙地从自己的视角为真相建立框架。当齐宣王问有没有"汤放桀，武王伐纣"这种说法时，孟子运用

---

① 莱考夫. 别想那只大象 [M]. 闾佳，译. 杭州：浙江人民出版社，2013：15.
② 莱考夫. 别想那只大象 [M]. 闾佳，译. 杭州：浙江人民出版社，2013：80.
③ 孔子在《论语·宪问》中曾评论齐桓公、晋文公，例如子曰："晋文公谲而不正，齐桓公正而不谲。"此外，孔子还曾与其弟子子路与子贡谈论过齐桓公，对他能任用管仲给予了积极评价，例如子曰："桓公九合诸侯，不以兵车，管仲之力也。如其仁！如其仁！"
④ 莱考夫. 别想那只大象 [M]. 闾佳，译. 杭州：浙江人民出版社，2013：108.

类属与定义的论证方式，重新阐释了桀纣的灭亡，他说："贼仁者，谓之贼；贼义者，谓之残。残贼之人，谓之一夫。闻诛一夫纣矣，未闻弑君也。"（《孟子·梁惠王下》）孟子把这两件事置于自己的仁义框架下重新解读，即桀、纣因不修天爵，残害仁义，故只配被称为一夫，其人爵被取消则是合理合法的，因此不存在弑君之说。

"框架的作用，是让语言吻合你的世界观。它不仅仅是语言，更重要的是观念，语言则承载、唤起这些观念。"① 言说者若能建立自己的框架，并不断地重复，听读者大脑中就会相应地激活言说者的框架，进而记住框架所承载的观念，在条件成熟的情况下，这种一再被激活的观念可能就会内化为听读者个人的心理结构或说观念。孟子批判的"同流合污、为富不仁、乱臣贼子、缘木求鱼、杯水车薪"等违反仁义框架的价值观，在千年传承中逐渐内化为华夏民族的常识，指引人们行走在仁义的大道上。

五、结语

孟子倡导性善论，立论高妙，辩势滔滔，其论辩充满道德力量。综上所述，孟子论辩术的高明之处首先在于他立身以正，以圣贤之责为己任，发言陈辞皆以善为本，以仁义为导向，建构了圣贤修辞人格，以与民同乐为最高理想，"仰不愧于天，俯不怍于人"（《孟子·尽心上》），故其言具有强烈的道德力量。其次，他建立了自己的框架和隐喻，并由此出发确立了言说的伦理标准并限定了言说内容，皆以仁义之言为本，而这些都与孟子的仁义框架相一致。并且孟子论辩之时，善于采用具有较高道德价值的论辩方式，例如类属与定义、类似性、权威及框架等。

当然，我们还要看到孟子修辞伦理与西方传统的修辞伦理侧重点有明显区别。我们知道，亚里士多德对修辞伦理性的关注更侧重语言形式的一面，他强调听众对演说者的相信"应当由演说本身引起，而不能依靠听众对演说者品性的预先风闻"。也就是说，无论演说者品性如何，只要他的演说本身（言辞）能展露德行，令人相信，就是"依靠演说者品格"的修辞术。② 然而，孟子修辞的伦理基础不仅指语言，更是其道德人格在语言上的外在显现，是"修辞立其诚"（《易·乾》）、"诚于中，形于外"（《礼记·大学》）的中国传统修辞对伦理性的张扬，用孟子的话说就是"有诸内，必形诸外"（《孟子·告子下》）的内外合一的修辞伦理理想与实践的结合。

---

① 莱考夫. 别想那只大象 [M]. 闾佳，译. 杭州：浙江人民出版社，2013：17.
② 亚里士多德. 修辞术·亚历山大修辞学·论诗 [M]. 颜一，崔延强，译. 北京：中国人民大学出版社，2003：8 - 9.

参考文献

1. 焦循. 孟子正义：上［M］. 沈文倬，点校. 北京：中华书局，1987.

2. 莱考夫. 别想那只大象［M］. 闾佳，译. 杭州：浙江人民出版社，2013.

3. 索尼娅·K. 福斯，凯伦·A. 福斯，罗伯特·特拉普. 当代西方修辞学之管窥［M］. 李克，译. 上海：上海交通大学出版社，2021.

4. 吴礼权. 现代汉语修辞学［M］. 上海：复旦大学出版社，2006.

5. 亚里士多德. 修辞术·亚历山大修辞学·论诗［M］. 颜一，崔延强，译. 北京：中国人民大学出版社，2003.

6. 杨海文.《孟子》引论《诗》《书》的文献地图：兼评陈澧《东塾读书记》考释的得失［J］. 现代哲学. 2011（4）.

7. 曾小梦. 先秦典籍引《诗》研究［M］. 北京：商务印书馆，2018.

8. 朱熹. 孟子集注［M］. 济南：齐鲁书社，1992.

9. 左丘明. 左传［M］. 蒋冀骋，标点. 长沙：岳麓书社，1988.

The Ethical Basis of Mencius' Debating Techniques

Luo Fei

(*Hebei University of Science and Technology*, *Shijiazhuang*, 050011)

Abstract：Mencius was a philosopher whose debating skills were not born for debate, but rather a combination of his worldview, personality, and ideal of governing the world. Therefore, Mencius' debates have a profound ethical foundation, based on the moral theory that others are inherently good, and reflected in the noble spirit that arises from his collection of righteousness. The article deeply analyzes the ethical basis of Mencius' argumentation from four aspects：rhetorical personality construction, rhetorical ethics standards, discourse contents, argumentation methods. It explores the ethical origins of Mencius' argumentation and its differences from traditional Western rhetoric.

Key words：ethics, benevolence righteousness, rhetoric personality, argumentation methods

修辞现象研究

清车王府藏水浒戏修辞研究[*]

高日晖　吴宇喆①

（大连大学文学院　大连　116622）

摘　要：车王府藏水浒戏在整个水浒戏体系中，毫无疑问占据了重要位置，皮黄、昆腔、高腔和乱弹中都有水浒戏。这四种声腔水浒戏的语言与修辞变化，可以看作中国戏曲发展到花部阶段的代表，在修辞结构上多用埋伏、幽默、抑扬等，能够突出剧场效果。修辞格运用方面，一是辞格丰富多样，二是形式灵活，对刻画人物形象具有重要的意义。

关键词：水浒戏；修辞；《清车王府藏戏曲全编》

黄仕忠主编的《清车王府藏戏曲全编》（以下简称《全编》）是戏曲文献整理的重要成果，《全编》将传统戏曲分为皮黄、昆腔、高腔和乱弹四类，收水浒戏剧目 33 种，归入皮黄腔的 16 目，其余分别是昆腔、高腔和乱弹。水浒戏由于"禁编"题材问题，历来受到封建统治者打压，从其面世历经数百年不断演化，至清代，水浒戏已经大幅顺应了观众的审美需求，无论是情节还是语言等多方面都呈现出有别于其他普通绿林戏的特征，这一点在修辞方面也有体现。《全编》中收录的水浒戏一方面有着不同于其他地方戏的修辞结构，既有常见的埋伏、抑扬等修辞格，也有不常见的旁逸、拟误等修辞格；另一方面，剧本中不只有文学结构类修辞，语义类修辞如排比、比喻、特称等运用频繁，颇具特色。众多修辞格的叠加使用大大丰富了戏剧的表现力，体现出车王府藏水浒戏剧作的独特魅力。

一、修辞结构

（一）精巧密集的埋伏

埋伏作为一种结构修辞格，指"在前文中埋下伏线，使后来有关情节

＊ 本文是国家社会科学基金艺术学项目"近代以来地方水浒戏文献整理与研究"（项目编号：20BB022）的阶段性成果。

① 作者简介：高日晖，复旦大学文学博士，大连大学文学院教授、硕士生导师，主要从事中国古代小说戏曲研究。吴宇喆，大连大学文学院硕士研究生，主要从事中国古代小说戏曲研究。

出现不至突兀"。戏曲小说家李渔认为："每编一折，必须前顾数折，后顾数折。顾前者，欲其照映；顾后者，便于埋伏。照映埋伏，不止照映一人、埋伏一事，凡是此剧中有名之人、关涉之事，与前此后此所说之话，节节俱要想到，宁使想到而不用，勿使有用而忽之。"可见埋伏的使用对整个剧本结构和逻辑梳理有着重要意义。《大名府总讲》第二场写了梁山为擒获卢俊义所作出的安排，宋江派出鲁智深、武松等人下山。虽然这一场中卢俊义没有出场且彼时卢俊义还未同梁山正式交手，但作者特意将这一出插在卢俊义上当受骗出行和其被拦路并与梁山众人正式交手之间，一方面是在这里作了埋伏，既突出双方的不同，卢俊义一方无知无觉，梁山一方精心准备，两方人马即将相遇给观众制造悬念；又提前安排人员，让之后卢俊义与梁山众人的狭路相逢情节出现得更加合理。另一方面通过对下山人员武松、鲁智深等人的单独介绍表明下山人员的数量与质量，侧面反映出卢俊义的武艺高强。也正因为卢俊义武艺高强，派出这些人马还不够，作者又安排了吴用的第二次出场。吴用在开场以计谋骗卢俊义前来，而其在最后安排李俊前去给卢俊义最后一击，将卢俊义拿下，首尾呼应，完成了吴用足智多谋的人物形象塑造。吴用是作者埋下的贯穿全篇的线索，因为他，卢俊义才被骗、被擒获，也是因为他让李固先行离开，最后导致了卢家种种变故。

同样的手法在《贪欢报》中也有表现。《贪欢报》剧情对应小说第六十五回"托塔天王梦中显圣　浪里白条水上报冤"。较之小说主要围绕着张顺为救宋江去请安道全一事进行叙述，《贪欢报》的主角由张顺变为安道全。剧中安道全因迷恋妓女李香兰，花光钱之后不愿离开，差点被鸨母赶走，安道全承诺要将自己去王府看病的薪酬给鸨母，鸨母才乐意安道全继续和李香兰相好。这一段剧情安排在张顺找到安道全之前，占比不小，是作者刻意为之。正因为有了李香兰的水性杨花与虚情假意、鸨母的见钱眼开，所以安道全才会迟迟不动身前往梁山，张望才会被李香兰吸引至此，张顺才会杀死张望、李香兰和鸨母并留字推责给安道全，让安道全不得不上山。如果没有李香兰这一人物和她的种种举动，整个剧本将无法顺利自然地推进下去。妓女作为线索串联起全文，所有人物的行动都由每个人的人物性格推动，使得情节发展合情合理，出现的相关人物也毫不突兀。

（二）风趣幽默的旁逸

旁逸是指人物说话时有意离开主旨，增加某种插说或注释，以提高话语情趣。

《翠屏山》中写潘巧云之父"有两个女儿，大女儿叫潘金莲，嫁与武大郎为妻，小女儿叫潘巧云……"在小说中，潘巧云和潘金莲显然没有任何关系，而剧中头本开场只写了潘巧云思春偷人并向杨雄诬告石秀，没有像小说一样详细交代潘巧云究竟为何一定要诬告石秀，不了解小说的观众可能会对潘巧云的性格产生误判，但紧接着，潘金莲是潘父之女的话语就出现了。潘金莲毒杀亲夫武大郎的事在市井中可谓人人皆知，潘金莲的高知名度和其身上无法去除的淫妇、狠妇标签使其名字成为一个典型负面性格的注释，这一标签放到了潘巧云的身上，其人物形象就会被迅速定型。潘金莲的出现看似只是作者一句无端的联想，实则不仅便于观众理解、令人耳目一新，还同时对石秀被赶出去之后对杨雄的担忧、潘巧云被奸夫淫妇所杀的想法有了合理解释，短短数字，简洁明了。

《丁甲山》中王江和董海冒充宋江强抢民女。剧中董海对刘老爷道："他（王江）叫宋江，我叫宋蒜，我兄弟叫宋葱。"此处只有王、董二匪在，董海却说了三个名字。宋葱在后文并未提及，在此处显然是剧情主题的一处旁逸。三人名字恰好合起来是"葱姜蒜"，不仅反映出这一伙土匪的文化水准之低，也增强了剧本的趣味性。同样是在《丁甲山》中，李逵让刘家丫鬟指认强抢民女的土匪，丫鬟看到了被李逵认作匪徒的柴进，立刻说："不是，这个长得多好看，员外我嫁了他罢。"小说中描写柴进外貌"马上那人生得龙眉凤目，皓齿朱唇"。剧中这一出中被指认的柴进并未出场，而仅仅丫鬟的一句旁逸既表明了李逵确实误会了宋江，又为紧张的氛围增添一丝风趣。在《贪欢报》中，张顺和老鸨的对话也使用了这样的设计。张顺来妓院请安道全前去拯救宋江，被安道全含糊推辞后，张顺正要离开却被老鸨拉住。老鸨邀请张顺去自己的屋子里坐坐，张顺问老鸨"你是个做什么的"，老鸨却告诉张顺"我是个扁食楼里的掌柜"，最后真的将"羊肉白菜的"扁食卖给了张顺作为消夜。卖扁食一段虽然看似离开了整剧贪欢的主旨，但其巧妙地丰富了张顺正气的人物形象，不仅让人读之感到更加贴近生活，增加了有趣平和的生活气息，还凸显出张顺不近女色的品格。

（三）详略得当的抑扬

周敦颐曾形容莲花"中通外直，不蔓不枝"。"不蔓不枝"指的是莲花不横生藤蔓，不旁生枝茎，唯有如此，主干才能长得茂盛，对应在剧本里亦是如此。只有详略得当，将不必要的剧情和细节省略或去除之后，才能在有限的舞台上以最快速度立住"主脑"，从而牢牢抓住观众的眼球。

"主脑"一词来自李渔的文学理论，包括主题、关键人物和重要情节三部分。其中人物和情节都必须为主题服务，不可偏离主题的基调。而为了保证这一点，通常作者都会在写作时进行有选择的取舍。《大名府总讲》中卢俊义受到吴用的怂恿蛊惑，决定去泰安州祈福经商。然而卢俊义的决定却遭到了府中其他人的反对。李固偷奸耍滑不想同去泰安州，但不得不去，有20字左右的台词。燕青将去泰安州的利弊——梳理总结，共计说了106字，劝说卢俊义不可去，而卢俊义坚持要去，也说了34个字婉拒了燕青的提议。燕青随后又说了9字，提议卢俊义去问其妻的建议，被卢俊义直接无视。剧中在此处对卢俊义的妻子这一角色进行了略写，更加突出了卢俊义和燕青之间主仆深厚的情感，没有耽于儿女情长，使传统中不近女色的英雄形象受损。而自从卢俊义出门后，主要叙述节奏加快，几乎没有其他分支剧情描写，直接进入了卢俊义被宋江派众人骗回山上的剧情。在这一段情节中，作者主要详写了卢俊义被"请"上梁山的经过，用详细的经过描写了卢俊义内心的变化，从梁山对头到无奈无助下不得不上山。此处聚焦到卢俊义身上，详略得当、有的放矢，同时也抑扬恰当，用上梁山的危险和困境来反衬出上梁山后卢俊义受到的尊重，增强了戏剧性，更能完成宋江和卢俊义二人的人物形象建设。

同样，在《擒方腊》中，作者详细叙述了柴进"投奔"方腊的前因后果，尤其详细写了柴进献宝方腊的过程，甚至对柴进所献的龙虎二玉进行了两次细节描写："南山猛虎，北海蛟龙。"《擒方腊》一目，顾名思义，主题就是围绕着如何擒方腊、方腊怎么被擒的两个问题展开，而对柴进卧底的详细描写回答了第一个问题。彼时宋军久攻不下，情况危急，只有柴进成功潜入方腊身边，做了内应，从内部瓦解了方腊，宋军才有可能取得胜利。可以说后期真正擒获方腊，柴进的卧底立了大功。然而要如何叙述这一关键的举足轻重的行动呢？作者用详尽的文笔写下了柴进献宝，方腊龙颜大悦，从不信任到信任柴进的过程，仅看殿上柴进所说"……今来献上二宝，能引蛟龙出长江"。二宝是龙虎二玉，人人都知玉石不能引蛟龙，柴进为什么要那么说呢？私以为柴进在此处是以美玉指代自身，蛟龙能被玉石引出来，换而言之，是柴进毛遂自荐，称自己如美玉般有才华，能引来胜利、战胜宋江。此话一出，方腊果然满意地笑着封了柴进做驸马，让他也参与到军务里来，满足自己对柴进的期待和好奇心。在这里，作者用生动的对话勾勒出柴进的足智多谋和方腊的见宝眼开，大段的对话描写都是围绕着柴进和方腊展开，而略写了其他如燕青、公主等人。燕青作为宋江派来和柴进一起潜入方腊地盘的好汉，其情商高、八面玲珑的特点在小说中格外明显，可到了这一目剧中，柴进也是风度翩翩、善于交际的贵公子。如果同时写两个性格相近的人物，很可能会造成观众视觉疲劳，并且两个人物都容易不出彩，不如抓一放一，有针对性地写，才能紧扣主题，塑造出成功的人物形象。

柴进卧底一节详略得当的描写不仅塑造了人物，推动了剧情进一步发展，还为后边剧情的转折作了情绪铺垫。在柴进顺利卧底方腊身边之后，方腊之子方天定和宋军僵持不下，张顺为了攻破杭州城，深夜潜入涌金门打开水闸，自己也牺牲在了涌金门。作者对后半段剧情进行了处理，略写了两军僵持不下的过程，主要笔墨花在了张顺牺牲于涌金门下。张顺被乱箭射死，死得很惨烈，即便后文张顺被神仙封为"金花太子"，也不过是以乐景衬哀情，只是对于死去之人该有的美好结局的幻想而已。这里主要塑造了张顺的形象，看似没有围绕主题擒方腊，实则句句都有方腊出场，围绕的是第二个问题——方腊怎么被擒。柴进潜伏可以说是一种阴谋，是为真正的交锋作铺垫，而杭州之战张顺的行为是阳谋，前者可以看出方腊善于用人、喜欢被诏媚的特点，后者则可以从侧面发现方腊与其儿子的阴狠狡诈。由于张顺的死，整个剧目的情绪基调变得低落。从顺利潜伏、满心期待到为涌金门的惨痛死亡而悲伤，从扬到抑，整体节奏把握颇为巧妙。

二、语言修辞

（一）通俗生动的比喻和引用

一出好戏离不开生动形象的比喻。比喻，顾名思义，通常指打比方，然而比喻这一修辞手法在词典中又可以分为二十四个小类。这二十四个小类中，水浒戏所使用的类别并不多，大部分是明喻。因为水浒戏基本以梁山好汉及其相关故事为题材，面向的受众广泛，需要剧本简单、通俗易懂。明喻在王府藏的剧目中也多和"借代"这一修辞手法相关。《花田错》中卜书生要替代小姐出嫁，丫鬟春兰为书生作准备时，书生说："你家小姐三寸金莲，我这么大的脚脖鸭子。"三寸金莲要求女性的脚小得只有三寸，而书生将自己的脚比作鸭脚蹼，两者一对比，显然给观众带来一个疑问，卜书生要怎么瞒过周通代替小姐出嫁？随后，围绕着这个比喻及其带来的疑问，作者花了大量篇幅描写如何寻找、准备合适的鞋。找鞋的片段较长，显得比较啰唆、累赘，全然没有这短短一句比喻来得简洁风趣。同样还是在这一目剧中，小姐将卜书生和自己比作牛郎织女，"学一对小织女配牛郎"，表明了自己对书生的情谊。

和比喻一样通俗易懂的修辞方式在剧中还体现为引用。引用指作者引经据典或用名言警句等来印证、补充对照作者的本意。《鸣冤》的最后，当林娘子申冤结束、状纸被刑科官接收后，作者写了"慈航波中随风转，拼却微躯诉申冤，管教你月圆又团圆"。慈航一句引用了佛教典故，佛祖菩萨以慈悲之心普度众生出苦海，有如舟航，故名慈航。这里就暗示了刑科官的善意。慈航这一典故既是对善意的突出，也是对彼时社会黑暗的讽刺，君不君臣不臣，人世混乱才需要菩萨保佑。后一句团圆则点明了此次申冤在剧中的结果，是夫妻团圆。在《夜奔》一幕中，林冲夜宿古寺，梦到被金枪徐宁追杀，遂感叹自己命运悲惨："俺本是万里班超，生逼作叛国红巾，到作了背主黄巢。"班超是东汉时期著名的军事家，在西域待了31年，平定了诸国内乱；红巾和黄巢则是指元末农民以白莲教为基础组成的起义军和唐朝末年农民起义军的领袖。显而易见，林冲更倾向于建功立业，并不是发自本心地渴望去落草为寇、推翻朝廷，这么简单的一句话就摆明了林冲的人生态度，也总结了其悲惨人生的原因，为随后雪夜上梁山开启新篇章作了铺垫。

（二）直白强烈的排比和重复

排比在《汉语修辞格大辞典》中的定义是"用三个或三个以上结构相同或相似、语气一致的词或句，以表达相关内容"。

《白花庄》中，白月娥在庄内尚景见十几只蝴蝶离桩，感叹道："一个映日寻芳、一个迎竹风尽，一个站水在池塘，一个受尽风流相，一个逐定赏花郎，一个又被欢童唬地慌……"一句句简单明了的排比既轻松描绘出亭中春色，也在乐景美景中增添了一些威胁的因素，如"受尽""唬"等字暗示着之后梁山的胜利。《十字坡》中，孙二娘和货郎假意调情，当面对孙二娘问询财产时，货郎回答："箱子内还有一吊钱，顺治钱，康熙钱，雍正钱，乾隆钱，嘉庆钱，红铜钱，白铜钱，十足串，各个是大铜钱。""钱"字在货郎的对话中反复出现，表现出了说话者的钱种类多样，看似有钱，然而货郎这句话开始只说箱子里有一吊钱。一吊钱能有如此多的"钱"的种类，一方面说明了货郎走南闯北，衬托了货郎的身份；另一方面用这些"钱"字的重复直白地讽刺了货郎爱面子、装富人的行为，用货郎的洋洋自得对之后货郎对孙二娘美色和财产的贪婪表现作了铺垫，激起读者的厌恶，让货郎的死亡结局顺理成章，增强了孙二娘杀人的正义性。《清风寨》中燕青和李逵借宿张家庄，拜见了张员外。为了让李逵不说错话，每次只要李逵开口，燕青就会抢着说，导致李逵的台词出现了让人啼笑皆非的"这个……"简单的两个字让观众一眼就看出李逵的笨嘴拙舌和燕青的口齿伶俐。

除了恰当运用排比，车王府藏的水浒戏剧本中更多地使用了重复的手法。重复也叫反复，是作者为了充分表达自己笔下的主题思想而采取的修辞手法。相较于其他修辞方式，重复更能直白地表现出人物情绪及其性格特质。《蜈蚣岭》中，老仆人给武松指路蜈蚣岭，武松前去营救自家小姐，剧中如此表现老仆人的指路："爷爷，看前面，喏喏喏，就是强人山上了。""喏"字被老仆人重复了三遍，既肯定自己的指路精确无误，要让武松务必看见蜈蚣岭上的贼窝，也从侧面体现出仆人对营救小姐的着急和关心，重复这一修辞被合理运用。重复亦可叫叠字。《清风寨》中，为了描写张秀英得知自己被土匪强娶的惊讶与恐惧，作者写张秀英开口："哎呀，母亲，娘亲，哎呀。""我叫一声儿的娘，啊，啊，啊。我的老娘亲吓。"两句话处处是重复，叠词两处，叠字三个，都是语气词。这些重复的语气词被安置到台词的句中或句尾，以寥寥数字就成功烘托氛围。除了句中、句尾，叠字在剧中也会被安排到句首，李逵刚得知张秀英被土匪强抢成婚，立刻说道："哇呀，哇呀，此处出了这种恶霸，待咱们前去会他一会。""哇呀"这一语气词的重复充分体现了李逵的疾恶如仇，完善了人物形象。《鸣冤全串》中，林娘子前去鸣冤道："猛拼一死，甘向黄泉，甘向黄泉。"一句话重复四个字，即树立起一个被迫害到走投无路却依旧坚强坚贞的女性形象，由此可见重复的妙用。

（三）类型多样的特称和问答

语言是一种特殊的社会现象。语言通常会随着社会的变迁而变化，这种变化又可以叫作分化。随着历史的进程，对同一种事物的言语表达会因为阶级、身份地位、性别年龄、文化环境等因素分化为不同的称呼，不同的时期因此有了不同的称呼。王希杰《汉语修辞学》称这种变体为"语言的社会变体"。社会变体的种类多样，涵盖黑话、专业术语、俚语、行话、阶级语等多种内容。

《大名府》中，燕青称呼卢俊义之妻为"安人"，这一称号源自《后汉书》，后变成了中国古代封建社会对命妇的一种封号。宋代自朝奉郎（七品官）以上，其妻封安人，"安人"是对妇人的一种尊称，也可以解释为夫人。燕青如此称呼卢俊义的妻子，一方面是出于对卢俊义夫妻的尊敬，另一方面也符合社会习俗。卢俊义是员外，并未入朝为官，称呼其妻为"安人"也变相地抬高了卢俊义的社会地位，用一个阶级习惯语生动地表达出燕青的伶俐和对卢俊义的敬爱。《鸣冤》中，林娘子为申冤，称呼刑科官张文盛为"爷爷"。古代对查案人员称呼有许多种，"爷爷"这一称呼在申冤这一特定环境中，被作者赋予了阶级的象征性，比起俚语更像是要体现出统治阶层对普通百姓的迫害。而《快活林》中又出现了字面上和

"爷爷"相对应的称呼"奶奶"。小二告知蒋门神，蒋门神的大老婆被武松扔到了酒缸里，小二对这位大老婆的称呼就是"奶奶"。此处"奶奶"的含义与《红楼梦》中的"奶奶"类似，指的是对有钱人家年轻已婚妇女的称呼，是一种尊称。除却尊称，水浒戏里还有不少其他特称。《乌龙院》中，张文远称呼阎婆惜为"大姐"，宋江是官吏，然而没人叫阎婆惜为"安人"，反映出了阎婆惜出身卑微并不受宠的状况。阎婆惜因为冷遇称呼宋江为"宋大爷"，显然不是尊称，而是一种看似尊重的讽刺。《清风寨》中的张秀英、李逵以及其他目中的小姐、潘金莲都自称"奴家"，虽然李逵是假扮张秀英被迫说，但可见当时"奴家"这一女子特有的"谦称"使用范围之广，从普通人到小姐都使用这一称呼，使剧本更具真实感。车王府藏的水浒戏中有不少设问的地方，如《清风寨》中李逵和燕青及燕青和员外的对话，都是以一问一答的形式展开的。燕青和员外交谈时，问答就是显得严肃诚恳的设问和正问；而燕青和李逵交谈时，问答往往是诱问和问两句答两句，气氛轻松活跃，两个人并肩作战的兄弟情谊展露无遗。

此外，车王府藏的水浒戏除了使用以上修辞手法，还使用了对比的修辞方法。例如《闹青州》中，李逵遇到冒充自己的李鬼，没有杀李鬼反而给了他钱，李鬼最后救了被哥哥举报、差点丧命的李逵。亲哥哥尚且为了蝇头小利而出卖自己，萍水相逢的李鬼却能对他信守承诺、救他一命，不禁让人唏嘘。《贪欢报》中，同样是面对妓女，安道全和张望两人的反应截然相反。安道全一心治病救人，面对妓女的挑逗不解风情，即使在青楼里也现出未来梁山好汉的影子；而张望肤浅，见到妓女时言行粗俗轻浮。如此对照，突出了安道全的正面形象，紧扣主题"贪欢报"三个字。这三个字犹如命运的批示，在张望死后，安道全也被张顺胁迫着离开。作者借两人不同的结局，一边对观众进行了劝诫，一边讽刺了人性的丑恶。

三、结语

绝大部分水浒戏在后人的不断书写和改编中，都被重新赋予了不同的内涵，但有一点总归是不变的，那就是雅俗共赏。虽然在结构上，有些剧目不够严谨，对小说剧情的删减与改编显得虎头蛇尾；在语言上，部分过于通俗、重复而显得啰唆，但不管是受到地方戏的影响还是被区域化了，水浒戏都呈现出普通老百姓具有的一种朴素感，符合大众的道德评价标准。而随着时间的推移，作家将不断完善延续这一点，从"近视""年号钱"就可以看出时代对水浒戏的影响，作家乐于将新的时代特色与水浒故事的主要思想相互结合，进一步发展水浒戏。

参考文献

1. 黄仕忠. 清车王府藏戏曲全编［M］. 广州：广东人民出版社，2013.

2. 陆玲玲，石艳梅. 探析江苏柳琴戏戏曲剧本语言修辞的妙用［J］. 戏剧之家，2021（5）.

3. 唐松波，黄建霖. 汉语修辞格大辞典［M］. 北京：中国国际广播出版社，1989.

4. 王希杰. 汉语修辞学［M］. 修订本. 北京：商务印书馆，2004.

5. 王园园.《闲情偶寄》戏曲修辞理论研究［D］. 福州：福建师范大学，2008.

6. 张辰. 戏曲唱词修辞例释：上［J］. 戏剧创作，1984（3）.

7. 张辰. 戏曲唱词修辞例释：下［J］. 戏剧创作，1984（4）.

A Study of Rhetoric in the Water Margin Opera
in Chewangfu of the Qing Dynasty

Gao Rihui   Wu Yuzhe

(*Dalian University*, *College of Liberal Arts*, *Dalian*, 116622)

Abstract: The Water Margin Opera in Chewangfu undoubtedly occupies an important position in the entire Water Margin Opera system, with Water Margin Opera in Pihuang, Kunqiang, Gaoqiang, and Luantan. The language and rhetorical changes of these four vocal styles in Water Margin Opera can be seen as representatives of the development of Chinese opera to the Huabu stage. From a rhetorical structure perspective, the use of ambush, humor, and inhibition can highlight the theatrical effect. In terms of the use of rhetorical devices, one is the richness and diversity of rhetorical devices, and the other is the flexibility of form, which is of great significance for depicting character images.

Key words: Water Margin Opera, rhetoric, *A Complete Compilation of Tibetan Opera in Chewangfu of the Qing Dynasty*

谐音作用下的仿拟与双关

洪　爽①

（北京师范大学文学院　北京　100875）

摘　要：随着谐音现象在语言生活中逐渐增多，谐音研究也越来越受到学界的关注。谐音作为一种修辞手段，可辅助实现多种修辞格，其中在语言生活中出现较多的当数谐音仿拟和谐音双关。二者在修辞格的结构上都具有本体与变体之间"音同/近、形异、义异"的特点，因此在辨析时经常混淆。通过观察语料可以发现，两种修辞格的不同在于谐音仿拟的变体是基于本体的谐音形变从无到有产生的临时表达形式，且意义与本体的意义毫无关联；而谐音双关的本体与变体都是语言中的既有形式，意义虽然不同，但在特定的语境下可以实现关联。鉴于人们在运用谐音的时候常常会兼顾意义的表达，因此基于谐音仿拟的谐音双关往往是语言生活中最为常见的。

关键词：谐音；仿拟；双关

一、引言

从修辞学的角度讲，谐音常被看作一种语音修辞手段，利用语音上的音同或音近条件实现一定的修辞目的。在日常的语言生活中，谐音现象随处可见，而且逐渐成为灵活运用语言的一种重要方式。比如下面的例子就来自我们身边的报刊、广告、宣传语等。

(1) 这种情绪上的沉湎与放松短期看似无害，长期下去就会把"娱乐"变成"愚乐"。（《光明日报》，2024 年 4 月 17 日）

(2) 给身体做"碱"法（"多乐之日"门店广告语）

(3) 困了别硬撑，万万"驶"不得（北京歌华户外传媒宣传语）

例 (1) 利用"愚"与"娱"同音，变"娱乐"为"愚乐"；例 (2) 利用"碱"与"减"同音，变"减法"为"'碱'法"；例 (3) 利用"驶"与"使"同音，变"使不得"为"'驶'不得"。

仿拟和双关是汉语中常见的两种修辞格。对于仿拟，陈望道先生在

---

① 作者简介：洪爽，博士，北京师范大学文学院副教授，主要研究方向为汉语语法学、修辞学。

《修辞学发凡》中定义为"为了滑稽嘲弄而故意仿拟特种既成形式"。根据"既成语言形式"的语言单位，仿拟可分为仿词、仿句和仿篇等。根据修辞手段，仿拟又可分为谐音仿拟、语义仿拟等。对于双关，陈望道先生在《修辞学发凡》中定义为"用了一个语词同时关顾着两种不同事物的修辞方式"，同时根据形、音、义三方面的关联分出了"表里双关"和"彼此双关"。另外，按照修辞手段对双关进行分类，又可以分为谐音双关、语义双关等。

从定义和分类可以看出，在仿拟和双关这两种修辞格形成的过程中，谐音的修辞手段都起到了重要的作用，因此二者必然在理解和运用上存在一定的交叉。例如：

（4）太阳系中最亮和"最懒"的两颗行星上演"星星相吸"（光明网，2023年3月28日）

（5）友人亲身示范　日本人的"震"定是这样炼成的（新华网，2011年3月18日）

例（4）"星星相吸"中的"星""吸"与成语"惺惺相惜"中的"惺""惜"同音，例（5）"'震'定"中的"震"与"镇定"中的"镇"同音。

笔者曾就上面的例（4）和例（5）进行调研，调研对象涉及170名高校学生，调研结果如表1所示。有94.7%的受访者认为"星星相吸"属于谐音仿拟，77.1%的受访者认为"'震'定"具有谐音双关的修辞特性。

表1　"星星相吸"和"'震'定"调查结果统计表

辞格判定	词语	
	"星星相吸"	"震"定
谐音仿拟	161	37
谐音双关	9	131
兼格	0	2
总计	170	170

上述调查结果说明，在一定条件下，仿拟和双关会存在混淆的情况，导致受访者在定性上存在分歧。因此，探究二者的关联、辨析二者的异同是非常有必要的。

二、仿拟与双关的共性

（一）仿拟的分类

徐国珍（2003）根据构成单位的不同，将仿拟分为四类。第一类是仿词，即以词为单位构成的仿拟，比如例（6）仿词语"主意"而得"煮意"。第二类是仿语，即以短语为单位构成的仿拟，比如例（7）仿固定短语"无官一身轻"而得"无债一身轻"。第三类是仿句，即以句子为单位构成的仿拟，比如例（8）仿歌词中的句子"对面的女孩看过来"而得"对面的观众看过来"。第四类是仿篇，即以段落、篇章为单位构成的仿拟，比如例（9）仿的是唐代刘禹锡的《陋室铭》。

（6）美食新煮意（某高校食堂宣传语）

（7）几个小店都是家人筹资打理的，没有信贷的支持，以前觉得"无债一身轻"是优势，但有机会时资金短缺却成了瓶颈。（《中国青年报》，2020年4月28日）

（8）对面的观众看过来，这里的表演很精彩（《威海晚报》，2022年9月2日）

（9）分不在高，及格就行；学不在深，作弊则灵。斯是教室，惟吾闲情。小说传得快，杂志翻得勤。琢磨下象棋，寻思看电影。可以打瞌睡，写家信。无书声之乱耳，无复习之苦心。虽非跳舞场，堪比游乐厅。心里想：混张文凭。[《演讲与口才》1990年第5期，摘自徐国珍（2003）]

同时，徐国珍（2003）还从性质的角度出发，将仿拟分为谐音仿拟、语义仿拟、格式仿拟、语调仿拟和语体仿拟五种类型。其中谐音仿拟是本文所涉及的仿拟类型，即"根据本体的读音进行的仿拟"。

（二）双关的分类

吴礼权（2020）认为双关"是一种利用语音相同或相近的条件，或是利用词语的多义性、叙说对象在特定语境中语义的多解性来营构一语而有表里双层语义的修辞文本模式"，并将双关分为三类。第一类是利用语音相同或相近的条件构成的"谐音双关"。唐代刘禹锡《竹枝词》中的"东边日出西边雨，道是无晴却有晴"就是经典的谐音双关的用例：以"无晴""有晴"谐音双关"无情""有情"，生动形象地再现了唐代西南少数民族少男少女恋爱中的复杂情感与心理。第二类是利用词语的多义性以及在特定语境下语义的多解性条件构成的"语义双关"。例如：

（10）远景过去没有李敖，李敖过去没有远景，现在，都有了。［李敖《李敖回忆录》，摘自吴礼权（2020）］

（11）院子里，强英在喂猪。水莲和仁芳哼着歌子回到家里。强英白了她们一眼，挖一勺猪食骂一句："死东西，哼呀哼的，看把你们自在的！"［辛显令《喜盈门》，摘自吴礼权（2020）］

例（10）是一个典型的语义双关的修辞文本模式，其表层语义是说，过去远景出版社与李敖没有关系；现在李敖的书在远景出版社出版，相互之间也就有了关系；而隐藏在其后的深层语义则是在说，现在李敖和远景出版社也都有了前途。这是利用"远景"一词的多重语义而实现的双关。第三类是利用叙说对象在特定语境中的多解性而构成的"对象双关"。我们日常生活中所说的"指桑骂槐"就可以看作这一类双关。例（11）是大嫂强英因不满二嫂和小姑子不做家务而自在、要好、哼歌，故意借猪来隐骂二人。

（三）致混的原因

从语言单位来说，仿拟与双关容易发生混淆的用例多发生在词语层面；从修辞手段来讲，二者发生混淆的用例主要涉及谐音修辞，即谐音仿词与谐音双关的交织。结合形、音、义的角度来看，谐音仿词中，仿体与本体之间在语音上相同或相近，在词形上和意义上都存在差异。比如上述例（4）中的"星星相吸"是利用谐音形成的仿词，本体为"惺惺相惜"，仿体的"星星""吸"和本体的"惺惺""惜"在语音上相同，而词形和意义皆不同。谐音仿词本体与仿体的异同可以概括为"音同/近、形异、义异"。

同样，谐音双关的表层形式和里层形式所使用的词语在语音上也具有相同或相近的特点，而词形和意义也是不同的。比如"东边日出西边雨，道是无晴却有晴"，表面上所说的"晴"实际上暗指"情"，二者在语音上相同，而词形和意义均不同。谐音双关表体与里体的异同可以概括为"音同/近、形异、义异"。

由此可见，"音同/近、形异、义异"是谐音双关和谐音仿拟在修辞结构内部具备的共同特征，也是导致二者容易混淆的主要原因。

三、仿拟与双关的辨析

（一）修辞格的结构

仿拟和双关属于汉语中常见的两种修辞格，在进行二者的辨析之前，先来了解一下修辞格的结构，这样有助于在修辞格结构上对仿拟和双关进行辨析。

古人虽没有"修辞格"的概念，但对各种修辞格现象一直都有所关注，如汉代董仲舒《春秋繁露》里对重言（反复）的论述，南朝刘勰《文心雕龙》里对比喻、丽辞（对偶）、夸饰（夸张）、事类（引用）等的阐释，南宋陈骙《文则》对比喻、对偶、重复、援引、蓄意、倒语等的探讨……以往的关注多从意义表达和修辞效果入手。唐钺（1923）借鉴西方修辞学的研究，将修辞格概念引入汉语修辞学的研究，称其为"变格的语法"，这是最早对"修辞格"的界定。陈望道在《修辞学发凡》中探讨比喻（譬喻）修辞格的时候，将"共有思想的对象""另外的事物"和"类似点"看作构成比喻修辞格的三个要素。这可以看作最初从结构形式对修辞格的关注。吴士文（1986）非常关注修辞格的结构，认为"世界上任何事物都有它自己的内部结构，而且内部结构决定着事物的功能""作为各种语言共有的修辞格，自然不能没有它自己的结构形式""这种结构形式在辞格形成的同时就存在了的"，同时将陈望道（1932）所列举的修辞格从结构上分为如下四类：

第一类可以概括为"表体描述主体"，以比喻、比拟等修辞格为代表。比如"共产党像太阳"是一个典型的比喻句，"太阳"可以看作表体，"共产党"可视为主体，二者都具有"给人以温暖""给人以茁壮成长的力量""使天地大放光明"等共同特征，因此可以用"像太阳"来描述"共产党"。再如，"河水欢笑"运用了比拟修辞格，"欢笑"作表体，描述主体"河水"奔腾流淌的样子，表体与主体基于"愉快的心情"关联在一起。这类修辞格还包括移就、夸张、摹状、讽喻等。

第二类可以概括为"表体换借主体"，以借代、讳饰等修辞格为代表。比如"红领巾宣传五讲四美"中，表体"红领巾"从标志方面换借主体"少先队员"，是典型的借代修辞格。再如，"祥林嫂老了"运用了讳饰修辞格，以表体"老了"换借主体"死了"。双关修辞格也在此类结构中，以《上甘岭》中"张排长，你还是干说一段吧"为例，"干"在表面形式上表达"无乐器伴奏"的意思，实质上通过前文"水源被封锁，战士们仍有乐观主义精神"的示意，换借为"口干舌燥"的意思。这类修辞格还包括折绕、婉转、引用、飞白、倒反等。

第三类可以概括为"表体随从主体"，以拈连、排比等修辞格为代表。比如"织渔网，织出一片好风光"运用了拈连修辞格，在主体"织渔网"的引导下，"织"和"风光"巧妙自然地搭配在一起。再如，"时间就是生命，时间就是速度，时间就是力量"运用了排比修辞格，其中第一句"时间就是生命"可看作引导体（主体），要求后面的随从体（表体"时间就是速度，时间就是力量"）与其结构相同或相近、意义连贯、语气一致。这类修辞格还包括设问、映衬、反复、对偶、层递、顶真、回文、错综、呼告等。

第四类可以概括为"表体形变主体"，以析字、仿拟等修辞格为代表。比如"办成了，少不得言身寸"运用了析字修辞格，"言""身""寸"形变体（表体）是原形体（主体）"谢"的形变，"谢"字拆开来是"言、身、寸"，所以就借"言""身""寸"三个字代"谢"字。再如，"轰轰烈烈，喜喜欢欢，亲亲热热密密，六亿人民跃进，天崩地裂"的前三句是郭沫若仿拟李清照《声声慢》一词前三句"寻寻觅觅，冷冷清清，凄凄惨惨戚戚"而成，变孤独无寻、空虚难度的气氛为欢欢喜喜、热气腾腾的气氛。这类修辞格还包括镶嵌、复迭、转品、感叹、反问、节缩、省略、藏词、倒装、跳脱等。

吴士文（1986）对修辞格进行的结构分类给我们以很好的启示。如果修辞格有结构，那么构成修辞格的结构要素就是我们首先需要探讨的。在吴士文（1986）的分类中，双关属于第二类——"表体换借主体"类，仿拟属于第四类——"表体形变主体"类，二者都有"表体"和"主体"的结构要素，这是它们的共性，差异在于一个基于"换借"，一个基于"形变"。这恐怕是对两种修辞格进行辨析时需要重点关注的方面。

（二）谐音仿拟的结构

前文提到，与双关致混的仿拟类型是谐音仿词，是利用音同或音近的语音条件，以新成分替换所仿词语中的原有成分而形成全新表达的修辞方式。[①] 比如上述例（4）中，"星星相吸"就利用了"星星"与"惺惺"、"吸"与"惜"音同的条件实现替换，从而形成新的临时的词语表达。其中，"惺惺相惜"可以看作本体，"星星相吸"可以看作仿体（变体），仿体与本体之间意义相异且没有关联。类似的例子还有：

---

① 本文所探讨的仿词，包括徐国珍（2003）所提到的仿词和仿语。

（12）"出口成脏"的"祖安文化"最初起源于某游戏主播直播时与玩家的对骂行为。（《中国青年报》，2020 年 9 月 14 日）

（13）当下，一些年轻人为了美观，即使在很冷的天气也只穿着轻薄的衣物，对于这种做法，47.2% 的受访者认为有碍健康，不应该为了美丽而选择"冻人"。（《中国青年报》，2017 年 3 月 21 日）

（14）自 11 月 7 日夜间开始，我国辽宁省中部和南部多地遭受冻雨天气，部分电网和农作物受损，鞍山、营口、大连等地草木皆"冰"，各地的房屋、树木、田地里结满了晶莹的冰挂。（中国气象局网站，2015 年 11 月 10 日）

例（12）中，"出口成章"是本体，"出口成脏"是仿体，"脏"与"章"音近而意义无关联。例（13）中，"动人"是本体，"冻人"是仿体，"冻"与"动"音同而意义无关联。例（14）中，"草木皆兵"是本体，"草木皆'冰'"是仿体，"冰"与"兵"音同而意义无关联。

由此可见，谐音仿拟的本体和仿体除了"音同/近、形异、义异"的特点之外，在意义上还具有"毫无关联"的特点。谐音仿拟的结构可图示如下：

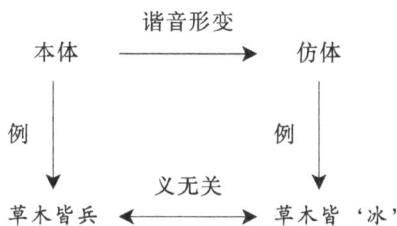

图 1 谐音仿拟的修辞结构

以例（14）中的"草木皆'冰'"为例，成语"草木皆兵"的意思是"把山上的草木都当成了军队，形容惊慌时疑神疑鬼"，在这里作为本体，"兵"通过谐音形变为"冰"（由"冰"谐音替换"兵"），"兵"与"冰"音同、形异、义异，同时"兵"与"冰"在意义上毫无关联。也正是因为如此，吴士文（1986）将仿拟归入"表体形变主体"类。

（三）谐音双关的结构

双关是言在此而意在彼的修辞方式。谐音双关是双关的一个类别，通常是利用音同或音近的语音条件使某个词语在表义时兼顾表里而实现修辞目的。比如唐代刘禹锡《竹枝词》中的名句"东边日出西边雨，道是无晴却有晴"是谐音双关的典型例子，表体是"晴"，里体是"情"，二者音同而意义相异。与谐音仿拟不同的是，构成双关的表体和里体虽然意义相异，然而在特定的语境里意义具有相关性，即道"晴"与道"情"同时存在于刘禹锡的《竹枝词》中。

吴士文（1986）中将双关归入"表体换借主体"类，虽然所列举的例子属于语义双关（前文提及的《上甘岭》中"张排长，你还是干说一段吧"的例子，受"干"的多义性影响），然而结构分类对谐音双关一样起作用。表体和主体（或表体和里体，或本体和变体）之所以可以"换借"，正是因为在特定语境下语义实现了关联。由此，谐音双关的结构可图示如下：

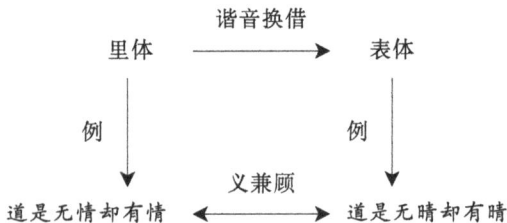

图 2　谐音双关的修辞结构

（四）基于谐音仿拟的谐音双关

谐音仿拟中的本体是语言中已有的表达结构，而仿体则是从无到有新近产生的；谐音双关的表体和里体都是语言中的既有表达。谐音仿拟中本体与仿体具有"音同/近、形异、义异且无关"的特点，谐音双关中的表体与里体具有"音同/近、形异、义异且兼顾"的特点。这两点是区别谐音仿拟与谐音双关的重要依据。

前文例（5）中的"'震'定"之所以有77.1%的受访者认为是谐音双关，就是因为在凸显"地震"的同时强调了"镇定"的含义，从这个角度讲，"'震'定"是表体，"镇定"是里体。然而，"镇定"是汉语中本来就有的词语，"'震'定"是通过"震"与"镇"的音同替换而来的，是从无到有临时形成的词语形式，并非汉语词汇系统中的固有成员。从这个角度看，"'震'定"应属于谐音仿拟；如从理解上看，有表里兼顾之义，又属于谐音双关；具体来讲，是基于谐音仿拟的谐音双关，即"'震'定"从无到有的出现是谐音仿拟的修辞结果，在使用中同时顾及了双重含义，可作双关解读。

在日常的语言生活中，谐音现象越来越多，其中谐音仿拟占比最高，而使用者在利用谐音仿拟创造新的表达形式的时候，常常会考虑到本体的意义，也就是说，使用者会有意识地利用本体的意义。因此，仿拟所依照的本体通常是含有褒义的词语，至少不会是贬义词语。比如，服装店的名字叫"衣衣不舍"，本体为成语"依依不舍"，通过"衣"与"依"的谐音实现仿拟，既凸显了售卖衣服的店铺功能，也利用了本体"舍不得离开"的含义，强调了店内服装的优质，让顾客产生入店购物的欲望。再如，饰品店的名字叫"爱不饰手"，本体为成语"爱不释手"，既凸显了售卖饰品的店铺功能，也利用了本体"喜爱得舍不得放下"的含义，让顾客通过店名能够瞬间了解店铺所售卖的商品品类，同时代入熟悉的成语义，收获一举两得的修辞效果。

如果在使用仿拟的过程中没有注意到本体含义中的贬义色彩，所创造的仿体在运用中就会令人费解甚至产生误解，表达效果事倍功半。例如：

（15）据介绍……有间烧烤店悬挂牌匾为"饭醉团伙"，"饭醉团伙"字样容易引起百姓误解，造成不良社会影响。（中国新闻网，2016年3月25日）

（16）夜宵店取名"无饿不坐"，执法人员上门了（《河南商报》，2021年3月14日）

例（15）中"饭醉"与"犯罪"谐音，虽然仿体意在强调入店可吃饭喝酒，但不得不让人联想到具有负面含义的同音词语"犯罪"，难免造成不良的社会影响。同样，例（16）中"无饿不坐"与成语"无恶不作"谐音，是通过"饿"同"恶"、"坐"同"作"的音同替换而形成的仿体。虽然意在告诉过路人饿了就进店吃饭，但其本体"无恶不作"却有着"没有哪样坏事不干，形容人极坏"的负面含义，也难怪执法人员会上门劝诫。

四、余论

在近年来的语言生活中，谐音现象越来越多，无论是广告、宣传语、店铺名称，抑或是报刊纸媒、网络平台、语言景观，随处可见。因此，谐音的修辞学地位也越来越多地受到学界的重视和关注。其实早在20世纪末，就有学者将谐音纳入了修辞格的系统，比如周靖和濮侃（1985）、刘焕辉（1993）、李华（1999）等。当然，也有学者对此持反对意见，比如谭永祥（1992）、黎运汉和盛永生（2006）等。近年来，随着谐音现象的增多，有学者再次提起谐音的修辞学地位，比如张丽红和王卫兵（2022）建议赋予谐音以修辞格地位，如此有助于谐音研究的系统化和科学化。在这样的视角下，谐音双关、谐音仿拟皆可归于谐音门下。谐音是否应设立为一种独立的修辞格并不是本文讨论的重点，但是从这样的观点中可以窥见谐音在汉语表达中的重要性。

徐盛桓和李淑静（2024）的研究认为人们在运用谐音进行表达的时候一定是"有意识而为之"的，体现为"心物随附性"，"'心'就体现为表达主体的'情'，而主体之所以会发生这样的'情'，既同表达主体自身的特性有关，也同此时主体所处的环境里的'物'有关"，谐音的表达体现了"物—情—辞（词）"的关联。同时，谐音表达是"讲究有隐有显的一种表达"，是利用显性表述的音投射给隐性表述，"隐性表述虽不见诸文字，很多时候却是表达的本意之所在，体现了修辞手段的运用，把不见诸文字的本意透露出来"。比如"莲子心中苦"可以看作显性的表述，而"怜子的心中之苦"则是隐性的表述，显性层面上的表述方式为"莲子"，通过谐音承载了未"见诸文字"的本意"怜子"。正是这种相似性思维方式的存在，利用语言中的谐音，可以以物寄情、以显托隐，我们今天看到的越来越多的谐音现象正是人们在运用语言进行表达的时候越来越多地关注到了表义上的隐和显，因此，在利用谐音创造新形式（运用谐音仿拟）的同时还会关注原有形式（本体）的含义，利用仿体的显性表达兼顾本体的隐性内涵。例如：

（17）有意见，"码"上说！国务院办公厅开通"国家政务服务投诉与建议"小程序（中国政府网，2018 年 9 月 25 日）

例（17）的本体是"马上"，但并没有以显性的形式出现，而是利用"马"和"码"的谐音，创造了新的临时的形式"'码'上"。从这个角度讲，该例子首先运用了谐音仿拟，"'码'上"是"马上"通过谐音形变而衍生的新形式。其次，在语义理解上，本体"马上"的含义又隐藏在仿体"'码'上"这一显性表达之中，实现了意义上的兼顾"有意见通过扫码进入小程序的方式马上就可以得到解决"，这又是一层谐音双关。修辞格结构可图示如下：

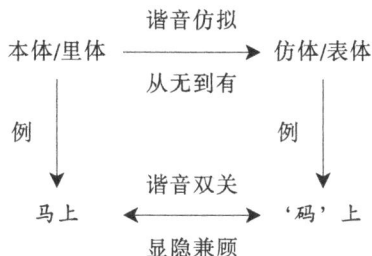

图3　基于谐音仿拟的谐音双关结构

由此可见，如今在语言生活中经常被运用的谐音表达更多的是同时运用了谐音仿拟和谐音双关，或者说是基于谐音仿拟的谐音双关。正如徐盛桓和李淑静（2024）所说"隐性表述同显性表述的关系就像是如影随形"，也就决定了这类谐音修辞在语言生活中会越来越多，丰富着我们的语言表达。

参考文献

1. 陈望道. 修辞学发凡［M］. 上海：大江书铺，1932.

2. 黎运汉，盛永生. 汉语修辞学［M］. 广州：广东教育出版社，2006.

3. 李华. 应该设立"谐音"修辞格［J］. 修辞学习，1999（4）.

4. 刘焕辉. 修辞学纲要［M］. 南昌：百花洲文艺出版社，1993.

5. 谭永祥. 汉语修辞美学［M］. 北京：北京语言学院出版社，1992.

6. 唐钺. 修辞格［M］. 上海：商务印书馆，1929.

7. 吴礼权. 现代汉语修辞学［M］. 4版. 上海：复旦大学出版社，2020.

8. 吴士文. 修辞格论析［M］. 上海：上海教育出版社，1986.

9. 徐国珍. 仿拟研究［M］. 南昌：江西人民出版社，2003.

10. 徐盛桓，李淑静. "喻"思维与"谐音表达"研究［J］. 当代修辞学，2024（5）.

11. 张丽红，王卫兵. 再论谐音的修辞学地位［J］. 安徽大学学报（哲学社会科学版），2022（4）.

12. 周靖，濮侃. 现代汉语：下［M］. 上海：华东师范大学出版社，1985.

Parody and Pun Based on Homophonic Effects

Hong Shuang

(*School of Chinese Language and Literature*, *Beijing Normal University*, *Beijing*, 100875)

Abstract：As homophonic phenomena become increasingly prevalent in language life, research on homophones has also garnered growing attention from academia. Homophonics, as a rhetorical method, can facilitate the use of various rhetorical devices, among which the most prevalent in language use are homophonic imitation and homophonic puns. Both figures share similar characteristics between the original and its variant in the structure of rhetorical devices, so that confusion often arises when attempting to distinguish the two. It is apparent that the primary difference between these two rhetorical devices lies in the fact that the variant of homophonic imitation is a temporary expression form that arises from the deformation of homophones, from scratch, and its meaning is entirely unrelated to the original. In contrast, both the original and the variant of homophonic puns are established forms in language, and although their meanings differ, they can be related in specific contexts. Given that people often consider the expression of meaning when utilizing homophonics, puns based on homophonic imitation are frequently the most common in language life.

Key words: homophonic, parody, pun

新奇谐谑修辞动因与新兴构式*

闫亚平　张　洁①

（华北水利水电大学外国语学院　郑州　450046）

摘　要：对新奇新颖、诙谐戏谑表达的青睐与喜爱，是人类言语交际中普遍存在的一个重要修辞动因，也是推动语言已有形式发展演变和新形式不断产生的重要动力与因素。对此，本文以新兴流行构式"××人""××狗""×成狗"和新兴程度构式为例，探讨新奇谐谑修辞动因驱动的语法结构的发展演变。

关键词：新奇谐谑；修辞动因；新兴构式

一、引言

对新奇新颖、诙谐戏谑表达的青睐与喜爱，是人类言语交际中普遍存在的一个重要修辞动因，也是推动语言发展变化的重要动力与因素。因为"原有的表达方式在长期的使用中不仅语义会有不同程度的磨损，而且失去了新鲜感，这就促使人们寻求更为新奇、更具表现力的表达方式"②。同时，正如吴礼权所指出的，"人类需要幽默，需要嘲讽快感"③，人类对快乐、轻松的诉求和纾解情感的需要，造就了对诙谐戏谑表达的喜爱。尤其是在现代社会的快节奏和高压力环境下，诙谐、戏谑、风趣而富有调侃、嘲讽意味的表达成为人们释放心理压力、缓解负面情绪的重要途径，使得人们于笑声中忘却烦恼，以更加超脱、轻松、豁达的心态去面对生活中的挑战和困难，从而保持一种乐观、积极向上的生活状态。对此，本文以新兴流行构式"××人""××狗""×成狗"和新兴程度构式为例，尝试探讨新奇谐谑修辞动因驱动的语法结构的发展演变。

* 本文是河南省哲学社会科学规划年度项目"'政治等效＋审美再现'视域下外交话语修辞西班牙语翻译策略研究"（项目编号：2024BYY019）、华北水利水电大学本科研究性教学改革研究与实践项目"面向新文科的高校研究性教学推进策略与质量保障研究"和华北水利水电大学高等教育教学改革研究与实践项目（研究生教育）"文科研究生'研究性课堂'构建与教学实践研究"的阶段性成果。

① 作者简介：闫亚平，复旦大学文学博士，华北水利水电大学外国语学院副教授，研究方向为修辞学、现代汉语语法、国际中文教育。张洁，韩国又石大学教育学博士，华北水利水电大学外国语学院汉语国际教育系主任，研究方向为国际中文教育、语言政策。

② 张雪梅，陈昌来. 网络流行构式"逆天"的演变与成因 [J]. 当代修辞学，2015（6）：69.

③ 吴礼权. 现代汉语修辞学 [M]. 上海：复旦大学出版社，2006：187.

二、新奇谐谑修辞动因与新兴流行构式"××人"

以"人"为类词缀的表述与结构在汉语中早已有之，如"故人""亲人""读书人""文化人""本地人""老好人"等，用来指称具有某种共同属性或特征的一类人。而近年来以"打工人"为代表的"干饭人""工具人""尾款人""清醒人"等"××人"新兴流行构式，以其新奇搭配和深富调侃、谐谑的修辞色彩而迅速走红网络，并逐渐进入人们的日常交际中。

（一）新兴流行构式"××人"的句法和语义、修辞特征

语料搜索显示，句法形式上，与传统"××人"结构式类似，新兴流行构式"××人"中的限定语"××"，既可以是动词，也可以是名词和形容词。如：

（1）小时候老妈总说："现在不好好读书，长大就去打工。"于是我奋发图强、努力学习并终于成为一个新时代的"打工人"……（搜狐，2020年10月27日）

（2）干饭人，干饭魂，干饭人吃饭得用盆，干饭人有精神，吃饱了都进不去门，干饭人胃口大，一张大嘴吃天下，干饭人爱犯困，一到饭点就精神。（知乎，2022年1月10日）

（3）拉长的"双十一"，"吃土"一波又一波，在经历了两波定金 + 尾款以及各种蹲点抢购、凑单满减后，"吃土人"成功升级为"吃圭人"。（搜狐，2020年11月13日）

（4）无奈而真实，我们都是工具人。（百度百家号之湛先生讲心学，2020年10月16日）

（5）"冲啊，尾款人！"随着带货主播的这声吆喝，今年"双十一"掀起第一波购物高潮。（新华网，2020年11月12日）

（6）在两大直播间来回跳转是"定金人"双十一的姿态。（新浪财经，2021年10月24日）

（7）为什么付尾款总在半夜？尾款人、吃圭人、清醒人……这个双十一，你是哪类人？（和讯科技，2021年11月1日）

例（1）至例（3）中的"打工人""干饭人""吃土人"和"吃圭人"，是由"动词 + 人"构成的；例（4）至例（6）中的"工具人""尾

款人"和"定金人",是由"名词+人"构成的;例(7)中的"清醒人",则是由"形容词+人"构成的。

而在语义和修辞上,新兴流行构式"××人"与传统"××人"结构式大相径庭,不仅语义上所指不同,修辞上也富含独特色彩与特征。例(1)中的"打工人",不同于传统所指的去经济发达地方从事受雇于人的较为艰辛的临时性工作的人,而是用于所有职场人的自称,"无论是在工地搬砖的工人,还是坐在办公室'996'的白领,抑或是中层领导、创业者,都可以自称'打工人'"①。更为重要的是,不同于传统用法带有寄人篱下、忍气吞声、收入较低、工作时间长等负面色彩,流行语"打工人"更多带有自嘲、调侃与谐谑的色彩与特征。例(2)中的"干饭"一词来自四川方言,带有"一口干了(一口气吃完、喝完)"的豪爽感,于是"干饭人"用来指称奋力吃饭、吃饭积极和狂野的人。这种有别于传统观念认为工作才是头等大事的全新理念和抛弃一切好好吃饭的态度,使得"干饭人"带有"干啥啥不行,吃饭第一名"的自我调侃和谐谑意味。例(3)中的"吃土人"和"吃圭人",语义上也迥异于传统含义,是对因过分超预算购物、过度提前消费而口袋空空连吃饭都成问题的人的调侃、嘲弄、谐谑式称呼,"吃圭人"则是双倍"吃土人"的调侃、谐谑式称呼。例(4)中的"工具人",以隐喻的方式和新颖的搭配指称那些任劳任怨、随叫随到、一味付出但始终不能得到平等对待、被对方当工具一样使唤的人,深富调侃、无奈、嘲弄和谐谑的修辞色彩。例(5)和例(6)中的"尾款人""定金人",也是对购买许多物品后付完定金还需支付尾款的人和"双十一"浪潮中疯狂付了很多定金的人的一种调侃。例(7)中的"清醒人",与传统所指"清楚明白、理智的人"不同,创新性地用来指称"双十一"中无动于衷、坚决不买的人,后续也指不熬夜清醒着参与"双十一"购物的人。这种语义迥异于传统的新颖表达,加之"打工人""工具人""尾款人"等的带动与熏染,使其也带上一定程度的调侃、娱乐和谐谑的修辞色彩。

(二)新兴流行构式"××人"流行的修辞动因

正如宋思思、曾贤模指出的,"'××人'构式在结构上十分简单,造词能力强,富有多产性,多为年青一代自我调侃时使用,如'上学人''加班人''拼单人''尾款人''剁手人''定金人''教资人''吃土人'

---

① "打工人"火了!到底是个什么梗?[EB/OL].(2020-10-24).https://m.gmw.cn/baijia/2020-10/24/1301714715.html.

'电商人'等等"①。新兴用法的"××人"之所以产生，并能迅速成为流行构式，广泛流行开来，尤其是"打工人"业已成为当前职场人的流行称号，被《青年文摘》评选为"2020 十大网络热词"，入选《咬文嚼字》"2020 年度十大流行语"，与其别出心裁的创新语义和富含调侃、谐谑的修辞特征有着密不可分的联系。林纲也指出，"'××人'具备的戏谑、调侃的鲜明语用效果和明显的修辞色彩特征，以及其本身形态在日常生活中的常用性，符合语言传播和人类认知的经济性原则，促进了一大批类似的以"人"为结构原型的组合的诞生与传播"②。

作为新兴流行构式"××人"首创和原型的"打工人"之所以产生，就源于对职场现实自嘲、调侃和语言上个性新颖、幽默诙谐的表达需要。2020 年 9 月，一个名叫"抽象带篮子"的网红在其发布的自拍短视频中做出要出门打工的样子，并说道："勤劳的人已经奔上了塔吊，你却在被窝里伸了伸懒腰，你根本没把自己生活当回事儿。早安，打工人！""朋友们，累吗？累就对了，舒服是留给有钱人的。早安，打工人！"用这种黑色幽默的方式故意调侃自己的打工人、保安、大专生身份。可见，新兴流行语"打工人"自出现起，就因其产生的特定语境而带有浓厚的自嘲、调侃、谐谑的修辞色彩与特征，是有意对语言进行解码与内涵创新。而这种富含自嘲、调侃、诙谐和谐谑意味的突破传统语义的创新表达，非常贴合网民和当代年轻人求新追异、幽默诙谐、调侃戏谑的修辞表达诉求，加上网络媒介的推动，使得"打工人"瞬间引爆网络，生动传达着人们尤其是当代年轻人对职场现实的"吐槽"，对生活重担的调侃。正如中国新闻网所评论的，"'打工人'流行背后，是年轻人对于生活重担的调侃，是对于高压环境的不满，也是对于平凡人生的不甘，是属于成年人的一种黑色幽默"③。可见，不同于"打工仔""打工妹""打工族"更多地带有辛酸、卑微等色彩，"打工人"以其自嘲中伴有调侃、戏谑中带着幽默的修辞色彩与特征而迅速得到追求个性表达、诙谐幽默和语言解码与创新的网民及当代年轻人的青睐，并引起他们的共鸣。

于是，在深富调侃、谐谑修辞特征的"打工人"带动下，广大网民迅速模仿，争相创新，创造出一系列深具调侃、谐谑修辞色彩的"××人"

---

① 宋思思，曾贤模. 新兴流行构式"××人"的认知分析和衍生动因 [J]. 汉字文化，2021（18）：22.

② 林纲. 网络视域下"××人"词语模的生成与功能嬗变：由年度热词"打工人"等谈起 [J]. 传媒观察，2021（2）：64－65.

③ 袁秀月."打工人"刷爆网络！是自我鼓励，还是社畜自嘲？[EB/OL].（2020－10－22）. https：//www. chinanews. com. cn/2020/10－22/9319618. shtml.

流行语，如"工具人""干饭人""尾款人""定金人""抄车人""凑单人""踩点人""晚八人""加定人""剁手人""后悔人""清醒人""编外人"等。如：

（8）不少网友"吐槽"自己身份再次"升级"，从"剁手人""定金人"一路升级成了"晚八人"。（东方财富网，2022 年 10 月 27 日）

（9）凑单人、吃霉（kuí）人、清醒人……今年"双十一"，你是哪种人？（人民资讯，2021 年 11 月 11 日）

（10）冷吗？冷就对了，温暖是留给开小轿车的人。早安，共享单车人！（搜狐，2020 年 10 月 28 日）

（11）此生无悔入币市，来世再做韭菜人。（知乎，2018 年 9 月 3 日）

此外，在富含调侃、谐谑修辞特征的"打工人""工具人""干饭人"等的影响与熏染下，传统的"××人"也被赋予了新的内涵与修辞色彩，蜕变成流行构式"××人"。如：

（12）干饭人，干饭魂，干完饭我们都是社会人！（搜狐，2020 年 12 月 7 日）

（13）这里有个老实人，大家快来欺负他！（简书社区，2020 年 2 月 26 日）

（14）a. 上学人，上学魂，上学人都是人上人。（搜狐，2020 年 10 月 28 日）

b. 悠闲的岁月，伴着对理想的期待，好像只要伸出手去，就可以碰到未来。加油！上学人！（搜狐，2020 年 10 月 28 日）

例（12）中的流行语"社会人"，不同于传统所指的社会化的人，而是创新性地赋予其喜欢放狠话、爱耍酷、貌似具有社会大哥霸气气场的内涵，且带有浓厚的调侃和戏谑修辞色彩。例（13）中的流行语"老实人"，也突破传统所指的说话诚实、做事踏实的人，而用来对那些不懂幽默、过于较真而一本正经发表意见的人的调侃、"吐槽"和戏谑。例（14）中的"上学人"，所指虽然是上学的人，但由于是模仿流行语"打工人""工具人""干饭人"等而来，也被熏染上其修辞色彩，富含调侃、谐谑意味。

三、新奇谐谑修辞动因与新兴"狗"类流行构式

近年来，"单身狗""加班狗""文艺狗""追星狗""累成狗""卡成狗""堵成狗"等由"狗"构成的新兴流行构式，不仅被广泛运用于网络语境，还逐渐蔓延到人们的日常交际中。与之前"狗"类结构式主要用于贬义不同，这类"狗"类新兴流行构式迥异新奇、诙谐幽默，主要用于自嘲、调侃、嘲讽等，带有浓厚的谐谑色彩。

（一）新奇谐谑修辞动因与新兴流行构式"××狗"

现代认知隐喻理论认为，隐喻不仅是一种积极的修辞手段，更是人类普遍存在的一种思维方式和认知手段。隐喻认知研究的里程碑式推动者莱考夫和约翰逊（Lakoff & Johnson）在 *Metaphors We Live By* 一书中指出，语言中的隐喻仅是隐喻性思维成果的外在表现和冰山一角。人们赖以进行思维和行动的日常概念系统，本质上也是隐喻性的。"近取诸身，远取诸物。"动物与人类生活息息相关，人类以动物隐喻人，以动物的特征隐喻人的特性，如"千里马""笑面虎""孺子牛""旱鸭子"等。作为人类最早驯养的家畜和人类最古老的动物伙伴之一，狗与人类关系亲密。囿于文化、认知等多种原因，用狗隐喻而来的指人名词在汉语中以贬义为主，甚至带有詈语色彩，如"落水狗""丧家狗""走狗""看门狗""癞皮狗""哈巴狗""狗腿子""狐朋狗友"等。但随着社会的发展、生活水平的提高和不同文化的碰撞，人们尤其是年青一代对狗的态度发生了较大的转变，对狗越来越友好与喜爱。而言语交际中，新颖独到、诙谐调侃、自嘲自黑的表达更贴合网民和当代年青一代的表达诉求与表达特点。于是，"单身狗""文案狗""追星狗"等"××狗"新兴流行构式，以其搭配和语义上的新颖谐谑而迅速走红网络，并进入人们的日常交际中。如：

（15）a. "深宅狗"正在被同龄人抛弃，近半数"单身狗"正在提高自己。（光明网，2018 年 5 月 17 日）

b. 下班没人陪，"单身狗"终成"加班狗"。（百度百家号之封面新闻，2018 年 5 月 17 日）

（16）对于一个高三狗来讲，毕业的热情、暑期的期待早已被"无聊"所打败。（哔哩哔哩，2023 年 7 月 8 日）

（17）由朴敏英饰演的女主角人前是个端庄干练、能力出众的策展人，但没想到人后却是一个不折不扣的追星狗！（搜狐，2019 年 5 月 1 日）

（18）这个恩爱狗都疯狂刷屏的节日，单身狗们能不争口气过好这个节吗？（360个人图书馆，2019年5月25日）

（19）潜意识里我们都是矫情狗。（豆瓣电影，2019年8月1日）

（20）进到活动场地，刘悦对现场的拥挤有点惊讶："北京的'文艺狗'真多。"这个大学刚毕业两年的女孩，并不喜欢"文艺青年"这个标签。"你们这些人说出来带'贬义'，自己这么说也太端着了。"刘悦跟记者解释，带着自嘲气息的"文艺狗"更接地气。（网易新闻，2015年4月30日）

例（15）至例（20）中的"深宅狗""单身狗""加班狗""高三狗""追星狗""恩爱狗""矫情狗"和"文艺狗"，都以狗来隐喻某一类人。这类"××狗"新兴流行构式，在语义上已丧失贬义色彩，既可以用来指称别人，也可以用来指称发话人自己，这时正如例（20）中所指出的"带着自嘲气息"和调侃意味。

网络搜索显示，"××狗"新兴流行构式最初来源于"单身狗"，出自电影《大话西游之大圣娶亲》最后一幕的对话"他好像条狗"，夕阳武士以丧家之犬来隐喻主人公孙悟空孤身一人的落寞、无奈与悲怆。而经单身网民改创而成的最初用于自称的"单身狗"，创新性地打破传统的隐喻性他指用法，用一个原本表贬义的狗来隐喻自身，不免使其带上了浓厚的自嘲自黑和聊以自慰的调侃谐谑意味。而这种带有自嘲、谐谑意味的新颖搭配，非常贴合网民和当代年轻人求新追异、幽默诙谐、调侃戏谑的修辞表达诉求。于是，在今天越来越多的人把狗当作忠实的陪伴者和广受欢迎的萌宠的大环境下，在高度发达的网络媒介推动下，以"单身狗"为原型模仿、衍生而来的"××狗"新兴流行构式迅速走红，不仅用于隐喻性自指，还用于隐喻性他指，不仅用于网络语境中，还进入人们的日常交际中，表现出强大的类推性和能产性。再如：

（21）说来惭愧，作为一个毕业六年的文科狗，我已经换了很多份工作了。（简书社区，2017年10月11日）

（22）作为一名科研狗，我们也要学会在科研中发现快乐。（澎湃新闻客户端，2021年5月27日）

（22）然而对于足球狗来说，这个时间点意味着很多。因为这个时间点，是欧冠比赛的开球时间。作为一个足球狗，对于2点45分（还有3点45分），一定是很敏感的。（搜狐，2023年6月30日）

（24）对于创业狗来讲，获得一次融资，等于改变了一次命运，从鸡

变凤凰的三级跳。但我的一个创业狗朋友，就拒绝了融资。（百度百家号之互亮科技，2017 年 6 月 26 日）

（25）年初苹果发布 CarPlay 的时候，IT 狗和汽车党们就有过一次交锋，IT 狗说汽车党腐朽死板阻碍人类前进。汽车党认为 IT 狗没经验没沉淀没安全。（汽车之家，2014 年 6 月 17 日）

可见，但凡人们需要调侃、谐谑式地指称自己或某类人时，就会采取"××狗"这种搭配新颖的构式。

（二）新奇谐谑修辞动因与新兴流行构式"×成狗"

人们尤其是当代年青一代不仅用新兴流行构式"××狗"调侃、谐谑式地指称处于某种状态、从事某种活动、具备某种特征的自己或其他人，还创新地衍生出以狗的状态谐谑式隐喻自身或他人的状态，形成新兴流行构式"×成狗"。如：

（26）为期三天的广州长隆之旅终于结束了，累成狗，又玩得很尽兴！（看图作文网，2022 年 11 月 16 日）

（27）我大学学的是商务英语专业，毕业后进了外贸公司，一入外贸门，从此轻松是路人。工作节奏紧，出差频繁，常年忙成狗。（知乎，2021 年 9 月 1 日）

（28）小米粒活泼好动　伊能静：凌晨三点困成狗（新浪娱乐，2016 年 12 月 15 日）

（29）我一天就只吃了早餐，现在已经饿成狗了。（搜狐，2017 年 3 月 29 日）

（30）我不在被窝里，因为已经热成狗。（BCC 语料库之对话）

不同于之前"累得像只老狗""困得跟狗一样""饿得跟狗似的"之类的表达，只是用狗来形容人的状态，且多带不满和埋怨，例（26）至例（30）中的"×成狗"——"累成狗""忙成狗""困成狗""饿成狗"和"热成狗"，属于"××狗"新兴流行构式衍生出来的新流行用法。它以狗的状态隐喻人的状态，在传达发话人累、忙、困、饿和热的程度高的同时，更侧重于传达出发话人调侃、谐谑的语气与意味。正如百度百科指出的，"累成狗，并不是狗真的有多累，而是狗狗累的样子很萌"[①]。可见，

---

① 累成狗［EB/OL］. https：//baike. baidu. com/item/累成狗/20129374.

"×成狗"中更多包含的是人们对狗的喜爱，是在"××狗"新兴流行构式以狗自喻、以狗喻人的调侃、谐谑式表达大趋势下创新、衍生而来。如果说"累成狗""忙成狗""困成狗""饿成狗""热成狗"，多少还跟狗的状态和人们对狗的认知、印象相关，下面语例中的"×成狗"，已完全演化为一种调侃、谐谑式的程序化表达。如：

（31）文明路上走一走，分分钟你<u>胖成狗</u>。（搜狐，2017年2月16日）

（32）我们整理了全网又野又沙雕的表情包，保证让你一秒<u>笑成狗</u>。（搜狐，2020年6月19日）

（33）瓜子配酒<u>爽成狗</u>，一次一瓶完全 ok。（小红书，2020年1月28日）

（34）她结婚那天，我一定会在婚礼上<u>哭成狗</u>。闺蜜就是，你和她之间，会互相嫌弃，又离不开对方。（网易，2021年9月4日）

（35）逢坐车必<u>吐成狗</u>的你，如何能优雅地坐在副驾看风景？（56视频网，2019年11月26日）

（36）电脑用久了<u>卡成狗</u>，不慌！一个设置教你告别卡顿，找到原因，流畅到起飞。（哔哩哔哩，2023年2月23日）

（37）终于不用买苹果了！新版安卓<u>快成狗</u>还能防老婆查岗，国内用户再也不用受歧视！（360个人图书馆，2017年8月23日）

（38）<u>渣成狗</u>！《使命召唤12》PS3版实际游戏画面曝光。（3DM游戏网，2015年11月2日）

（39）就说PS5玩怎么<u>糊成狗</u>，原来连原生1080P都没有。（百度贴吧，2023年5月1日）

例（31）至例（35）中的"胖成狗""笑成狗""爽成狗""哭成狗""吐成狗"，虽用来隐喻和形容人胖、笑、爽、哭和吐的程度较高，但已看不出其中的相似性。例（36）至例（39）中的"卡成狗""快成狗""渣成狗""糊成狗"更是用于电脑、手机、画面、画质这些非生命事物。可见，例（31）至例（39）中的新兴流行构式"×成狗"已演化为一种带有调侃、谐谑意味的程序化表达，语法化程度大大增加。

四、求新追异修辞动因与新兴程度构式

关于程度尤其是高程度表达，吕叔湘（1982）指出："一切表示高度的词语，用久了都就失去锋芒。'很'字久已一点不'很'，'怪'字也早

已不'怪'，'太'字也不再表示'超过极限'。旧的夸张没落了，新的夸张跟着起来，不久又就平淡无奇了。"① 对此，为满足言语交际中人们对表达形式尤其是高程度表达形式的求新求变、追异追奇的修辞需求，为填补"失去锋芒"高程度表达形式的"平淡无奇"和语义磨损，新兴程度构式不断涌现。如：

（40）a. 有一种幸福叫"开心到模糊"，唐艺昕给张若昀庆生简直甜炸了。（网易，2019 年 8 月 25 日）

b. 真的猛士，敢于放假的时候去外滩挤到模糊，挤到变形。（搜狐，2018 年 10 月 4 日）

c. 害怕到模糊！东京奥运会马术比赛中赛马被巨大相扑雕塑吓到后退。（好看视频，2021 年 8 月 5 日）

d. 沈月新剧杀青画画纪念　晒多张俏皮自拍兴奋到模糊（新浪网，2018 年 9 月 3 日）

e. （这组木雕作品）在受到一些质疑声的同时也是收获了很多人的关注。油画酱表示看不懂了，简直丑到模糊，难道审丑成了新流行？（搜狐，2019 年 5 月 15 日）

f. 空腹有氧＋器械训练，累到模糊。（小红书，2022 年 6 月 18 日）

（41）a. 年轻时帅到没朋友的 10 位男明星个个眉目清秀，英俊帅气。（搜狐，2023 年 4 月 10 日）

b. 娱乐圈里的这几位的颜值美到没朋友（百度百家号之独小白 P，2020 年 3 月 30 日）

c. 曾经在《PPAP》中为了可爱，坤坤一直对着镜子比心，简直萌到没朋友。（网易，2019 年 1 月 30 日）

d. 好喝到没朋友！做法超简单的十款粥，大人小孩都爱喝，不学会后悔哦。（搜狐，2022 年 7 月 21 日）

e. 没放一滴油，竟香到没朋友！差点被这碗"清汤寡水"骗了！（网易，2023 年 2 月 22 日）

f. 阿娇美食菜谱：鲜甜多汁到没朋友的虾烧白菜。（搜狐，2023 年 1 月 31 日）

（42）a. 在泰国，有这么一群男人，美到逆天，连女人看了都自愧不如。（搜狐，2017 年 9 月 20 日）

b. 最近一首喊麦《我姓石》，在海外 TikTok 上火得逆天。（知乎，

---

① 吕叔湘. 中国文法要略［M］. 北京：商务印书馆，1982：148.

2023 年 9 月 14 日)

c. 最近，肖战一口气拿下了三张榜单的第一名，三榜夺冠再次让路人感叹，果然是黑得彻底！红得逆天！（百度百家号之九八娱乐呀，2020 年 11 月 2 日）

d. 全家钦点的神菜，只用 5 个鸡蛋就好吃到逆天，值得 N 刷！（搜狐，2023 年 11 月 9 日）

e. 最近皮肤好到逆天了！这几个单品用下来谁都得喊一句哇！（新浪网，2024 年 3 月 15 日）

f. 而在动漫的世界中，有没有强到逆天的大爷呢？来一起看看吧。（搜狐，2020 年 8 月 19 日）

（43）a. 日媒批判悠仁亲王的新房间大到离谱，已经超过天皇同期水平。（百度百家号之颤抖的熊猫，2023 年 8 月 2 日）

b. 贵到离谱！乱到极致！深度暗访知名平台"快修店"，记者惊呆了。（百度百家号之露露讲真实，2024 年 3 月 14 日）

c. 搞笑到离谱的笑话片段。（百度百家号之 v 民服务，2020 年 5 月 18 日）

d. 今年的夏天，真的热麻了，准确说是热到离谱。（百度百家号之北京日报客户端，2022 年 8 月 15 日）

e. "美味持久，久到离谱"是 Stride 炫迈口香糖的广告语，它抓住了产品美味持久的特点，简单直接，朗朗上口，让人便于记忆，极富创新。（百度知了爱学，2021 年 11 月 3 日）

f. 臭屁虫：气味臭到离谱且对人体有害，却被推上餐桌。（百度百家号之七史，2024 年 3 月 15 日）

（44）a. 12 分 49 秒航拍崇明岛，每一帧都美到哭！（百度百家号之上观新闻，2024 年 3 月 13 日）

b. 这样吃方便面，好吃到哭！（新浪网，2024 年 3 月 15 日）

c. 便宜到哭！无锡这些网红……不可思议！（ZAKER 资讯网，2024 年 3 月 15 日）

d. 那些巨巨巨好看的小说合集，好看到哭。（哔哩哔哩，2023 年 12 月 31 日）

e. 胡椒生蚝汤，有汤有肉鲜美到哭！（百度百家号之舌在美食线，2019 年 11 月 4 日）

f. 日本插画师イッヌ，一组漫画爆火，同样的衣服，不同的人穿，这效果……真实到哭……（网易，2020 年 7 月 7 日）

例（40）至例（44）中的"×到模糊""×到没朋友""×到（得）逆天""×到离谱""×到哭"，都用来传达和形容中心语"×"的程度达到极致，为当代汉语中新出现的程度述补构式。这些新兴的程度述补构式不仅在形式上新颖独特、标新立异，表义上也更加生动形象，更富有感染力，充分满足了人们求新求变、追异猎奇的修辞表达需求。

这些新兴程度构式最初诞生于某个特定的场景与语境，使用人群和类型有限，如董紫薇、曹祝兵指出："经调查追溯，'×到模糊'源出于'气到模糊'，源头是网友对一张明星夫妻（杜江、霍思燕）庆生照片中被打上马赛克小孩（杜宇麒）的调侃。在父母的恩爱照片中，身为孩子的杜宇麒被打上了马赛克，因而在照片中杜宇麒是模糊的。网友对此时孩子在父母的恩爱照片中被打上了马赛克的心情进行了揣摩和猜测，并结合实际照片中孩子的模糊形象，评论说孩子是被'气'到模糊的。照片的模糊是现实的模糊，而网友将这种'模糊'与人物的情感状态联系起来，使现实层面的'模糊'上升为抽象层面上表示程度意义的'模糊'，使得'气到模糊'可以用来表示生气的程度之高。"① 而后之所以能够得到大众的青睐、模仿并迅速类推、流行开来，关键在于人们新颖新奇、求新求变的修辞表达需要。

五、结语

综上分析，新兴流行构式"××人""××狗""×成狗"，以其嘲讽中伴有调侃、戏谑中带着幽默的修辞特征而迅速得到广大网民和当代年轻人的倾心与共鸣。新奇谐谑的修辞动因既是驱使其产生的根源与动力，也是使其迅速类推、流行开来的关键。而人们对新奇新颖表达的修辞需求，催生了"×到模糊""×到没朋友""×到（得）逆天""×到离谱""×到哭"等新兴程度构式。可见，对新奇新颖、诙谐戏谑表达的青睐与喜爱，驱动着语言已有形式的发展演变和新形式的不断产生。这一修辞表达需要驱使人们不断对语言形式进行改造和创造，不断挖掘形式新颖、语义谐谑、更富表现力和感染力的新表达。不难推知，求新求变、追异追奇和诙谐戏谑、风趣调侃的修辞需求与动因，将会驱动着新兴构式的不断涌现。

---

① 董紫薇，曹祝兵.程度构式"×到模糊"探析［J］.台州学院学报，2022（5）：29.

参考文献

1. 董紫薇，曹祝兵．程度构式"×到模糊"探析［J］．台州学院学报，2022（5）．

2. 林纲．网络视域下"××人"词语模的生成与功能嬗变：由年度热词"打工人"等谈起［J］．传媒观察，2021（2）．

3. 吕叔湘．中国文法要略［M］．北京：商务印书馆，1982．

4. 宋思思，曾贤模．新兴流行构式"××人"的认知分析和衍生动因［J］．汉字文化，2021（18）．

5. 吴礼权．现代汉语修辞学［M］．上海：复旦大学出版社，2006．

6. 吴礼权．修辞心理学［M］．广州：暨南大学出版社，2013．

7. 张雪梅，陈昌来．网络流行语"逆天"的演变与成因［J］．当代修辞学，2015（6）．

8. LAKOFF G & JOHNSON M. Metaphors we live by［M］. Chicago：The University of Chicago Press，1980.

Novelty and Humor in Rhetorical Motivation and Emerging Constructions

Yan Yaping　　Zhang Jie

(*School of Foreign Studies*，*North China University of Water Resources and Electric Power*，*Zhengzhou*，450046)

Abstract：The preference for novel and humorous expressions represents a significant rhetorical motivation in human communicative practices. It also serves as a crucial force driving the development and evolution of existing linguistic forms and the emergence of new ones. Using examples from emerging popular constructions such as "×× *ren*" "×× *gou*" "× *cheng gou*" and other emerging degree constructions，this study explores how these novelty and humor in rhetorical motivation influence the development and evolution of grammatical structures.

Key words：novelty and humor, rhetorical motivation, emerging constructions

家庭语言暴力中的消极修辞运用研究*

王晓燕①

（大连大学文学院　大连　116622）

摘　要： 家庭作为社会的基本单元，其内部的语言交流对个体成长及家庭和谐具有深远影响。然而在部分家庭中，语言暴力现象普遍存在，其表现形式包括侮辱、贬低、威胁、恐吓等消极修辞手法的运用。这些修辞手段不仅违背了家庭伦理和道德原则，更对受害者的身心健康造成长期伤害。本文聚焦于家庭语言暴力中的消极修辞运用，旨在深入探讨这一现象对家庭成员，尤其是儿童心理发展的负面影响。并给出应对策略，希望能够引起广大家长的警醒，加深对语言暴力现象的了解，减少或避免语言暴力现象的发生，促进父母和孩子之间的相互理解和沟通，倡导和谐的家庭语言环境，从而推动家庭与社会文明和谐健康发展。

关键词： 语言暴力；家庭语言暴力；修辞特征

一、引言

家庭是社会最基本的细胞，也是人们最重要的精神家园。中国尤其以家庭文化为重，家庭稳定影响着社会的和谐与发展，家庭语言水平影响着社会的团结与进步。家庭语言会影响人格及身心健康的发展，研究家庭语言暴力问题具有重要的社会价值及实践意义。

家庭语言暴力即指在家庭环境中，行为人以语言为武器，通过使用谩骂、侮辱、诋毁、歧视、嘲讽等性质的口头语或书面语，有意或无意地对家庭成员进行精神和情感上的侮辱、威胁和伤害等行为，或是采取故意忽略、刻意冷淡对方的态度，对受害者的心理健康和人际关系造成严重影响。这种暴力形式常常被忽视，但在研究家庭语言暴力时，了解其修辞特征是至关重要的，消极修辞作为语言使用的一种方式，其运用方式可能会加剧家庭语言暴力的影响。消极修辞中直接攻击和侮辱性的语言会极大地加剧家庭语言暴力的伤害。例如，使用"你怎么这么笨""废物"等直接贬低对方的短句或词语，会严重损害孩子的自尊心和自信心，让孩子感到

---

* 本文是辽宁省社会科学规划基金一般项目"社交媒体中网络情绪的语言特征分析及识别研究"（项目编号：L22BYY006）的阶段性成果。

① 王晓燕，博士，大连大学文学院讲师、硕士生导师，主要从事应用语言学、语用学及语言教学方面的研究。

无助和沮丧。过度使用批评和责备的修辞方式，会让孩子感到自己无法做好任何事情，从而产生恐惧和压力。这种消极修辞不仅不能解决问题，反而会使问题更加严重，孩子可能会选择逃避或反抗，进一步影响其心理健康。

二、家庭语言暴力中的消极修辞运用分析

语言是表达思想的工具，修辞则是语言表达的艺术。修辞手法的运用极大地丰富了语言表达的能力与效果。修辞艺术体现为富有文化底蕴的遣词造句能力，陈望道在《修辞学发凡》一书中讲到了修辞艺术的两大类别，即消极修辞和积极修辞。积极的修辞艺术能激发人的交往欲望，极易满足人的交际目的，反之则会让人疏于交往甚至受到伤害。

家庭语言暴力中的修辞特征是指在家庭成员之间的语言表达中使用的各种修辞手法和技巧。它们可以通过改变词语的选择、语气的运用、句子结构的变化等方式来增强语言的表达力和说服力。家庭语言暴力多采用消极修辞动机，包括辱骂、威胁、恐吓、讽刺、诽谤等。家长常运用消极修辞加强语言暴力的表达方式来打击受害者的自尊心和信心，也会通过恶意扭曲事实、歧视和侮辱对方来加剧暴力行为的伤害程度。具体运用如下：

（一）比喻（消极）

（1）你就像只懒猫，整天就知道躺着不动。

分析：用"懒猫"比喻孩子，暗示孩子懒惰，有贬低的意味。

（2）你就是个磨蹭鬼，做什么都慢得像蜗牛。

分析：用"蜗牛"比喻孩子动作慢，有贬低的意味。

（二）拟人（消极）

（3）作业好像在向你求救，但你却视而不见。

分析：将作业拟人化，暗示孩子对作业不负责任，能力不够，有责备的意味。

（4）古诗在你心里就好像巨人似的！你怎样都背不会！

分析：将孩子要背诵的古诗词拟人化，暗示孩子无法克服困难，有消极的暗示。

（三）夸张（消极）

(5) 你这成绩要是再不提高，将来就只能去扫大街了！

分析：过分夸大孩子的未来困境，制造不必要的焦虑。

(6) 你再这样下去，以后肯定一事无成！

分析：过度夸大孩子的现状对未来的影响，对孩子进行极致的否定和消极的暗示。

（四）排比（消极）

(7) 你不学习、不锻炼、不交朋友，这样下去怎么行？

分析：连续列举孩子的多个"不"，强调其消极行为，语气严厉。

(8) 你不听话、不努力、不专心，将来怎么能有出息？

分析：连续列举孩子的负面行为，强化消极影响。

（五）对偶（消极）

(9) 懒惰让人退步，勤奋使人进步。

分析：虽然对偶本身是中性的，但在这里通过对比强调了懒惰的负面影响，可能让孩子感到压力。

(10) 懒惰成性，勤奋无缘；逃避现实，梦想难圆。

分析：虽然对偶通常用于正面表达，但此例通过对比懒惰与勤奋、逃避与梦想，给孩子传达了消极的信息。

（六）反复（消极）

（11）你总是这么粗心大意，总是不听我的话。

分析：重复强调孩子的错误，可能让孩子感到被指责和不被理解。

（12）你总是这样马虎，总是逃避，你什么时候能改改？

分析：反复强调孩子的错误行为，缺乏建设性指导。

（七）设问（消极）

（13）你就没想过自己的未来吗？难道要一直这样下去吗？

分析：设问带有责备和质疑的语气，可能让孩子感到无助和迷茫。

（14）你觉得自己这样对吗？每次都说改，哪次真的改了？

分析：设问带有质疑和不满，可能让孩子感到被指责。

（八）反问（消极）

（15）你还不明白吗？你这样下去能有什么出息？

分析：反问句通常带有强烈的情感色彩，这里表达了父母对孩子的不满和对孩子未来的担忧。

（16）你还想不想好好学习了？整天就知道玩！

分析：反问句表达了对孩子行为的强烈不满和失望。

（九）引用（消极，引用负面评价或俗语）

（17）大家都说，三岁看大，七岁看老，你这样下去可怎么办？

分析：引用负面言论来评价孩子，可能让孩子感到被贴上了负面标签。

（18）俗话说，早起的鸟儿有虫吃，你总是睡懒觉，以后能有什么出息？

分析：引用俗语来强调孩子的现状对未来有决定性影响，有消极的暗示。

（十）对比（消极）

（19）你看看人家小明，学习多好，再看看你自己，整天就知道玩。

分析：通过对比其他孩子来贬低自己的孩子，伤害其自尊心。

（20）你看看人家多懂礼貌，你再看看你自己！

分析：通过对比其他孩子来凸显自己孩子的不足，可能会让其感到自卑和挫败。

（十一）借代（消极，借代负面特质或行为）

（21）你这个磨蹭鬼，什么时候能改掉这个坏习惯？

分析：用"磨蹭鬼"来借代孩子的拖延行为，有责备的意味。

（22）你这个糊涂虫，怎么连这么简单的题都做错？

分析：用"糊涂虫"来借代孩子的粗心特质，有贬低的意味。

（十二）反语（消极）

（23）你可真行啊，考这么点分数还有脸回来？

分析：反语表达了对孩子成绩的不满和讽刺。

（24）你可真行啊，试卷都能丢，你怎么不把自己丢了！

分析：反语用讽刺的口吻表达不满，可能让孩子感到被嘲笑和伤害。

上述这些例子都展示了在家庭语言暴力中，消极修辞如何被运用来加剧冲突、伤害感情和破坏关系，同时表现出了消极修辞的多样性和危害性。以上例子中的消极修辞并非用于正面教育或鼓励孩子，而是带有责备、贬低或消极的情感色彩。在家庭沟通和教育中，消极修辞不仅会伤害孩子的感情和自尊，还会对家庭关系和孩子的成长产生深远的负面影响。因此，家长在与孩子沟通时应该尽量避免使用这些消极的修辞方式，而是采用更加积极，带有鼓励性和支持性的语言，努力营造一个充满爱、理解和支持的家庭环境，帮助孩子建立自信和自尊，引导孩子健康成长。

三、消极修辞对受害者的影响

消极修辞在家庭语言暴力中的应用，不仅加剧了受害者的心理创伤，还对家庭关系造成了深远的影响。

（一）心理层面

长期遭受家庭语言暴力中的消极修辞，受害者往往会出现一系列心理问题，这些问题深刻影响着他们的心理健康和家庭关系。自我价值感低下是最常见的后果之一，这种持续的自我贬低不仅削弱了个体的心理韧性，还可能导致他们陷入更深的抑郁和焦虑之中。

1. 对自尊心的影响

首先会贬低自尊心。消极修辞中的侮辱、贬低性言辞直接指向受害者的个人价值，如"你真是个废物""你一无是处"等。这些言辞使受害者感受到来自最亲近家庭成员的否定，从而严重损害其自尊心。受害者可能会开始怀疑自己的能力和价值，形成消极的自我认知，进而在日常生活中表现出自卑、退缩等行为特征。

其次会质疑自我价值。长期暴露在消极修辞之下，受害者会逐渐内化这些负面评价，认为自己真的如家人所说那般不堪。这种自我价值的质疑会进一步削弱受害者的自尊心，使其陷入自我否定的恶性循环中。

最后会陷入自我否定。随着消极修辞的持续，受害者可能会感到愤怒和不满，认为自己的尊严和权利受到了侵犯。他们可能会表现出反抗行为，如争吵、顶嘴或逃避家庭环境。受害者有时会将家人的消极评价内化为自己的问题，产生强烈的内疚和自责感。他们可能会认为自己不够好是家人不满意的根源，从而陷入自我否定的循环中。

2. 对自信心的影响

首先会丧失自信心。消极修辞中的威胁恐吓式语言，如"你再这样我就不要你了""你永远都不会成功"等，给受害者带来了巨大的心理压力和恐惧感。这种压力和恐惧感会削弱受害者的自信心，使其在面对挑战和困难时缺乏勇气和动力。受害者可能会因为害怕失败或失去家人的爱而避免尝试新事物，从而错失成长和进步的机会。

其次会削弱决策能力。缺乏自信心的受害者在面对决策时可能会犹豫不决、优柔寡断。他们担心自己的选择会遭到家人的反对或否定，因此更倾向于遵循他人的意见或放弃自己的主见。这种决策能力的削弱会影响受害者的个人成长和发展。长期遭受消极修辞的受害者可能会感到恐惧和无助，担心家人的爱和支持会因此消失。他们可能会变得谨小慎微，避免触发更多的负面评价，同时感到自己无法改变现状。

3. 焦虑和抑郁

消极修辞的长期影响可能会导致受害者出现焦虑和抑郁等心理健康问题。他们可能会过度担心家人的评价、担忧自己的未来，从而产生焦虑情绪。长期的焦虑不仅会影响个人的心理健康，还可能导致身体上的不适，如头痛、失眠和消化不良等问题。同时，对自我价值的质疑和自信心的丧失也会引发抑郁情绪。在极端情况下，受害者可能会陷入抑郁和绝望的情绪中。他们可能会感到无助和绝望，对生活失去兴趣，甚至产生自杀的念头。这些心理问题会进一步影响家庭关系，形成恶性循环。

4. 心理创伤

在极端情况下，家庭语言暴力中的消极修辞可能会导致受害者出现心理创伤。这种创伤可能表现为长期的心理阴影、恐惧记忆、睡眠障碍等，对受害者的心理健康造成深远影响。研究表明，如果父母习惯于使用这类威胁恐吓式语言，则会对孩子心理形成长期的压力，有可能会导致孩子成为抑郁症、焦虑症患者，造成长期的心理创伤。

（二）家庭层面

当家庭成员长期受到讽刺、侮辱等消极修辞的攻击时，他们会逐渐失去对自己的信心，认为自己不值得被爱和尊重。受害者可能会变得退缩、回避，不愿与施暴者进行沟通，甚至对整个家庭产生不信任感。这种隔阂和冷漠会使得家庭成员之间的亲密关系逐渐瓦解，形成恶性循环，加剧家庭内部的紧张氛围。长此以往，家庭不再是一个温暖的避风港，而是一个充满压抑和冲突的地方。

1. 人际关系障碍

受家庭语言暴力影响的受害者可能会在人际交往中表现出退缩、不信任等特征。他们可能难以与他人建立亲密关系，对社交场合感到恐惧或不安。这种人际关系障碍会进一步加剧受害者的孤独感和无助感。

2. 沟通障碍加剧

消极修辞往往包含贬低、侮辱、威胁等语言，这些语言容易被误解或过度解读，导致家庭成员之间信息传递的失真。例如，一句"你真没用"可能被孩子解读为父母对自己的全面否定，而非针对某一具体行为的批评。消极修辞会破坏家庭成员之间的情感联系，使受害者感到被孤立和排斥。受害者可能会因为害怕再次受到伤害而选择避免与施暴者沟通，导致家庭成员之间的情感距离越来越远。

3. 互动模式恶化

消极修辞往往成为家庭冲突的导火索，使原本可以解决的问题变得更加复杂和难以解决。在冲突中，家庭成员可能会使用更加激烈的言辞来回应对方的消极修辞，导致冲突不断升级。家庭语言暴力中的消极修辞往往伴随着权力的不平等分配。施暴者通过贬低、威胁等方式来维护自己的权威地位，而受害者则处于被动和弱势的地位。这种权力失衡会导致家庭成员之间的互动模式变得单向和强制，缺乏真正的平等和尊重。

4. 家庭氛围紧张

家庭语言暴力中的消极修辞会给家庭成员带来巨大的情绪压力。受害者会感到恐惧、焦虑、沮丧等负面情绪，而施暴者也可能因为自己的行为而感到内疚或愤怒。这些情绪压力会弥漫在整个家庭中，使家庭氛围变得紧张和压抑。消极修辞会破坏家庭成员之间的信任关系。受害者会对施暴者的言辞产生怀疑和抵触情绪，而施暴者也可能因为自己的行为而失去受害者的信任。信任缺失会导致家庭成员之间难以建立真正的亲密关系和支持系统。

四、减少消极修辞的策略及建议

在应对家庭语言暴力中的消极修辞时，建立有效的沟通策略和心理干预措施至关重要。

（一）增强自我反省意识

子女层面，要学会识别父母的消极修辞表达，多关注自己的内心感受和需求，学会自我保护和自我肯定。通过自我反思，认识到家人的消极修辞并非完全代表自己的价值，而是他们自身问题的一种投射。学会用正念的力量屏蔽消极修辞的影响，采用否认、合理化等心理防御机制来减轻内心的痛苦和不安，增强自我防护力。父母层面，应提高对家庭语言暴力的认识，认识到消极修辞的危害性。提倡使用积极、健康的语言表达方式，建立和谐的家庭氛围。社会各界应加强对抵制家庭语言暴力的宣传和教育，提高公众的重视程度。

（二）改善沟通方式

家庭成员应该学习并实践积极的沟通方式，增强彼此的理解和信任，如倾听、表达感受和需求、寻求共识等。父母应给予孩子充分的时间表达自己的想法和感受，不打断，不立即反驳。保持开放和非评判性的态度，尝试理解孩子的观点，即使他们的观点与你的不同。在沟通中保持冷静和理性，用简单明了的语言表达你的期望、担忧和关心，避免使用模糊或指责性的言辞，避免使用侮辱、贬低和威胁、恐吓等消极修辞手法的言辞和攻击性的行为。多学习具体的沟通技巧，帮助家庭成员学会使用积极修辞，避免消极修辞的运用。如果陷入消极沟通模式，可与亲朋好友分享自己的经历和感受，寻求他们的理解和支持，必要时可以寻求专业心理咨询师的帮助。

（三）共同制定规则与界限

与孩子一起讨论家庭规则，让他们感受到参与感和归属感。给孩子解释规则背后的原因，帮助孩子理解规则的重要性。随着孩子的成长和变化，适时调整规则与界限。家长要学会积极反馈与鼓励，注意并表扬孩子的努力和进步，用具体的例子来表扬孩子，让他们知道哪里做得好，而不仅仅是关注结果。鼓励孩子尝试新事物，即使失败了也要给予支持和理解。寻找你和孩子共同感兴趣的活动或话题，并一起参与。认识到每个孩子都是独一无二的个体，尊重他们的性格、兴趣和选择。尝试从孩子的角度看待问题，理解他们的感受和需求。通过言语、肢体语言和行动向孩子表达你的爱和关心。

（四）提供法律与政策支持

对于严重的家庭语言暴力行为，相关部门应该加大监管和执法力度，依法进行干预和制裁，保护受害者的合法权益。呼吁社会加强对家庭语言暴力的关注和干预，制定相关法律法规和政策措施。提供心理咨询和法律援助等支持服务，帮助受害者走出困境。如果家庭语言暴力达到严重程度且无法自行解决，受害者可以寻求法律途径来保护自己的权益。通过这些策略的实施，可以有效减轻消极修辞对受害者心理健康的负面影响，促进家庭和谐与个体健康成长。

此外，为家庭成员提供解决冲突的正确方法同样重要。这包括推广非暴力沟通技巧，鼓励开放、诚实且尊重的对话模式，以及通过家庭治疗来改善沟通方式和解决深层次的家庭问题。总之，综合运用教育和心理干预手段，不仅能够帮助受害者有效应对消极修辞带来的伤害，还能促进家庭成员之间的理解与和谐，从而构建一个更加健康的家庭环境。

五、结语

家庭语言暴力中的消极修辞不仅在言语上伤害了受害者，更在其心理上留下了难以抹去的创伤。通过深入分析其定义、类型及其对个体的影响，我们不难发现消极修辞在控制和伤害家庭成员方面的影响。这种影响远不止于表面的言语攻击，而是深入受害者的内心世界，导致自我价值感降低，甚至产生焦虑、抑郁等严重的心理问题，进而影响到整个家庭的和谐与幸福。因此，家庭成员应增强自我反省意识，树立正确的家庭观念和教育理念，提高沟通技巧和情绪管理能力，建立积极、健康的家庭关系。同时，社会也应该加强对抵制家庭语言暴力的宣传和教育力度，提高公众的意识和重视程度，为受害者提供更多的支持和帮助，并为他们提供解决问题的正确方法，从而预防和减少家庭语言暴力的发生。这对于构建健康和谐的家庭环境具有重要的作用。

参考文献

1. 陈璐颖. 家庭语言暴力用语分析［D］. 厦门：厦门大学，2018.

2. 陈望道. 修辞学发凡［M］. 上海：复旦大学出版社，2012.

3. 达娜·萨斯金德，贝丝·萨斯金德，莱斯利·勒万特－萨斯金德，等. 父母的语言：3 000 万词汇塑造更强大的学习型大脑［M］. 任忆，译. 北京：机械工业出版社，2017.

4. 胡习之. 20 世纪的汉语消极修辞研究［J］. 平顶山学院学报，2005（6）.

5. 华宏仪. 汉语消极修辞［M］. 南宁：广西教育出版社，1990.

6. 陆俭明. 消极修辞有开拓的空间［J］. 当代修辞学，2015（1）.

7. 陆文耀. 消极修辞和积极修辞之"对立统一"辩［J］. 修辞学习，1994（2）.

8. 王未. 消极修辞和语法问题［J］. 毕节学院学报，2006（3）.

9. 吴思聪. 积极修辞与消极修辞小议［J］. 楚雄师范学院学报. 2009（4）.

Research on the Use of Negative Rhetoric in Domestic Language Violence

Wang Xiaoyan

(*College of Literature, Dalian University, Dalian, 116622*)

Abstract: As the basic unit of society, language communication within the family has a profound impact on individual growth and family harmony. However, language violence is prevalent in some families, manifested in the use of negative rhetorical devices such as insults, belittlements, threats, and intimidation. These rhetorical devices not only violate family ethics and moral principles, but also cause long-term harm to the physical and mental health of the victims. This paper focuses on the use of negative rhetoric in domestic language violence, aiming to explore the negative impact of this phenomenon on the psychological development of family members, especially children. And provide coping strategies, hoping to raise awareness among parents, deepen their understanding of language violence, reduce or avoid the occurrence of language violence, promote mutual understanding and communication between parents and children, advocate a harmonious family language environment, and promote the harmonious and healthy development of family and social civilization.

Key words: language violence, domestic language violence, rhetorical features

修辞与逻辑研究

叙实：语用修辞对逻辑语义的参数化

王艺林①

（大连大学文学院　大连　116622）

　　摘　要：逻辑、句法和语用修辞诸要素共同影响谓词的叙实性。补足语从句的真值是语用修辞要素的参数化导致的，即句子成分之外的语用修辞要素通过两种参数化途径——对言说者的参数化和对命题来源的参数化——实现句内逻辑真值和句外现实世界真值的沟通，从而导致主句动词决定的逻辑真值与现实世界的真值出现不对应的漂移现象。

　　关键词：限定性从句；句法结构；叙实性漂移；修辞参数化

　　叙实性问题主要是关于谓词的逻辑语义，语义上的叙实性是一个关于真值的连续统，而修辞上的叙实则是一个违反逻辑要求的创新表达，二者在基本的句法框架内展现出所有的表达可能性。句法呈现了所有的语义谱系，而修辞在遵守句法限制的基础上，扩展了句法对应语义谱系，使得句法与逻辑语义呈现出非严格的对应性。修辞丰富了句法对应的语义表达，其手段主要是通过参数化相关结构成分达成的。

一、逻辑语义

　　主句谓词的叙实性是指其对补足语成分真假值的规定性，具有真假值的成分是一个判断，但并非所有的谓词性补足语成分都能被视为判断的，单独的短语成分并不能被当作一个具有真值的判断，它们缺乏必要的事件时态指涉，不应被赋予真假值。目前学界关于叙实性的探讨并不区分补足语成分的不同地位，将所有补足语成分都看作谓词语义推导下的一个判断，因而都具有真假值。第二个值得注意的是"叙实"这一术语，既然是逻辑语义角度的谓词分类，似乎可以划分得更为细致，像预设、蕴含、充分条件、必要条件的语义关系都可以视为叙实的下位类型，仅仅区分叙实、非叙实或半叙实的情况似乎并不如使用已有的逻辑术语恰当妥帖，既然是讨论真值问题，我们认为没有必要在逻辑语义之外使用一套新的术语。

---

　　① 作者简介：王艺林，吉林大学文学博士，大连大学文学院讲师，主要从事现代汉语语法和转换生成语法的句法逻辑界面研究。

上述第一个问题涉及如何在汉语宾位补足语成分中区分限定性。何为限定性？形式句法早期将时态和一致特征归为形变（INFL）节点，以INFL值的有无来标记限定与非限定，即根据句中动核的形态特征来确定限定性，INFL值的有无又关涉主语空范畴的有无，因此动核的形态和空范畴成为确定限定性的两个判定特征。本文认同 Zhang N.（2016，2019）的观点，其文全面总结并扩展了时态讨论中使用句尾时体词"了$_2$""来着""呢"作为判定限定句的标准，同时从汉语空范畴的类型学角度解释了使用空范畴判定限定性的可行性。总的来说，在汉语中限定性与时态有关联，但二者并不能等同，汉语是能够使用区别性特征区分出限定和非限定子句的。

以下为各种类型的非限定性动词短语宾位补足语：

（1）他打算/计划［明天中午叫外卖］。
（2）他逼张三［昨天中午吃外卖］。
（3）灾情开始［影响经济］。
（4）他可以/能［明天中午赶回来］。
（5）老板喜欢［张三主动加班］。

上述句子的共同特征是都不能在括号内的补足语成分尾部加上"了$_2$""来着""呢"这些表时体的词，而限定性补足语成分都能在成分尾部加上这些词。这些位于句尾的时体词在限定性补足语小句句尾时，主句动词的域要大于它们；当它们位于非限定补足语小句句尾时，它们的域要大于主句动词。例如：

（6）a. 他打算［去美国 *了$_2$］了$_2$。
　　 b. 他知道［张三去了美国了$_2$］了$_2$。

这些句尾时体词是句子的限定性标记［S$_1$……V［［S$_2$……］［Fin 来着/呢/了$_2$］］］。

对于上述第二个问题，为了显示叙实概念所包含的逻辑语义状况，我们使用更为详细的逻辑语义分类。可以根据逻辑上的预设、蕴含、充分条件、必要条件、中立、否定来划分带限定性 S$_2$ 小句（从句）的主句谓词，划分如下：

A. 预设谓词
B. 充分条件谓词
C. 蕴含谓词

D. 必要条件谓词

E. 非充分也非必要条件谓词

F. 恒假条件谓词

因此，综合这两个问题，学界关于叙实性问题的讨论可以概括为：在 A～F 这 6 类词作主句谓词时，从句 S_2 的真值为什么会存在变化，即为什么 S_2 的真值会不遵守基本的逻辑语义的规定性。

二、句法结构

（一）叙实相关的三类句法结构

叙实漂移现象或者叙实谓词的结构问题都不应该脱离 A～F 这样一个逻辑语义的连续统来考察，在这样一个连续统中，结构式的确定和影响叙实语义漂移的因素都能在它们句法语义的对比变化中得以确认，若将所谓的叙实谓词单独区别开来，就可能会遗失总体观照下的关键线索，虽然这些线索对任何一种关涉逻辑真值的结构式深刻考察都能够发现。

假设在结构式 $[_{S1}\ NP_1\ V\ [_{S2}\ NP_2\ INFL\ VP_2]]$ 中，由于主句谓词 V 的存在，S_1 与 S_2 之间存在语义上的逻辑关系，那么 S_1 与 S_2 之间的决定关系有如下类型。

若 V 为 A 类谓词，那么有：

$-S_1 \rightarrow +S_2$
$+S_1 \rightarrow +S_2$
$-S_2 \rightarrow$ 句子 S_1 的成立存在不恰当问题
$+S_2 \rightarrow +／-S_1$

此时我们可以将 S_1 与 S_2 之间真值决定关系的数量定为 3，以此类推，A～F 类谓词情况下主从句之间真值决定关系的数量为：

A	3
B	1～2
C	1
D	1
E	0～1
F	0

其中，B、E 类谓词决定从句真的情况存在变化，主要是由于 B 类谓词可表达言语层面的真，例如否定必然蕴含着对某一命题的肯定，或蕴含此命题在上文中存在的真。E 类谓词从句代表一种弱断言，其从句可以为真，此处区别于情态从句的模态真，因此可取值 0~1。

由上述取值明显可以得出 A 与 F、B 与 E、C 与 D 之间的可同种处理的假想。

以下我们进一步分析一些要素在这个连续统中的具体表现，若 C、D 能作同种分析，那么在 A、B、C 与 D、E、F 对立的情况下（它们在从句指称化上形成对立），跨越两类的 C、D 具有同样的取值，将 C、D 作为连续统的基底来探讨将优于把极端的 A、F 作为基底，同时也优于将中间状态的 B、E 作为基底来讨论。

C 类蕴含谓词和 D 类情态谓词的语义共同点在于它们都是以明确的逻辑算子的形式标记句子的真假，其成员数量都是固定的。蕴含谓词要构造主从句同真同假的语义特点，而同时要满足从句限定性的要求，那么它就只能是表达纯逻辑算子的谓词了，例如"有""是"。因为蕴含意味着主从句谓核语义上的包含关系，这种近距离的关系多是以主从句谓核融合形式表现的，即补足语成分多以谓词性短语形式出现。D 类谓词能通过限定性测试的只有"应该""可能""必须"等为数不多的几个词。

C、D 类谓词除了在从句的指称化上表现不同外，二者在一系列的句法表现上有着对称性。例如：

（1）二者的从句主语都可以提升到主句主语位置，即都可以看作提升结构。其中"有"字句由于主句主语的有定要求与从句的无定要求冲突而不能成立，这种例外是有能够解释的独立因素的。

（2）"有""是"与情态谓词，特别是认识情态谓词的线性位置比较自由，能够互换位置。这表明二者在句法结构上处于同一层级位置。

（3）正反问成分只能在这些逻辑算子上实现，而不能嵌入它们的从句之中。

（4）在从句内的指称性特指问成分能够获得广义域，无论是在蕴含从句还是在情态从句中，特指问语气都能够提升至主句层级。这不同于学界所认为的从句的 ［＋N］ 特征会阻止语气提升。

（5）蕴含谓词像情态谓词一样，可以作为界标来确认非指称性特指问在从句中的嵌入深度，例如表原因的"怎么""为什么"不能嵌入从句内，因为它们的句法位置要高于情态谓词，同样它们也不能嵌入蕴含谓词从句内，即表明蕴含谓词与情态谓词的句法位置高度是一样的。当然，"有"字句由于其无定要求而可能存在非指称性特指问嵌入时语义上的不成立情况，但这一点是独立可解释的情况。

于是，C、D类谓词可以同样分析为包含主语提升的结构如下：

$$[_{S1} NP_i \cdots\cdots V [_{S2} t_i \cdots\cdots]]$$

观察此结构式，其最明显的特征就是主从句主语之间的移位关系，即二者构成移位同一关系。

假设 A～F 代表一个连续统，据此逻辑，那么就意味着这个特征在 A、F，B、E 中同样存在着，如何表现呢？即如何在另外的两类结构中构造理应存在的连续统，表现不同层级的句子主语之间的关系？当然，这种关系是 C、D 类主从句主语移位同一关系的上层抽象化，移位构成的同一关系只是其表现之一。那么不同层级的句子之间的主语关系还有哪些表现呢？

最简单的满足不同层级主语指称关系的方式就是使得主语在语义上同指，即在句子不同层级上实现语义同指，这一点区别于移位构成的同一现象，同一关系是更为严格的同指关系。无论是在 A、F 类谓词句还是在 B、E 类谓词句中，构造不同层级的主语同指都是简单的。A～F 类谓词构成的句子存在 3 个层级，即言语层级、主句层级、从句层级。其中言语层级代表着言者的言语行为，即任何一个句子都存在一个言说的"我"，用 S_0 表示。三个层级为 S_0、S_1、S_2。

（1）S_0、S_1、S_2 三层级主语同指，即 S_1、S_2 层级主语是包含言者的单数或复数第一人称名词，这是构成三个层级主语指称相同的唯一情况，除此之外，当 S_1、S_2 层级为非第一人称名词时，则无法构成三层级主语同指情况。

（2）S_1、S_2 层级主语同指显然包含着三种情况：一是句法上的移位，如上述主语提升结构。二是如蕴含谓词中的"后悔"这样的谓词句，倾向于强制此两个层次主语同指。三是 A～F 类的其他谓词句不同于前二者情况，不强制此两个层次的主语同指。

（3）S_0、S_1 层级的主语同指。这种情况下主语指称显然被限定为第一人称，此时可以归属于第一种情况，只是 S_2 主语未定而已。

在上述表现中，各句子层级之间的主语同指关系是显性的指称关系，是以名词形式表现出来的。但是指称最初始的概念并不是天然表现为名词的，它同样可以与动词相结合，构成隐性的指称同指关系。为了简化讨论，以下将忽略 S_2 层级的同指。仅关注 S_0 与 S_1 层级主语指称同指关系。

（1）C、D 类谓词句，在底层结构中，其主句主语位置为空，从句内主语由于赋格原因而提升至主句主语位置。但 C、D 类谓词自身包含 S_0 层级主语，可表示如下：

$$\left[_{S0} \text{NP}_0 \cdots\cdots \left[_{S1} \text{NP}_i \cdots\cdots （+\text{PRO}） \text{V} \left[_{S2} \text{t}_i \cdots\cdots\right]\right]\right]$$

若将 V 内包含的代词性成分看作 PRO，则 S_0 层级主语与之构成约束关系，若这种约束关系在底层结构中存在，那么 NP_i 就构不成干扰效应。事实上，这种 S – 层级的移位确实未构成干扰。因为所有的情态判断都是言者的判断，并非 S_2 内主语的判断。

（2）在 B、E 类谓词句中，这些主句谓词都不包含代词性成分，它们作为一种近乎中立的断言谓词，都是依附于位置最近的主语的。或可以表述为它们都是世界创造谓词，即真值计算模型不同于 S_0 层级模型，只依附于 S_1 层级。

（3）在 A、F 类谓词句中，这些谓词有一些包含着代词性成分，然而其代词性成分的约束都会受到主句主语的干扰，但干扰的程度是不同的。A、F 类谓词句中的指称问题处于 C、D 与 B、E 类谓词句之间，其不同于 C、D 类谓词由于底层主语缺失而导致的谓词包含 S_0 层级主语的单独约束，也不同于 B、E 类谓词的 ［–PRO］ 构成，即无代词性成分。它混合了这两种情形。

例如，对比谓词"知道""后悔""发现"的句法表现：

（7）a. *误以为自己造成了巨大损失，他知道自己犯了无法弥补的错误。

b. 误以为自己造成了巨大损失，他后悔自己犯了无法弥补的错误。

（8）a. *如果以后我知道我自己刚才没有全面阐述这个问题，我会向你道歉的。

b. 如果以后我发现我自己刚才没有全面阐述这个问题，我会向你道歉的。

显然，在"知道"谓词句中，S_0 层级的主语一直是隐性存在的，但是在"后悔""发现"谓词句中，这种代词性成分并不存在。它们如同 B、E 类谓词一样紧紧依附于主句主语的真值判断计算模型，但其真值计算比 B、E 类谓词所受到主句主语的干扰要小，这一点将被下文归因于关系化算子的有无。

再次观察 C、D 类谓词句空主语提升结构，其最明显的作用就是用显著的标记来标示句子的真值，而 B、E 类则可以看作断言性的谓词，它们对从句真值则是持近乎中立的态度，A、F类谓词对从句持一种确定的态度。这三类谓词对从句的真值是一个"模态—传信—预设"的连续统。这样一个连续统在句法形式上如何表现呢？

（1）C、D类谓词是S_0层级的主语直接对一个命题的模态真的标记，这种标记是直接在S_0句子层级上标记的，因为S_0层级的主语无法被主句空主语所阻碍，所以能直接评价从句命题。

（2）B、E类谓词句中，从句命题的真是在主句主语创造的新的世界模型中计算的，其真假与主句主语息息相关。S_0层级的主语无法干涉，因为无法通过约束代词性成分参与到主句谓词当中。

（3）A、F类谓词句中，从句命题都代表着一种预设。预设性命题的真假显然是要在预设所产生的世界模型中计算的，即命题是否能在相应的世界模型中得到确认，也就是潜在的事实能否被上文所约束。

A、F类谓词句底层结构可以看作：

$$[_{S1} \cdots\cdots V [_{S2} [OP_i] [\cdots\cdots]]]$$

即可以把A、F类谓词句看作事件关系化结构，关系化算子在句内未被约束，但是必须被约束，否则其逻辑层级不符合语法。它被上文或语境中的量化名词所约束，但是这个名词在不同的世界模型中，或通过代词性成分被约束在S_0层级的运算模型中，或被主句主语所创造的世界模型中的量化名词所约束，由此显示出不同的真值程度。

此结构式的设立不仅有着上述连续统的间接证据支撑，其本身也有着句法表现上的直接证据支撑：

（1）叙实从句可以进行指称化转换。

（2）从句的［＋N］特征并不能阻止C类谓词句中指称性和非指称性特指问成分的真性问。

（3）A、C类谓词对从句内指称性和非指称性疑问成分的不同阻碍在于量化力，前者有而后者无。

（4）A、F类谓词应该作同种分析。

在结构式拟设中，具有下标i的算子在本结构式中并未获得约束，这样的处理有其优势。因为无论是强预设还是弱预设，它都表明在语境或话语双方的心里存在着这样一个判断：当这个命题能够在上下文话语层面或现实层面找到这个先行判断时，那么其真值是不可怀疑的；而当这个先行判断存疑，例如言者和主语的判断相矛盾时，则其失去确定性的真值，乃至为假。而且这样处理为一个以先行判断为先行词的算子，可以将反叙实彻底纳入其中，因为如果无法在话语层面或现实层面找到这样一个先行判断（命题），那么这个算子将无法被约束，此从句命题恒假无疑。

（二）沟通句子层级的两种初始概念的本质

上述三类谓词句结构拟设如下：

A、F 类谓词句：$[_{s1}\cdots\cdots V\ [_{s2}\ [OP_i]\ [\cdots\cdots]]]$
B、E 类谓词句：$[_{s1}\cdots\cdots V\ [_{s2}\ [\cdots\cdots]]]$
C、D 类谓词句：$[_{s1}NP_i\cdots\cdots V\ [_{s2}\ t_i\cdots\cdots]]$

即 A、F 类谓词句构成事件关系化结构，B、E 类谓词句为一般的补足语从句结构，C、D 类谓词句为主语提升结构。

观察这 3 个结构式，其区别在于主语与从句算子的不同，那么我们可以猜测各句式逻辑语义的不同是由此二要素导致的。这两种要素可以看作叙实概念下更为基础的初始概念，即人称、真值算子。它们的作用显然是沟通句子不同层级，或者说是中介不同的计算真值的世界模型，具体来说，其作用如下：

第一，从人称角度来看，C、D 类谓词句只存在着言者主语、从句的真不涉及言者之外的人称。B、E 类谓词句则是从言者主语的视角来看待主句主语断言从句为真的证据性，其从句为真的条件涉及视角问题。A、F 类谓词句由于其内部次类的问题，并不是那么统一，主句主语或多或少会影响从句命题的真值判断，它处于上述两类的中间位置上，显示出内部的不同次类，如"知道"类谓词更多的是受 S_0 层级的主语影响，"后悔"类、"发现"类谓词更多地受到 S_1 层级主语的影响。人称概念是一种视角，它可以表现为名词，亦可以表现为谓词性成分，不同于人称代词。

第二，从算子标记角度来看，A、F 类谓词句是零情态的，其对从句真的判定是非真即假的，因为约束它的量化名词在上文或语境中只有存在或不存在的情况。B、E 类谓词句则是示证情态的，意在对从句的真给予断言。C、D 类谓词句是以显性情态方式来标记从句的真值。

这两种初始概念的共同特征就是可以沟通不同句内层级、句内句外层级。如果把真值也看作一种可以移动提升的句子成分，那么不同的句内层级或句外层级就代表着不同的真值运算模型世界，不同模型内的真并不相关，一个模型内的真如果要在另一个模型内得到评价，那么必须具备沟通不同模型之间的要素。人称和真值算子就是真值漂移的初始影响要素，因此，所谓的叙实性漂移不过是此两种要素在句内层级、句内句外层级之间的等同或移位现象罢了。

如果再进一步探究此两种要素的上层概念，那么可以把它们归结为"近指"，因为它包括了言者为中心的有定性，叙实性问题的本质就是在 S_0 层级上计算命题的真值。这种计算要么绑定 S_0 层级的主语，要么直接绑定 S_0 层级的已经存在的命题，于是要么通过显性或隐性的代词性成分构造同指，要么通过事件关系化算子被 S_0 层级的量化名词所约束。

三、叙实性漂移与修辞对句法语义的参数化

学界关于叙实问题的讨论多集中在叙实性漂移论题上，它表明上述 A~F 类谓词句的真假值会随着语境变化，会发生真假值之间的转变。

"漂移"这个词对于 B、E 类谓词句来说没什么意义，因为它们本身就是断言句，其真值是一个从非绝对的真到非绝对的假的连续统，而对于 C、D 类谓词句来说，它们已经用显性的情态标记出非绝对真和非绝对假的真值了，它们根本不存在什么"漂移"。这么一来，似乎"漂移"一词只对于 A、F 类谓词句有概括价值。

假设我们遵照形式语法的句法、语义与修辞的投射关系，即核心句法部分生成无限的 S 结构，逻辑层级上经由量化移位得到最基本的语义解释，而后再由认知系统经过语用、修辞转化为现实的表达，那么我们完全可以把修辞看作对核心句法语义部分的"破坏"，或者说是一种"丰富"，这种丰富可以看作句法语义成分的参数化的必然要求。这种参数化有两层含义：第一层是指在句法结构层上的参数化，即通过对影响真值提升成分的初始概念的不同组合来达到影响叙实语义漂移的目的，这种参数化路径我们已经在本文第二部分"句法结构"中论述过。第二层是指在语用修辞层面对影响真值提升的初始概念的参数化。叙实性漂移现象的解释需要经过这两个层级要素的计算才能真正揭示其运作。核心句法的运算是一种框架式的规定性，其语义解释被投射到逻辑层级上，但是在逻辑与认知系统的界面上还存在着许多非逻辑的语言现象，它们是更为外围的认知表达问题，它们对句法和逻辑的作用并不是决定性的，我们可以说语法自治，但绝对不能说修辞自治，修辞应该存在于核心语法具有非典型用法的时候。

假设叙实性漂移的决定规则如下：

第一，只有在 S_0 层级的命题才能被认为是真的，否则只能是在不同模型中的真。

第二，"近指"为叙实的本质，它通过代词性成分与 S_0 层级主语同指

使得命题在 S_0 层级中被计算真值，同时通过对命题从句的事件关系化约束达到确认命题真值的目的，二者缺一不可。

以下我们举例论证这个规则的解释力。

（9）张三否认自己盗窃了公司财产。

此例我们不能得出"张三盗窃公司财产"为真，但是可以得出"张三盗窃公司财产"这一信息一定在语境中出现，这是另一种意义上的存在性的真，可以看作从句命题获得 S_0 层级的确认，但是该命题不是在 S_0 层级中被计算真值的，因为并未有 S_0 层级的主语参与到主句主语或主句动词中去。

（10）张三认为李四盗窃了公司财产。

此例从句无法判定为真，因为从句命题无法在 S_0 层级中被计算真值，因为主句谓词只依附于主句主语所创造的世界模型。同样也无法在 S_0 层级中被确认，因为不存在预设造成的被 S_0 层级量化名词所约束的算子。

（11）张三知道李四盗窃了公司财产。

该句可以断定从句命题为真，因为 S_0 层级的主语通过主句谓词内的代词性成分参与对命题真值的计算，同时该命题也能被 S_0 层级量化名词所约束，进而得到确认。但是从本质上讲，从句的真也并非绝对的真，因为总是存在着主句主语"张三"对谓词中的代词性成分约束的干扰，但是相较于例（12）中的"后悔"，其为真的程度更高，一般可以看作真的。

（12）a. 张三后悔盗窃了公司财产。
b. 我后悔盗窃了公司财产。

a 例从句命题可以被取消，命题可能为真。b 例从句命题则不能被取消。二者区别在于 b 例中 S_0 层级的主语与主句主语显性同指，这就使得命题能够在 S_0 层级中被计算真值。

（13）张三可能盗窃了公司财产。

此例在底层结构中，S_0层级与S_1层级之间对谓词中代词性成分约束的主句主语为空，因此，命题能够在S_0层级中被计算真值，但是命题直接被模态逻辑词约束，为模态真。

在结构式$[_{S1}\cdots\cdots V[_{S2}\cdots\cdots]]$中，$S_2$的真值的本质就是一个三层提升关系：假设我们把$S_2$的真值也看作一种类似于疑问语气的东西，那么很明显它就可以从S_2出发提升到S_1层面，同样它可以继续提升至句外S_0言者交际层面，此时才是现实世界中的真值，或者说是言者所在世界的真值。所谓叙实性漂移，从这个角度来看，就是真值作为一种类似疑问语气的东西能否逃离S_2和S_1从而达到言者所在的S_0层级。因此，使用"真值移位"比漂移更为合适。但是将语言中的语用、修辞现象考虑进来之后，"漂移"不失为一个恰当的表述。

现实语境中的句子叙实漂移就是对上述叙实性漂移规则的不同角度的运用，例如使得不具备代词性成分的主句谓词变得具有代词性成分、使得在语境中没有同指的信息获得同指等手段都能改变谓词的叙实性。修辞对逻辑语义的影响关系表现如下：

第一，利用全称主语、复数主语等包含S_0层级言者的主语，间接将S_0层级言者代入对命题的真值计算中。这种使用同言者主语一致的视角来评判从句的真值，因为言者不可自相矛盾，所以从句为真。

第二，改变句式，使主动句式变为被动句式，其原理在于利用主语的有定性特征，即在语境中已经存在，完成对事件关系化算子的约束，从而增强谓词的叙实性。这是对命题直接的近指确认，甚至不需要对事件关系化的设想，都可以在上文或言者语境中找到从句命题的存在真。

第三，增加命题可信度，从而将命题置于背景信息中。例如当从句为大多数人认可时，谓词叙实性增强。增加从句详细度，对细节描写越详细，其真实性越高。这同样是对命题角度近指的操作，但是不同于第二种表现中的约束，这是通过肯定的断言以显示命题的来源途径，从而满足第二个参数化要素条件，对于第一个参数化条件，则是通过增强其与言者主语的关联性，从而从侧面暗示命题是在现实中被计算真值的。

总之，无论认为叙实现象是纯句法语义的，还是语用修辞的，都是狭隘的。在句法上，它是一个涉及逻辑语义的真值由内层从句到言语层面提升的问题；在语义上，它是一个混合了逻辑语义和语用修辞的现象。但是只要抓住了其参数化的两个维度，即S_0与S_1层级的主语同指和事件关系化算子被S_0层级名词所约束这两点，就抓住了叙实性漂移的根本。

四、结语

叙实性问题是一个双重的参数化问题，其参数化的对象是"近指"概念，在句法上对近指相关的人称视角和命题采取不同的表达路径，具体可以归纳为3种不同的结构式。在语用修辞上，对"近指"概念再次参数化，同样是对与近指相关的人称视角和命题进行操作，但只是在句法层级上的调整，这种调整却足以影响谓词的叙实性特征。叙实性漂移现象很好地展示了语用修辞对逻辑语义的作用，句法可以自治，但逻辑语义处于逻辑和认知系统界面，它不可避免地会受到语用修辞的干预，这种干预是以参数化相关句子成分的语义实现的，它是近指概念的人称和有定要素的具体体现。

参考文献

1. 曹道根．再论汉语是否有限定和非限定区分［J］．当代语言学，2018（1）．

2. 陈振宇，甄成．叙实性的本质：词汇语义还是修辞语用［J］．当代修辞学，2017（1）．

3. 方梅．认证义谓宾动词的虚化：从谓宾动词到语用标记［J］．中国语文，2005（6）．

4. 李新良，袁毓林．"知道"的叙实性及其置信度变异的语法环境［J］．中国语文，2017（1）．

5. 李新良．疑问句与汉语动词的叙实性［J］．语言教学与研究，2016（2）．

6. 唐正大．命题态度与主宾语从句不对称性初探［J］．汉语学报，2019（1）．

7. 王冬梅．动词的控制度和谓宾的名物化之间的共变关系［J］．中国语文，2003（4）．

8. 袁毓林．"忘记"类动词的叙实性漂移及其概念结构基础［J］．中国语文，2020（5）．

9. GRANO T. Finiteness contrasts without tense?：a view from Mandarin Chinese［J］. Journal of east Asian linguistics，2017（3）．

10. HU J-H，PAN H-H，XU L-J. Is there a finite vs. nonfinite distinction in Chinese?［J］. Linguistics，2001（6）．

11. KIPARSKY P，KIPARSKY C. Fact［C］//BIERWISCH M，HEIDOLPH K. Progress in linguistics. The Hague：Mouton，1970.

12. LIN J-W. A tenseless analysis of mandarin Chinese revisited：a response to Sybesma 2007［J］. Linguistic inquiry，2010（2）．

13. LIN T-H. Finiteness of clauses and raising of arguments in mandarin Chinese［J］. Syntax，2011（1）．

14. SYBESMA R. Whether we tense-agree overtly or not [J]. Linguistic inquiry, 2007, 38.

15. TSAI W-T. On nominal island and LF extraction in Chinese [J]. Natural language & linguistic theory, 1994 (1).

16. ZHANG N. Sentence-final aspect particles as finite markers in Mandarin Chinese [J]. Linguistics, 2019 (5).

Factivity: Parameterization of Pragmatic-Rhetoric on Logical Semantics

Wang Yilin

(*College of Literature, Dalian University, Dalian,* 116622)

Abstract: Logic, syntax and pragmatic-rhetoric all have influence on factivity variation. The truth of complement clauses is the result of parameterization of pragmatic-rhetoric elements, i. e. , the pragmatic-rhetoric elements outside sentences use two ways of parameterization—parameterization of speaker and parameterization of proposition sources—to connect the logic truth inside sentences and the realistic truth outside sentences, leading non-corresponding variation of truth between the logic truth decided by matrix verbs and the truth of reality.

Key words: finite clauses, syntax structure, factivity variation, parameterization of rhetoric

广告修辞研究

关于广告定义问题的再思考

吴礼权　华　杉①

（复旦大学中文系　上海　200433；华与华营销咨询有限公司　上海　200063）

摘　要： 自广告学在 20 世纪上半叶正式被建立起来后，有关广告的定义就一直存在诸多分歧，而且随着时代的演进与传播媒介的不断变化，广告定义的更新迭代更加频繁，简直让人无所适从。正是基于这一现实，我们结合广告发展的新趋势和新特点，提出了一个最新的定义："广告，是特定个人或机构为了实现特定的目标预期，通过特定的媒介向意向中的潜在接受者推广某种产品、服务或理念、信息的一种传播活动。"

关键词： 广告；定义；概念；内涵；外延

大凡有商品生产和商品交换，就会有促销行为。而有促销行为，就会有"商业广告"（或曰"经济广告"）。大凡人类社会有国家、政权、政府的存在，就会有社会治理的政策宣导活动。而有政策宣导活动，也就会有"社会广告"（或曰"公益广告"）。广告作为一种商业经济行为或是社会服务行为，其历史有几千年之久。但是，以广告为研究对象的广告学则是 20 世纪上半叶才开始的。尽管广告学的历史并不长，但中外学者给广告下的定义却数以千计，其中的分歧争议异常复杂，比一些古老学科在基本概念的定义上存在的分歧还要多。我们认为，广告作为广告学的核心概念，在定义上存在争议是正常现象，学者们完全可以根据时代发展与媒体的迭代更新，对广告的定义进行新的思考。

一

"广告"一词，在现代汉语表达中算得上是一个常用词了。其实，它并不是一个有纯真血统的本色汉语词，而是一个外来客、舶来品的角色，是日本人以汉字为原材料"加工制造"出来的一个新名词，写作"広告"（读作こうこく），用以对译西方新概念的 Advertise 或 Advertising。只是因为日本人创造的新名词"広告"是以汉字的形式呈现，以致中国人误以为

---

①　作者简介：吴礼权，文学博士，复旦大学中文系教授、博士生导师。华杉，工学学士、EMBA（中欧国际工商学院、清华大学），财经史哲作家，华与华营销咨询有限公司董事长。

"广告"一词是汉语固有的词汇，因而习用而浑然不自知。据考证，"原始的广告形式早在公元前 3000 年前就已出现，但是数千年后才有了广告（advertising）一词，该词源自拉丁文 advertere（词根为 vert，意为 to turn 或 to change，使转向、使转变之意），其意为注意、诱导和传播，在大约公元 1300—1475 年的中古英语时代演变为 advertise，其含义衍化为'使某人注意到某件事'，或'通知别人某件事，以引起他人的注意'。17 世纪末，英国开始进行大规模的商业活动，'广告'一词开始广泛流行。此时的'广告'，不仅仅指一则广告（advertisement，advert 或 ad），而指一系列的广告活动，也即现代意义上的广告总称'advertising'。大约在 1872 年日本人把'advertising'译为'广告'，中国人自办的中文报刊上最早使用'广告'一词是 1899 年在梁启超创办于日本的《清议报》上"①。

作为现代汉语中的一个常用词，在我们的日常语言表达中，"广告"一词有时是名词，有时是动词，是一个具有双重词性的词。例如，"信箱里又被人塞进了许多小广告"，其中的"广告"就是一个名词，是指"推销或宣传某种商品或服务信息的印刷品"；而"下周二公司要办一个广告宣传活动"，其中的"广告"跟动词"宣传"一样，是"广而告之"的意思，明显是一个动词。但是，长期以来，在语言学界甚至是词汇学界，对于"广告"一词所具有的双重词性的事实都没有正确的认识，以致一些权威的语言类辞书对于"广告"一词的释义都存在偏颇。如：

【广告】guǎnggào 名 向公众介绍商品、服务内容或文娱体育节目的一种宣传方式，一般通过报刊、电视、广播、网络、招贴等形式进行。（《现代汉语词典》第 7 版②）

广告 向公众介绍商品、报道服务内容或文娱节目等的一种宣传方式。一般通过报刊、电台、电视台、招贴、电影、幻灯、橱窗布置、商品陈列等形式来进行。（《辞海》缩印本③）

从《现代汉语词典》与《辞海》所下的定义来看，二者都将"广告"视为一种"宣传方式"，明显是将之定性为名词，而且《现代汉语词典》还非常明确地标明了其词性是名词。但是，令人奇怪的是，在《现代汉语词典》的"广告"词条之前，还有一个词条"广而告之"，其释义是：

---

① 刘磊. 广告定义研究的探索性分析：基于 1992—2016 年中外期刊文献综述的视角［J］.广告大观（理论版），2017（1）：14 - 15.
② 中国社会科学院语言研究所. 现代汉语词典［M］. 7 版. 北京：商务印书馆，2016：488.
③ 夏征农. 辞海［M］. 缩印本·1989 年版. 上海：上海辞书出版社，1990：951.

【广而告之】guǎng'érgàozhī　广泛宣传，使公众都知道。(《现代汉语词典》第 7 版①)

虽然这个词条解释的不是一个词，而是一个四字短语，但它本质上解释的仍是"广告"一词的意思，因此可以视为《现代汉语词典》的又一个"广告"词条。值得注意的是，这个词条虽然没有给"广告"标注词性，但从其释义内容，我们便可看出其潜在的词性标注就是动词。因为"广泛宣传，使公众都知道"说的是动作行为及其结果，明显是对动词性质的概括。可见，统观《现代汉语词典》"广告"与"广而告之"两个词条，我们便会发现，《现代汉语词典》实际上是承认"广告"一词兼具名词与动词两种词性的，只是"广告"词条的撰稿思虑不周，因而出现了释义的漏洞。这是需要指出的，也是必须改正过来的。

说完了汉语"广告"一词的来源及其词义、词性，下面我们就要说到广告学意义上的"广告"的概念内涵了。众所周知，中国历史悠久，中国人经商的历史也非常悠久，而且自古以来，历朝历代"善治生"（擅长做生意）者都不乏其人，如春秋时期弃官从商的陶朱公（传说是帮助越王勾践灭吴的功臣范蠡）和孔子的得意弟子子贡，战国时期的商圣白圭（太史公马迁《货殖列传》有"天下言治生祖白圭"之说），都是中国人耳熟能详的商界精英。其实，中国人不但会做生意，而且很早就懂得做广告，以此招徕顾客。李一氓《广告·文学·文明》一文指出，在中国，"广告，古已有之，约有市招、招牌、幌子诸名，都和店铺联在一起，如和商品包装联在一起，就叫仿单了。有商业行为，有商品，自会有广告。我们看张择端的《清明上河图》这幅宋画，就可以指点出来，开封城外这各种店铺的各种市招"②。所谓"市招"，就相当于我们今天的广告牌。读过中国古典小说名著《水浒传》的，大概都会对第二十三回"横海郡柴进留宾，景阳冈武松打虎"一节有深刻印象。其中，有一段文字写道："武松在路上行了几日，来到阳谷县地面。此去离县治还远。当日晌午时分，走得肚中饥渴，望见前面有一个酒店，挑着一面招旗在门前，上头写着五个字道：'三碗不过冈'。"这里所说的"招旗"，就是"市招"，是酒店的广告牌。不过，这个作为酒店广告牌的"招旗"跟中国古代一般的"酒幌"却不同，它不仅有招徕顾客的作用，还有提醒顾客注意事项的功能，可以说是兼顾了商业广告与公益广告两种属性。可见，中国古人很早就有很强的广

————————

　①　中国社会科学院语言研究所. 现代汉语词典［M］. 7 版. 北京：商务印书馆，2016：488.

　②　李一氓. 广告·文学·文明［M］//李一氓. 存在集　续编. 北京：生活·读书·新知三联书店，1998：409.

告意识。只是因为中国人受儒家"重义轻利"的传统思想影响甚深，在观念中轻视商业与商人，因此在学术研究中就少了基于现代商业经济意识的广告学研究，当然也就没有对"广告"这一商业行为进行严格意义上的概念内涵界定。

二

西方人对于商业的态度跟中国人明显不同，他们重视商业并狂热地追求商业利益，因此对有助于商业利益获取的广告活动更加重视，基于市场营销视角而进行的广告学研究也较早。但是，对于"广告"概念的确切界定却并不是很早。顾明毅《未来广告：中国广告业未来发展与数字营销传播前瞻：2025—2035》一书在论述广告的起源与发展时曾明确指出，在西方，"虽然广告的根源可以追溯到数千年前，但第一个真正被认可的定义是丹尼尔·斯塔赫在 1923 年提出的'印刷形态的推销术（Salesmanship in print）'，这也是美国广告最早使用的定义。那时，各种形式的印刷品是主流，并成为广告主们可用的媒体"①。但是，"随着新媒体的发展，广告定义也随之演变，具体表现为，'印刷'被'大众媒体'取代"②。21 世纪初，美国学者理查和库伦（Richards, J. I. & Curran, C. M.）通过"德尔菲法"调查广告专家，又得出一个新的定义："由可确认的来源所进行的，旨在劝服接受者现在或将来采取行动付费的，通过媒介完成的传播活动。"③ 亦即"由确定的出资人，通过大众媒体来劝服和影响受众的非人际传播活动"④。这个定义被认为是"经典广告定义，代表了营销业和广告教科书的观点，得到大多数学者的认可"⑤。

中国对于广告学的研究，以及中国学者给"广告"下的定义，是受欧美与日本现代广告学的影响。相关文献资料显示，"早在民国时期，现代

①　顾明毅. 未来广告：中国广告业未来发展与数字营销传播前瞻（2025—2035）［M］. 上海：上海远东出版社，2022：13.

②　顾明毅. 未来广告：中国广告业未来发展与数字营销传播前瞻（2025—2035）［M］. 上海：上海远东出版社，2022：16.

③　RICHARDS J I, CURRAN C M. Oracles on "advertising": searching for a definition［J］. Journal of advertising, 2002（2）：63 - 77. 转引自：顾明毅，姜智彬，李海容. 百年广告定义研究辨析［J］. 现代传播，2018（4）：123.

④　顾明毅. 未来广告：中国广告业未来发展与数字营销传播前瞻（2025—2035）［M］. 上海：上海远东出版社，2022：16.

⑤　顾明毅. 未来广告：中国广告业未来发展与数字营销传播前瞻（2025—2035）［M］. 上海：上海远东出版社，2022：16.

广告业就已经由一批留学归国的广告人在上海等城市建立发展起来，一些介绍新式广告的书籍也随之出版"①。最早介绍西方广告学知识给国人的是当时的新闻学著作，如 1913 年由上海广学会出版的《实用新闻学》，是"中国较早流传的应用新闻学著作"②，其中的"第 12 章'告白之文'、第 13 章'登载告白'论述了广告文案的写作方法和报刊广告的刊登事宜"③。该书虽非专门的广告学研究著作，却"非常重视广告诉求对象、广告的心理效应及广告的美学原理、广告及广告业的伦理道德等问题的研究"④，洵为难得。随后，商业类著作或教科书中也出现了介绍广告学的内容，如"1916 年商务印书馆出版的盛大琯编写的《商业实践》第四编'媒介商业'里对广告学的基础理论进行了介绍。范彦矧讲述的《商业科讲义》1917 年由商务印书馆出版，在第 8 种推广经营法对广告学也进行了介绍"⑤。时至 1919 年，留学美国密歇根大学的徐宝璜有《新闻学》一书面世。作为新闻学方面的著作，因将报纸广告纳入报纸研究的范围，这本书被学术界认为"是广告学方面的开山之作"⑥。至于 1918 年 6 月由商务印书馆出版的甘永龙编译的《广告须知》，则被学术界认为是中国"最早的广告学研究专著"⑦。该书当年是"作为商业丛书第一种'商学小丛书'出版，译自美国的 *How to Advertise* 一书。全书篇幅不大，32 开本 105 页，共 22 章"⑧，但影响不小，"至 1927 年 7 月已出至 8 版"⑨。跟广告学专著较少的局面形成鲜明对照的是，这一时期的"广告学研究论文蔚然成

① 祝帅，曲韵．论"全球广告史"的理论基础与学科建构 [J]．中国新闻传播研究，2020（4）：205 - 206．

② 陈培爱，杜艳艳．五四时期广告教育与广告学研究初探 [J]．新闻与传播研究，2010（4）：73．

③ 陈培爱，杜艳艳．五四时期广告教育与广告学研究初探 [J]．新闻与传播研究，2010（4）：73．

④ 陈培爱，杜艳艳．五四时期广告教育与广告学研究初探 [J]．新闻与传播研究，2010（4）：73．

⑤ 陈培爱，杜艳艳．五四时期广告教育与广告学研究初探 [J]．新闻与传播研究，2010（4）：72．

⑥ 陈培爱，杜艳艳．五四时期广告教育与广告学研究初探 [J]．新闻与传播研究，2010（4）：73．

⑦ 陈培爱，杜艳艳．五四时期广告教育与广告学研究初探 [J]．新闻与传播研究，2010（4）：73．

⑧ 陈培爱，杜艳艳．五四时期广告教育与广告学研究初探 [J]．新闻与传播研究，2010（4）：73．

⑨ 陈培爱，杜艳艳．五四时期广告教育与广告学研究初探 [J]．新闻与传播研究，2010（4）：73．

风"①。据考证，"最早在刊物上探讨广告方面的文章是章乃炜 1909 年刊登在《商务官报》上的《论商业广告》。这篇论文译自英国伦敦报，说明了广告的好处，是市场竞争中节省时间、促销产品的好办法，同时也提到了制作广告应该注意的地方"②。虽然二十世纪二三十年代中国广告业和广告学研究都曾一度出现了蓬勃发展的局面，但是"由于工商界及普通民众对广告的认识仍显不足，广告失范现象严重，这种研究方兴未艾，还未形成风气，就如短暂的春天转瞬即逝"③。之后，由于中国政局的持续动荡与众所周知的原因，广告学研究跟其他学术研究一样，陷入了长期停顿的状态。直到 20 世纪 80 年代初中国实行改革开放政策，市场经济蓬勃发展之后，广告学研究又恢复了勃勃生机。

众所周知，广告既跟传播媒介有着密切关系，也跟时代发展及其价值观念有着密切关系。最初的广告都是跟商业营销有关的，人们经常见到的都是内容涉及宣传商品或是服务的广告。因此，广告主付费投资后都是希望广告能够最大限度地提升其所要推销的商品或服务的盈利空间。但是，随着时代的演进与社会的进步，人们的价值观念发生了变化，有时广告主付费投资的目的可能并不是推销商品或服务，而是推广某种观念理念，或是推动社会进步，或是谋求社会大众的某种公共利益。前者是早为人们所熟知的"商业广告"或曰"经济广告"，后者则是时下被推崇的"公益广告"。正因为广告事实上有"商业广告"与"公益广告"之分，广告的传播媒介随着时代与科技的发展而不断变化，因此，自广告学成为一门学科之后，学者们对广告所下的定义就一直在不断变化。对此，中国学者黄合水、方菲通过 CALIS 平台检索到自 1926 年至 2015 年的 300 本与广告相关的中文教材，依据其中涉及的中外学者给广告下的 1 622 条定义进行系统梳理与历时比较分析，发现"在原始口语、印刷媒介、电子媒介、数字媒介四个时期，定义广告的词语或传播要素各不相同"④。在原始口语时期，与广告定义"关系最强的 5 个词语分别是注意（323）、吸引（94）、诱导

---

① 陈培爱，杜艳艳. 五四时期广告教育与广告学研究初探 [J]. 新闻与传播研究，2010（4）：74.

② 陈培爱，杜艳艳. 五四时期广告教育与广告学研究初探 [J]. 新闻与传播研究，2010（4）：74.

③ 陈培爱，杜艳艳. 五四时期广告教育与广告学研究初探 [J]. 新闻与传播研究，2010（4）：70.

④ 黄合水，方菲. 广告的演变及其本质：基于 1 622 条教科书广告定义的语义网络分析[J]. 新闻与传播研究，2019（12）：84.

（83）、通知（68）和某事（116）"①。也就是说，"注意""吸引""诱导""通知""某事"这五个词"是最常用来定义广告的"② 关键词。在印刷媒介时期，与广告定义"关联度最高的5个词语是印刷（55）、推销（109）、商品（38）、服务（32）和新闻（33）"③。也就是说，在印刷媒介时期，广告定义中的5个关键词分别是"印刷""推销""商品""服务""新闻"，其"跟原始时期的5个高频词从字面上看全然不同"④。在电子媒介时期，与广告定义"关联度最高的5个词分别为广告主（878）、付费（705）、商品（1 109）、信息（757）、传播（679）"⑤。也就是说，在电子媒介时期，广义定义的5个关键词分别是"广告主""付费""商品""信息""传播"。可见，"除了'商品'一词外，其他4个词均与印刷时期不同"⑥。在数字媒介时期，与广告定义"关联度最高的5个词语分别是广告主（26）、商品（18）、观念（15）、信息（37）、传播（46）"⑦。也就是说，在数字媒介时期，广告定义的5个关键词分别是"广告主""商品""观念""信息""传播"。可见，"与电子媒体时期相比较，数字媒介时期广告定义明显减少；定义广告的高频关键词的变化不大，仅增加1个词'观念'，减少1个词'付费'"⑧。通过梳理比较与统计分析，作者认为，广告定义的关键词虽然在各个时期有所不同，"但讯息和功效是贯穿各个时期广告定义的共同要素"⑨，由此"可以获得一个结论性的广告定义，即'广告是观念或商业信息传播'。未来，只要是'观念或商业信息传播'，

① 黄合水，方菲. 广告的演变及其本质：基于1 622条教科书广告定义的语义网络分析[J]. 新闻与传播研究，2019（12）：89.
② 黄合水，方菲. 广告的演变及其本质：基于1 622条教科书广告定义的语义网络分析[J]. 新闻与传播研究，2019（12）：89.
③ 黄合水，方菲. 广告的演变及其本质：基于1 622条教科书广告定义的语义网络分析[J]. 新闻与传播研究，2019（12）：91.
④ 黄合水，方菲. 广告的演变及其本质：基于1 622条教科书广告定义的语义网络分析[J]. 新闻与传播研究，2019（12）：91.
⑤ 黄合水，方菲. 广告的演变及其本质：基于1 622条教科书广告定义的语义网络分析[J]. 新闻与传播研究，2019（12）：93.
⑥ 黄合水，方菲. 广告的演变及其本质：基于1 622条教科书广告定义的语义网络分析[J]. 新闻与传播研究，2019（12）：93.
⑦ 黄合水，方菲. 广告的演变及其本质：基于1 622条教科书广告定义的语义网络分析[J]. 新闻与传播研究，2019（12）：94.
⑧ 黄合水，方菲. 广告的演变及其本质：基于1 622条教科书广告定义的语义网络分析[J]. 新闻与传播研究，2019（12）：94.
⑨ 黄合水，方菲. 广告的演变及其本质：基于1 622条教科书广告定义的语义网络分析[J]. 新闻与传播研究，2019（12）：84.

不管是否称为广告，都是当今意义上的广告"①。很明显，相对于以往的许多广告定义，这个定义具有高度概括的特点，突破了传统广告学在对广告下定义时仅仅局限于"商业广告"而不及"公益广告"的藩篱。因为这个定义中的关键词"观念"已经暗含了"公益广告"（或曰"社会广告"，包括政治、经济、军事、文化等广告）的信息，而另一个关键词"商业信息"则明显是指涉"商业广告"（或曰"经济广告"）。因此，从逻辑上看，这个定义兼顾了"广告"概念的内涵与外延。但是，它也有一个明显的缺点，就是作为定义，它有过于抽象之嫌，不利于接受理解，因此很难为所有广告学教科书与广告教学者广泛接受。

除了上述"观念或商业信息传播"这一最新的广告定义外，国内学者立足于国内外广告学研究前沿最新成果而提出的较新的广告定义还有不少。如陈刚、潘洪亮"力图从回归原点的角度，根据数字时代的特点和趋势"② 而提出的广告新定义是："广告是由一个可确定的来源，通过生产和发布有沟通力的内容，与生活者进行交流互动，意图使生活者发生认知、情感和行为改变的传播活动。"③ 刘海荣、丁佳给广告下的新定义则是："广告就是由可识别的品牌发起的，利用一切能接触到消费者的媒介形式，向消费者提供有价值的信息服务，旨在影响消费者现在或将来的认知、情感和行为的互动传播方式。"④ 这两个定义虽然都立足于数字媒介时代的广告现实，而且都强调了广告跟传播的特殊关系，可谓抓住了广告定义的核心要素，但是仍有可以斟酌商榷之处。前一个定义，作者在下定义时虽然事实上涵盖了"商业广告"与"公益广告"两个方面，兼顾了广告概念的内涵与外延，具有严密的逻辑性，但是在文字表述上存在着不少问题。如"有沟通力的内容"，其表述就不符合广告的本质与事实。众所周知，任何广告都不存在广告主体（广告主或广告撰稿人）与广告受体（广告的直接或潜在接受者）之间的沟通问题。广告主体创作或发布的任何广告，对于广告受体而言，只有乐于接受或不乐于接受、欣赏或不欣赏的问题，而不会跟广告主体存在互动或反馈的问题。很明显，这个定义中"沟通力"的表述是不准确的，准确的表述应该是"表达力"或"可接受效果"。至于"与生活者进行交流互动"的表述，则问题更大。主要有两个问题：一是

---

① 黄合水，方菲．广告的演变及其本质：基于 1 622 条教科书广告定义的语义网络分析 [J]．新闻与传播研究，2019（12）：84．

② 陈刚，潘洪亮．重新定义广告：数字传播时代的广告定义研究 [J]．新闻与写作，2016（4）：29．

③ 陈刚，潘洪亮．重新定义广告：数字传播时代的广告定义研究 [J]．新闻与写作，2016（4）：29．

④ 刘海荣，丁佳．广告的重新定义 [J]．新闻研究导刊，2017（10）：272．

"交流互动"，二是"生活者"。前者是表述不准确。因为任何广告创作与广告发布行为都只是广告主体跟广告受体的潜在交流，彼此之间并不存在互动问题。这一点，上面讨论"沟通力"时已经说过。后者是提法不准确。因为"生活者"这个概念有内涵难以把握、外延难以确定的问题。准确的概念表述应该是"接受者"，这不但显得简洁明了，而且直白易懂。第二个定义，作者强调了"品牌""消费者""信息服务"三个关键词。而这三个关键词都跟"商业广告"（或曰"经济广告"）有关，跟"公益广告"（或曰"社会广告"）无关。很明显，这个广告定义只能算是"商业广告"的定义，属于狭义的广告定义，跟广告学最初兴起时研究者给广告下的定义在本质上没有太大的区别。因为这个定义事实上忽视了当代广告中不可漠视的"公益广告"的存在，作为"广告"的定义，它在逻辑上存在着外延周遍性的漏洞，因此，我们认为它并不是最理想的定义。

三

众所周知，任何学科都存在着给基本概念下定义的困境。广告学作为现代一门方兴未艾的学科，随着科技的发展进步与传播媒介的迭代更新，以及伴随时代演进人们在思想理念与价值观方面的变化，要给内涵与外延不断变化的"广告"下一个为人广泛接受、具有长久生命力的定义，恐怕更是一件非常艰难的事。事实上，迄今为止，中外广告学研究者已经给广告下了数以千计的定义，但仍然不能令人满意，新的广告定义至今仍然层出不穷。之所以如此，乃是因为给广告下定义实在是难以做到圆满周密而无懈可击。尽管给广告下定义在客观上存在着诸多挑战，我们也深知在目前广告定义已经汗牛充栋的情况下仍然要给广告下一个新的定义是一件费力不讨好的事，但是我们仍然认为它是有必要而且是必须完成的。因为迄今为止的许多广告定义，包括上述几个最新的定义，事实上都或多或少地存在着不能逻辑自洽的问题，算不得最理想的定义。又因为本文是以广告修辞为研究对象，不首先对"广告"这一基本概念的内涵与外延予以界定，广告修辞学的理论体系就难以建立，相关的学理阐述与案例分析就难以展开。正是基于这一认识，我们认为有必要根据当今社会的发展与传播媒介的变化，给"广告"再下一个新的定义。

下面是我们综合中外学者有关广告定义的核心要义，并融入了我们基于语言学与传播学视角的理论思考而给"广告"所下的最新定义：

广告，是特定个人或机构为了实现特定的目标预期，通过特定的媒介向意向中的潜在接受者推广某种产品、服务或理念、信息的一种传播活动。

这个定义有四大要义：一是对广告的性质予以界定，确认广告是"一种传播活动"，而不是其他行为，这是对广告作为一种社会行为的定性。这样就解决了日常语言表达中对"广告"概念的歧解问题。二是明确了广告主体与广告受体的身份，指出广告主体包括两类："特定个人"和"特定机构"（前者如为新书促销写广告的作家，后者如为宣传交通安全发布广告的政府交通部门），广告受体则是不确定的，是广告主体"意向中的潜在接受者"（广告主体发布广告意欲对其施加影响的某些特定人群）。这样，广告的主客体身份认同问题就得以解决。三是确认了广告推广的内容范围，包括"产品""服务"与"理念""信息"。其中"产品""服务"涉及的是"商业广告"，"理念""信息"涉及的是"公益广告"。这样就使"狭义广告"与"广义广告"的分歧得以消弭，广告的定义具有了更高的概括性。四是交代了广告的目的，指明广告是"为了实现特定的目标预期"。这个"特定的目标预期"，既包括商业上的，也包括公益上的。这样，广告定义在核心要义的表述上也显得逻辑严密、无懈可击。

参考文献

1. 陈刚，潘洪亮. 重新定义广告：数字传播时代的广告定义研究 [J]. 新闻与写作，2016（4）.

2. 陈培爱，杜艳艳. 五四时期广告教育与广告学研究初探 [J]. 新闻与传播研究，2010（4）.

3. 顾明毅. 未来广告：中国广告业未来发展与数字营销传播前瞻：2025—2035 [M]. 上海：上海远东出版社，2022.

4. 黄合水，方菲. 广告的演变及其本质：基于 1 622 条教科书广告定义的语义网络分析 [J]. 新闻与传播研究，2019（12）.

5. 李一氓. 存在集　续编 [M]. 北京：生活·读书·新知三联书店，1998.

6. 刘海荣，丁佳. 广告的重新定义 [J]. 新闻研究导刊，2017（10）.

7. 刘磊. 广告定义研究的探索性分析：基于 1992—2016 年中外期刊文献综述的视角 [J]. 广告大观（理论版），2017（1）.

8. 夏征农. 辞海 [M]. 缩印本·1989 年版. 上海：上海辞书出版社，1990.

9. 中国社会科学院语言研究所. 现代汉语词典 [M]. 7 版. 北京：商务印书馆，2016.

10. 祝帅，曲韵. 论"全球广告史"的理论基础与学科建构 [J]. 中国新闻传播研究，2020（4）.

Rethinking the Definition of Advertising

Wu Liquan   Hua Shan

(*Department of Chinese language and Literature, Fudan University, Shanghai,* 200433;

Huayuhua Marketing Consulting, Co., Ltd., Shanghai, 200063)

Abstract: Since the formal establishment of advertising in the first half of the 20th century, there have been many different opinions on the definition of advertising. Moreover, with the evolution of the times and the constant change of communication media, the definition of advertising has been updated more frequently, which is simply confusing. Based on this reality, combined with the new trends and new characteristics of advertising development, we propose the latest definition: "Advertising is a communication activity in which a specific individual or organization promotes a certain product, service, idea or message to potential recipients who have shown interest and willingness through a specific medium in order to achieve specific target expectations."

Key words: advertising, definition, concept, connotation, extension

基于大数据的融媒体广告语嬗变研究

李　敏

（江苏师范大学文学院　徐州　221000）

摘　要：随着信息技术的飞速发展，大数据已成为推动社会各行各业变革的重要力量。在媒体融合的背景下，融媒体作为信息传播的新形态，正深刻改变着广告传播的方式与效果。本文旨在基于大数据技术的融媒体环境，探讨广告语如何发生嬗变，分析这种变化背后的原因、特点、趋势以及对广告行业的影响，并提出相应的策略建议。

关键词：大数据；融媒体；广告语嬗变

一、引言

在融媒体时代，传统媒体与新兴媒体之间的界限日益模糊，信息传播渠道多元化、互动性强、个性化突出。大数据技术的应用，使得广告主能够更精准地分析消费者行为、兴趣爱好及心理需求，从而制定出更加精准有效的广告策略。广告语作为广告的核心组成部分，其创意与表达方式的转变，直接反映了广告行业对新技术的适应与创新。

二、大数据对融媒体广告语的影响

（一）精准定位与个性化定制

大数据技术使广告主能够基于海量用户数据，进行精准的人群画像，实现广告语的个性化定制。通过分析用户的年龄、性别、地域、消费习惯等信息，设计出符合目标受众喜好的广告语，增强广告的针对性和吸引力。

在大数据时代，精准定位与个性化定制是广告策略中的关键因素，一般包含以下几个步骤：

1. 用户数据收集与分析

（1）收集数据：通过各种渠道收集用户的行为数据，比如浏览历史、购买记录、搜索习惯、社交媒体互动等。

（2）分析数据：利用大数据分析工具，对收集到的数据进行清洗、分类和挖掘，找出用户的行为模式和偏好。

如某运动品牌通过分析其在线商城的用户数据，发现某一年龄段的用户群体对用环保材料制成的运动鞋特别感兴趣。因此，该品牌在广告语中强调"绿色运动，健康生活"，并使用环保材料的图像来吸引目标群体。

2. 用户画像创建

（1）人口统计特征：年龄、性别、职业、收入水平、教育背景等。

（2）行为特征：购物偏好、品牌忠诚度、活跃时间段、消费频次等。

（3）心理特征：价值观、生活方式、情感倾向等。

如某在线教育平台根据用户在线学习的时间和课程选择，分析用户偏好的课程类型和学习时间。广告语可以是"随时随地学习，掌握未来技能"，强调在线教育的便捷性和灵活性。

3. 广告语创意开发

根据用户画像中的关键特征，开发与用户需求和兴趣相匹配的广告语，同时考虑文化差异和地区特点，调整广告语以引起共鸣。

如某食品公司通过社交媒体分析，发现用户对健康和天然食品有很高的关注度。广告语可以是"自然的味道，健康的生活"，以此吸引对健康食品感兴趣的用户。

4. 个性化投放

利用算法将定制的广告语通过合适的渠道和时间发送给目标用户，并根据用户的反馈和互动，继续优化广告语及其投放策略。

如某电子商务平台检测到用户经常浏览某类商品，但尚未购买，那么在用户浏览时，平台可以在广告位展示与用户浏览历史相关的商品，并配上个性化的广告语，如"您浏览过的商品，限时优惠中"。

5. 持续优化

通过实时监控广告效果，如点击率、转化率和用户反馈，不断调整和优化广告语并利用机器学习和人工智能技术，预测用户的未来行为，进一步定制广告语。

如某流媒体服务根据用户的音乐播放历史和偏好，生成个性化的播放列表，并在播放列表旁边展示个性化的广告语，如"为您定制的音乐之旅"。通过大数据的支持，融媒体广告语能够实现精准定位与个性化定制，从而提高广告的相关性和有效性。

（二）情感共鸣与价值观传递

在大数据的支持下，广告语更加注重情感共鸣与价值观传递。通过分析用户的情感倾向和社会热点，创作出能够触动人心、引发共鸣的广告语，同时融入品牌的核心价值观，增加品牌的认知度和忠诚度。以下是具体的步骤：

1. 情感分析

（1）社交媒体观测：通过分析用户在社交媒体上的发言和互动，了解他们的情感倾向和情绪反应。

（2）情感识别技术：利用自然语言处理（NLP）技术分析用户评论中的情感色彩，识别正面、负面或中性情绪。

如某环保品牌通过观测社交媒体，发现公众对环保议题有很高的关注度和积极的情感。广告语可以是"我们的行动，地球的未来"，旨在反映公众对环境保护的关注，并传递品牌的环保承诺。

2. 价值观识别

（1）内容分析：分析用户生成的内容，如博客文章、论坛帖子等，以识别它们的价值观念。

（2）趋势分析：跟踪社会热点和公众讨论，了解当前社会的价值观趋势。

如某服装品牌在分析用户评论和社交媒体内容后，发现用户对个性化和自我表达有强烈的需求。广告语可以是"穿出你的独特风格，展现真我"，这样的广告语不仅引起了用户的情感共鸣，还传递了品牌鼓励个性表达的价值观。

3. 结合情感和价值观，创作广告语

（1）根据分析结果，设计出能够触动目标受众情感的广告语。

（2）确保广告语能够体现品牌的核心价值观和社会责任。

如某社交媒体的"全民开蓝牙"，这个公益行动通过情感营销的方式，关注儿童走失问题，并通过 H5 页面的形式，让用户通过打开蓝牙参与到"守护宝贝计划"中来。这个活动通过真实的故事和情感化的叙述，成功地引起了广泛的社会关注和参与，覆盖超过 4 500 万人，并吸纳超过 480 万名志愿者。

4. 测试和优化

首先，在不同平台上测试广告语，收集用户反馈，分析广告语的情感影响和价值传递效果。其次，根据反馈调整广告语，以更好地与目标受众的情感和价值观相契合。

如某牛奶品牌与某互联网公司的"热杯牛奶，温暖你爱的人"，这个活动通过 H5 页面的形式，利用温暖的视觉和互动体验，让用户通过屏幕互动"加热"牛奶，传递温暖。这个活动成功地激发了用户的情感共鸣，并通过社交媒体的分享功能，扩大了传播范围，使得用户因为情感的共鸣而自发传递，达到了传播的最高境界。

5. 持续关注社会情感和价值观的变化

（1）定期进行情感和价值观的分析，以适应社会的变化。

（2）在广告语中融入新的社会趋势和价值观念，保持品牌的时效性和相关性。

如某旅游品牌根据人们对旅行的渴望和对自由的向往，设计了"探索未知，释放心灵"的广告语，这样的广告语不仅呼应了用户的情感需求，还传达了品牌对旅行自由的倡导。

通过以上步骤，广告创作者可以在大数据时代更有效地注重情感共鸣与价值观传递，创造出能够引起广泛共鸣的融媒体广告语。

（三）互动性与参与感提升

融媒体环境下的广告语不再局限于单向传播，而是更加注重与受众的互动。大数据能够帮助广告主了解用户偏好，设计出更具互动性的广告语，如邀请用户参与。在大数据时代，广告主可以利用用户数据收集和数据反馈来了解用户的偏好，并据此设计出更具互动性和参与感的广告语。以下是几个关键步骤：

1. 用户偏好分析

（1）兴趣偏好：通过分析用户对特定内容的点击率和停留时间，了解用户的兴趣领域。

（2）互动偏好：分析用户在社交媒体上的互动行为，了解他们更喜欢哪种类型的互动。

如某在线游戏平台通过分析用户在游戏中的行为，发现用户喜欢竞技和排行榜。广告语可以是"挑战排行榜，成为游戏王者，赢取独家装备"，鼓励用户参与竞技活动。

2. 设计互动广告语

（1）根据用户偏好，创作吸引用户参与的广告语。

（2）确保广告语能够激发用户的好奇心和参与欲望。

如某社交媒体平台通过分析用户对不同话题的参与度，发现用户对"健身挑战"这类话题有很高的参与度。因此，广告主可以设计一个互动性广告语，如"加入我们的健身挑战，晒出你的健身成果，赢取大奖"。

3. 多渠道投放

（1）根据用户在不同平台上的偏好，选择合适的渠道进行广告投放。

（2）利用大数据分析，确定最佳的投放时间和频率。

如某电商平台发现用户在晚上的活跃度较高，因此在晚上将互动性广告语通过邮件和社交媒体推送给用户，如"今晚限时抢购，抢先一步，赢取专属优惠"。

4. 实时监测与优化

（1）实时监测广告语的互动效果，如用户的点击、评论和分享情况。

（2）根据用户反馈调整广告语，以增强互动性和参与感。

如某流媒体音乐服务通过监测用户对广告的反应，发现用户对"分享你的心情，推荐最适合的歌曲给我们"这类广告语有较高的互动。因此，广告主可以根据这一反馈，不断优化广告语，增加用户的参与度。

5. 利用技术增强互动

（1）利用 AR、VR 等技术，创造更丰富的互动体验。

（2）结合游戏化元素，如积分、徽章、排行榜等，增强用户的参与感。

如某快餐品牌采用 AR 技术，用户可以通过手机扫描广告中的二维码，参与一个 AR 寻宝游戏，找到隐藏的优惠券。广告语可以是"扫描二维码，开启寻宝之旅，发现你的专属优惠"。通过以上步骤，广告主可以利用大数据更深入地了解用户偏好，并设计出更具互动性和参与感的广告语，从而提高广告效果和用户的满意度。还可以通过主题讨论、分享个人故事等，提升用户的参与感和品牌黏性。

三、融媒体广告语嬗变的特点

（一）语言风格多样化

大数据为广告主提供了丰富的用户数据，使得他们能够更好地理解不同受众群体的偏好和行为，从而设计出多种语言风格的广告语。在融媒体时代，广告语的语言风格更加多样化，既有传统的精练直白，也有网络热词的灵活运用，甚至融入了方言、表情包等元素，以适应不同受众群体的喜好。

1. 网络热词的运用

大数据能够让广告主了解流行趋势和网络热点，将这些元素融入广告语中，吸引年轻受众。针对经常活跃在社交媒体上的年轻用户群体，广告主会使用"Get 你的夏日限定款，清凉一夏"这样的广告语。

2. 方言和地域文化融入

通过收集特定地区的用户数据，广告主能够了解地方文化和方言，从而使用更接地气的广告语。如在四川地区，广告主会使用"巴适得很，辣味十足，快来尝一哈"这样的广告语来吸引当地用户。

3. 利用表情包和视觉元素

通过分析用户在社交媒体上的互动和表情使用习惯，广告主可以在广告语中加入视觉元素，如emoji表情。如在针对年轻用户的社交媒体广告中，广告语可以是"热卖中！快来抢先体验"，结合表情符号来吸引用户的注意。

4. 专业术语和行业语言

对于特定行业的目标受众，广告主可以使用行业内的专业术语和语言风格。如在金融行业，广告语可以是"财富管理，投资未来——选择我们的智能投顾服务"。

5. 情感化和故事性的语言风格

通过对用户情感和价值观的分析，广告主可以创作出更具情感共鸣和故事性的广告语。如在节日营销中，广告主会使用"团圆时刻，共享温馨——让爱回家"这样的广告语，营造温馨的氛围。

6. 幽默和诙谐的语言风格

通过监测用户对幽默内容的反应，广告主可以设计出幽默的广告语，以吸引受众。如在针对年轻用户群体的广告中，广告语可以是"别让无聊占领你的假期，来一场说走就走的旅行"。通过上述多样化的语言风格，广告主在大数据的支持下，可以更有效地与不同类型的受众沟通，提高广告的吸引力和传播效果。

（二）内容创意创新化

大数据技术的应用为广告语的创意提供了无限可能。通过分析用户行为数据，广告主能够洞察到用户未曾明确表达的需求，从而创作出令人耳目一新的广告语，提升广告的吸引力。大数据时代的到来为融媒体广告语的内容创新和创意化提供了丰富的土壤。在融媒体时代，利用大数据可以实现广告语的创新和创意化。

1. 个性化定制广告语

利用用户数据，为特定用户群体定制个性化的广告语。如某个电商平台通过分析用户购物历史，发现某个用户经常购买某品牌的运动装备。广告语可以是"运动达人，发现你的专属装备——［品牌名］，专为你打造"。

2. 实时互动广告

结合实时数据和事件，创造出能够即时响应用户兴趣和需求的广告语。如一个音乐节组织者通过分析社交媒体上的讨论，发现用户对即将到来的音乐节非常期待。广告语可以是"音乐节倒计时，你的音乐热情即将被点燃——加入我们，释放你的激情"。

3. 数据驱动的创意测试

利用A/B测试等方法，测试不同的广告语创意，找出最有效的方案。

如一个食品品牌通过 A/B 测试发现，用户对"新鲜直供，健康每一天"的广告语反应更好，而不是"品质保证，味道卓越"。

4. 利用用户反馈进行优化

收集用户对广告的反馈，根据反馈优化广告语。如一个电子产品公司通过分析用户对广告的评论和反馈，发现用户对"智能生活，一键掌控"的广告语更感兴趣，因为它突出了产品的便捷性。

5. 结合地理位置数据

利用用户的地理位置数据，创造与用户所在地区相关的广告语。如一个餐饮品牌通过分析用户的地理位置数据，发现用户在某个特定地区。广告语可以是"四川的朋友们，来尝一尝我们的地道美食——沸腾鱼，让你的味蕾来一趟旅行"。

6. 融入用户生成内容

利用用户生成的内容（如评论、图片、视频）来创造广告语，增强用户的参与感和归属感。如一个旅游平台通过分析用户上传的旅游照片和评论，发现用户喜欢分享他们的旅行故事。广告语可以是"分享你的旅行故事，让世界看到你的足迹——［平台名］，记录你的每一次探险"。通过上述方法，大数据时代的融媒体广告语能够实现内容的创新和创意化，从而更有效地吸引用户的注意。

（三）传播渠道整合化

在融媒体环境下，广告语的传播不再局限于单一渠道，而是实现了多渠道整合传播。通过大数据分析，广告主能够优化广告投放策略，实现跨平台、跨媒体的精准投放，提升广告的传播效果，扩大广告的覆盖范围。

在大数据时代，多渠道整合传播是指通过分析用户数据，将广告内容有效地分发到多个平台和媒介，以实现最佳的广告效果。以下是融媒体广告语多渠道整合传播的具体表现：

1. 跨平台数据分析

利用大数据技术，分析用户在不同平台上的行为，如社交媒体、搜索引擎、移动应用等。如一家电子商务平台分析用户在社交媒体上讨论的产品和在搜索引擎中查询的关键词，然后在这两个平台上投放相关的广告。

2. 社交媒体广告

结合用户在社交媒体上的行为和兴趣，发布定制的广告语。如一家健身房针对年轻用户群体在某平台上发布的关于健康生活和健身挑战的广告语，以视觉吸引用户注意。

3. 电子邮件营销

分析用户的购买历史和电子邮件打开习惯，发送定制的电子邮件广告语。如一个服装品牌根据用户的购物车遗弃情况，通过电子邮件发送未结账商品的特别折扣广告语，鼓励用户完成购买。

4. 搜索引擎营销

利用用户的搜索习惯，通过搜索引擎广告（SEM）展示相关的广告语。如一家电子产品公司分析用户的搜索关键词，然后在百度等搜索引擎上投放与用户搜索意图相匹配的广告语。

5. 程序化购买

使用程序化技术自动购买广告位，根据用户的在线行为实时调整广告投放。如一个旅游网站通过程序化购买，向计划旅行的用户实时展示目的地旅游套餐的广告。

6. 增强现实（AR）和虚拟现实（VR）

结合 AR 和 VR 技术，创造沉浸式的广告体验，并通过多个渠道进行推广。如一个家具品牌开发 AR 应用程序，让用户在家中通过手机看到家具摆放效果，同时展示相关的广告语。通过以上多渠道整合传播的方式，广告主能够更有效地触及目标受众，实现广告语的最大覆盖和最佳效果。

四、融媒体广告语嬗变的趋势

（一）智能化与自动化

随着人工智能技术的不断发展，融媒体广告语的创作将逐渐实现智能化与自动化。通过自然语言处理、机器学习等技术，机器能够自动生成符合要求的广告语，提高创作效率和质量。

在大数据时代，随着人工智能和机器学习技术的发展，广告语的创作和发布变得更加智能化和自动化。智能化与自动化在融媒体广告语中的具体表现为自动生成内容和利用自然语言生成（NLG）技术自动创作广告文案。如一个电子商务网站使用 NLG 工具，根据产品特点和用户评价自动生成吸引人的广告语，如"夏日必备，让您清爽一夏"。

2. 个性化推荐算法

通过机器学习算法分析用户数据，为用户提供个性化的广告推荐。如流媒体音乐服务根据用户的听歌历史和偏好，自动生成个性化的播放列表，并推荐相关的音乐会门票广告。

3. 聊天机器人

利用聊天机器人与用户互动，根据对话内容推荐商品或服务。如一个服装品牌在其网站上部署聊天机器人，根据用户的询问推荐合适的服装款式，并提供个性化的广告语。

4. 动态内容优化

利用机器学习技术对广告内容进行动态优化，以提高广告效果。如一个广告平台使用机器学习算法分析广告的表现，自动调整广告语的长度、语气和关键词，以提高点击率。

5. 语音识别和合成

结合语音识别和合成技术，创建语音广告，提升用户体验。如智能音箱使用语音合成技术播放定制的广告信息，如天气提醒和本地商店的促销活动。

6. 自动社交媒体管理

使用自动化工具管理社交媒体账户，自动发布和调度广告内容。如一个品牌使用社交媒体管理工具自动发布和调度广告帖子，确保在用户最活跃的时间段发布。

通过这些智能化和自动化的技术，广告主能够更高效地创建、管理和优化广告内容，实现更精准的目标受众定位和更佳的广告效果。

（二）场景化与沉浸式

未来，融媒体广告语将更加注重场景化与沉浸式体验。通过大数据分析，广告主能够精准匹配用户当前所处的场景，设计出更加贴近用户生活的广告语。在大数据时代，通过分析用户行为和偏好，广告主可以设计出更具有场景化和沉浸式体验的广告语，从而增加用户的参与度和记忆点。

1. 场景化广告

某咖啡品牌通过分析用户的地理位置数据，发现用户在早晨通勤时间经常购买咖啡。因此，在早晨时段，自动在移动应用上推送"唤醒你的早晨，［品牌名］，伴你一路好心情"的广告语，让用户在购买咖啡的场景中获得提醒。

2. 地理围栏技术

某家快餐连锁品牌利用地理围栏技术，在用户接近餐厅时通过移动应用发送定制的广告语，如"您已接近［品牌名］，今日特色——佛跳墙，快来尝鲜"。

3. 情境式内容营销

某家运动装备品牌通过分析用户的运动习惯，制作一系列与运动场景相关的视频，并在视频播放过程中展示广告语，如"跑步在晨光中，［品牌名］与你同行"。

4. 实时事件营销

在重大体育赛事期间，某家体育品牌分析用户的观赛热情，通过广告投放系统发布与赛事相关的广告语，如"支持你的队伍，穿上［品牌名］，与胜利同行"。

5. 情境感知广告

在天气预报应用中，当预测到雨天时，应用会自动显示雨伞品牌的广告语，如"雨天出行，［品牌名］为你遮风挡雨"。

6. 交互式广告

某家饮料品牌在社交媒体上发布交互式广告，用户可以通过点击广告中的元素来选择自己喜欢的口味，同时广告语会根据选择进行变化，如"选择你的味道，［品牌名］，让每一刻都清新"。

通过这些场景化与沉浸式的体验，广告主能够更好地让用户产生共鸣，提供更加个性化和吸引人的广告体验。利用 VR/AR 等技术，创造沉浸式广告体验，增强用户的参与感，增加用户的记忆点。

（三）社会责任与伦理考量

在追求广告效果的同时，融媒体广告语将更加注重社会责任与伦理考量。大数据技术的应用需遵循法律法规，尊重用户隐私，避免过度干扰和误导用户。同时，广告语应传递正能量，促进社会的和谐与进步。

1. 保护用户隐私

某家公司在其隐私政策中承诺不会在未经用户同意的情况下出售或分享他们的个人信息。广告语强调了这一点，如"［公司名］，您的隐私，我们的责任"。

2. 支持社会公益

某个服装品牌承诺每售出一件产品就会捐赠一部分收益给慈善机构。广告语可以是"穿上［品牌名］，一起为公益事业贡献力量"。

3. 反对歧视，促进多样性

某个化妆品品牌在其广告中展示不同肤色和年龄的模特，并使用广告语"［品牌名］，美丽无界限"。

4. 尊重版权和知识产权

某个媒体平台在广告语中强调对原创内容的保护，如"［平台名］，尊重创意，保护版权"。

5. 促进健康生活方式

某家健身房在广告语中鼓励人们参与体育活动，如"加入［健身房名］，开启活力生活"。

6. 倡导科技伦理

某家科技公司在广告中强调其产品的隐私保护措施，广告语可以是"［公司名］，科技服务生活，保护您的隐私"。

通过这些方式，广告主能够在追求商业目标的同时，积极履行社会责任，树立良好的品牌形象，并促进社会的和谐与进步。

五、结语

基于大数据的融媒体广告语嬗变，是广告行业适应新时代发展的重要体现。广告主应充分利用大数据技术，深入分析用户需求，不断创新广告语创意与表达方式，提升广告的针对性和有效性。同时，注重社会责任与伦理考量，实现广告与社会的良性互动。未来，随着技术的不断进步和市场的不断变化，融媒体广告语将继续发展演变，为广告行业带来更多的机遇与更大的发展。

参考文献

1. 曹明香．大数据时代广告学专业实践教学的实证研究［J］．新闻研究导刊，2021（22）．

2. 蒋洛丹．大数据背景下网络广告转型的思考：以实时竞价广告（RTB）为例［J］．当代传播，2015（3）．

3. 李欣璟．当广告行业遇见大数据［J］．销售与市场（管理版），2014（9）．

4. 李泳祺，朱强．个性化广告：互联网时代高效传播秘籍［J］．新闻传播，2022（9）．

5. 廖秉宜．大数据时代数字广告产业的发展模式与战略［J］．广告大观（理论版），2015（4）．

6. 廖秉宜．大数据时代中国广告产业的发展研究［J］．广告大观（理论版），2015（6）．

7. 廖秉宜．中国程序化购买广告产业现状、问题与对策［J］．新闻界，2015（24）．

8. 马二伟．大数据时代广告产业的危机与变革［J］．中国出版，2016（17）．

9. 马二伟．大数据时代广告产业结构优化研究［J］．国际新闻界，2016（5）．

10. 马二伟．大数据与广告产业生态环境的变迁［J］．当代传播，2016（3）．

11. 莫牧．创意与技术的博弈：计算时代下本土4A广告公司的转型策略研究［J］．中国传媒科技，2022（10）．

12. 许崴．试论知识生产的构成要素与特点［J］．南方经济，2005（12）．

13. 许正林，马蕊．程序化购买与网络广告生态圈变革［J］．山西大学学报（哲学社会科学版），2016（2）．

14. 游琪．大数据时代的广告产业重构［J］．新闻世界，2015（12）．

15. 曾琼．大数据时代的传播管理［C］//武汉大学媒体发展研究中心，等．中国媒体发展研究报告（2013年）：媒体卷．武汉：武汉大学出版社，2013．

16. 张金海．广告经营学［M］．2版．武汉：武汉大学出版社，2002．

Research on the Transmutation of Integrated Media Advertising Slogans Based on Big Data

Li Min

(*College of Liberal Arts, Jiangsu Normal University, Xuzhou, 221000*)

Abstract: With the rapid development of information technology, big data has become an important force to promote the transformation of all walks of life. In the context of media convergence, convergent media, as a new form of information communication, is profoundly changing the way and effect of advertising communication. The purpose of this paper is to explore how advertising slogans change in the convergence media environment based on big data technology, analyze the reasons, characteristics, trends and impact of such changes on the advertising industry, and put forward corresponding strategic suggestions.

Key words: big data, integrated media, advertising slogans